KB116363

기술전쟁

국익 최우선 시대, 한국의 운명을 바꿀 6개의 전장

기술전쟁

**Technology
War**

윤태성 지음

위즈덤하우스

차례

들어가며_ 기술전쟁의 대립 구도는 어떻게 확대되었나   006

1부   반드시 승리해야 하는 전장

1장   피지컬 배틀필드

반도체에서 시작하는 디커플링   018
미국의 무기는 설계 기술   023
중국과 일본의 무기는 소재 기술   029
대만의 무기는 제조 기술   034
모든 기술에 맞서는 무기는 시장   043

2장   디지털 배틀필드

클린 네트워크, 중국의 디지털 기술을 배제하라   050
인터넷 분열로 생기는 우리 세계, 너희 세계   059
사회 관리와 시민 감시의 경계선   066
데이터 절도보다 더 무서운 데이터 오염   072
국가는 개인정보를 수집하고 감시해도 괜찮아?   080
디지털 혁명을 꿈꾸는 양자암호통신   087

3장   스페이스 배틀필드

한국 발사체에 찾아온 행운   094
바야흐로 인공위성 전성시대   100
새로운 불씨가 된 우주정거장   114
피, 땀, 눈물, 소변으로 만드는 달 기지   119
화성으로 가는 100만 명   126

2부 절대 패배해선 안 되는 전장

4장 글로벌 특허 배틀필드

코로나 백신 특허권을 어찌할까   138

점점 강해지는 징벌적 손해배상   143

유일한 혹은 두 개의 세계 특허법원   150

급증하는 특허 침해 소송   154

특허의 오래되고 본질적인 미해결 문제   158

5장 글로벌 스탠더드 배틀필드

이 문서는 kimchi에 적용되지 않는다   168

표준은 진영 대 진영의 싸움   174

중국이 마이크로소프트에게서 얻은 교훈   182

미국에서 표준을 만드는 600개 이상의 비영리조직 186

중국의 주니어 회원과 한국의 시장 지향   193

6장 글로벌 인재 배틀필드

기업에 당장 필요한 인재   200

나이 불문, 국적 불문, 연봉 30억 원   205

최고 연구자를 확보하는 플랜 B   216

세계 100대 대학교라는 제로섬 게임   224

노벨 과학상의 10%는 역사의 전환점   229

나가며_ 한국이 지켜야 할 원칙, 'SIT 3A'

과학(S): 한국인은 왜 과학기술의 힘을 믿지 않을까? 236

혁신(I): 미국의 최고 기술은 97개, 한국은 0개   246

인재(T): 최고 인재를 우리 품에 품는다   252

기술의 제3축(3): 네트워크형 기술 강소국 세력을 주도한다 257

적응(A): 미래 시나리오를 만들고 환경에 적응한다 265

주석 272

들어가며

기술전쟁의 대립 구도는 어떻게 확대되었나

2020년 CNN은 기술전쟁이 시작되었다고 선언했다.[1] 하지만 기술전쟁이 이때 처음 일어난 것은 아니다. 1960년대와 1990년대에 이미 치열하게 벌어진 바 있었으니 2020년엔 제3차 기술전쟁이 일어난 셈이다.

이렇게 거의 30년에 한 번씩 치열하게 벌어지는 기술전쟁은 회를 거듭할수록 대립 구도가 확대되고 있다. 처음에는 기업 대 기업의 대립으로 시작되어 그다음엔 국가 대 국가의 대립으로, 그리고 현재는 세계 주요 국가를 결집한 진영 대 진영의 대립으로 넓어지는 모양새다.

미국과 중국은 중간국가에게 서로 자신의 진영으로 들어오라고 강요한다. 중간국가란 한국처럼 미국이나 중국 중 어느 한쪽에 치우치지 않고 중간에 끼어 자국의 이익을 지키려는 국가를 지칭한다. 미중 양국 중 하나의 진영만 선택하기가 어려운 이유는 대부분 미국과는 군사 협력을, 중국과는 무역 협력을 하기 때문이다. 그리고 기술전쟁으로 인해 위기에 처한 것도 바로 이 전쟁을 주도하는 미국과 중국이 아닌 중간국가들이다.

우선 기술전쟁의 대립 구도가 확대된 과정을 살펴보자.

1. 기업 대 기업의 대립

1960년대 로터리 엔진rotary engine 개발에는 독일, 일본, 미국, 영국, 이탈리아의 기업 100개 이상이 참가했다. 로터리 엔진은 독일 연구자인 펠릭스 반켈Felix Wankel이 1951년에 발명한 것으로, 연소 가스가 폭발해서 피스톤을 회전시킨다. 당시 이 엔진은 꿈의 엔진이라 불렸지만 아무도 실물을 만들어내진 못했다. 자동차 업계를 뒤흔든 이 엔진 개발 경쟁을 업계에서는 '국제 기술전쟁'이라고 불렀다.[2] 지금까지는 자국 내에서만 이뤄졌던 기술전쟁이 드디어 국제 규모로 확대되었다는 의미를 담은 표현이다.

일본의 도요코교東洋工業는 독일 기업인 NSU와 라이선스 계약을 맺고 1961년부터 개발을 시작해 1964년 세계 최초로 로터리 엔진을 개발했다.[3] 자동차가 낼 수 있는 최대 시속이 150킬로미터 이하였던 그 시대에 로터리 엔진을 탑재한 승용차는 시속 200킬로미터를 돌파했다. 기술전쟁에서 승리한 도요코교는 다음과 같은 교훈을 얻었다. '기술전쟁에서 이기려면 기술자층이 두터워야 한다. 특허로 권리를 확보하고 크로스 라이선스로 특허를 공유하라.'

마쓰다로 기업 이름을 바꾼 도요코교는 르망24에 출전했고 1991년 아시아 기업으로선 최초로 우승했다. 물론 로터리 엔진을 사용해서다. 1923년에 시작된 르망24는 프랑스 르망에서 24시간 동안 열리는 자동차 경주다. 운전자는 교대하고 자동차는 쉬지 않고 달리면서 내구성과 속도를 겨룬다. 마쓰다는 2018년 도요타자동차가 우승하기 전까지 일본 유일의 우승 기업이었고, 2021년 기준으로 자동차 판매량 세계 17위이며 연간 자동차 생산량은 150만 대 규모다.

2. 국가 대 국가의 대립

1990년대에 미국은 경제회복을 목적으로 일본과 기술전쟁을 벌여 승리했다. 당시 경제규모 세계 2위인 일본은 경제성장을 계속해서 미국을 추월할 기세였다. 이에 위기감을 강하게 느낀 미국은 1985년 플라자합의를 통해 엔화 환율을 올렸다. 1985년 200엔이었던 1달러당 엔화 환율은 1986년엔 160엔, 1987년엔 124엔으로 올랐다. 미국은 일본에게 보복 관세를 부과한다는 압력도 병행했고, 1986년에는 미일반도체 협정을 맺어 일본에 수출하는 미국 반도체를 대폭 늘렸다. 당시 일본은 미국을 추월해 반도체 세계 1위국의 자리에 앉았다. 협정은 1996년까지 유지되었다.

1990년 세계 반도체 시장점유율은 일본 49%, 미국 38%, 한국·대만·중국을 포함한 아시아(일본 제외) 4%, 유럽 9%다. 1991년 세계 반도체 기업 매출에선 1위 NEC를 선두로 도시바, 히타치, 후지츠, 미쓰비시, 파나소닉까지 일본 기업 6곳이 10위권에 들었다.

하지만 일본의 기세는 미국과의 기술전쟁에서 밀리며 오래가지 못했다. 2000년 세계 반도체 시장점유율은 일본 25%, 미국 49%, 일본을 제외한 아시아 17%, 유럽 9%로 달라졌다. 그리고 일본이 기술전쟁에서 완전히 패배한 2020년에는 일본 6%, 미국 55%, 일본을 제외한 아시아 33%, 유럽 6%로 변했다. 일본의 점유율은 49%에서 6%로 줄어들었고 그 대신 한국, 대만, 중국을 포함한 아시아는 4%에서 33%로 올라갔다. 2020년 세계 반도체 기업 순위에서 일본 기업은 10위권 내에 한 곳도 들지 못했고 11~20위에 3곳만이 올랐다. 일본은 미국과 군사 동맹국이지만 이 사실은 기술전쟁에서 아무런 의미가 없었다.

3. 진영 대 진영의 대립

2018년 미국은 무역적자를 해소한다는 명분으로 중국산 수입품에 보복 관세를 매겼고, 이로써 시작된 무역전쟁은 2020년 기술전쟁으로 이어졌다. 미국은 중국 기업에 미국 기술의 이전을 금지했다. 중국 기업은 안보에 위협이 된다는 이유에서였지만 이에 대해선 미국 내에서도 '안보 개념을 너무 확대한다'는 비난이 있다. 미국 공화당 상원의원인 팻 투미Pat Toomey는 "트럼프 대통령과 바이든 대통령이 안보를 명분으로 보호무역을 강화한다"며 비판했다.[4] 경제와 정치가 섞이면 결국 국민이 손해를 보기 때문이다.

기술전쟁은 미국과 중국을 대표로 하는 진영 대 진영의 대립으로 확대되었다. 미국은 혼자 힘으로는 중국을 완전히 규제할 수 없기 때문에 동맹국과 진영을 형성한다. 중국 역시 혼자선 미국을 감당하기 어려우니 중간국가를 진영으로 끌어들인다. 미국이 중국에 일방적으로 승리하긴 힘들어 보인다. 경제력, 기술력, 군사력에서 중국은 미국과 대등한 데다 일부는 추월하고 있기 때문이다.

먼저 경제력을 보자. 중국은 미국을 맹렬히 추격 중이다. 2020년 국내총생산GDP 1위는 21조 달러의 미국으로 전 세계(85조 달러)의 25%를 차지한다. 2위 중국은 15조 달러로 17%, 3위 일본은 5조 달러로 6%의 비중을 갖는다. 이 상위 3개국이 차지하는 비율은 48%로 전 세계의 절반에 육박한다. 참고로 한국은 1.6조 달러로 10위권이며 전 세계의 2% 수준이다.

중국은 2010년에 6조 달러를 기록하며 5.7조 달러의 일본을 추월해 세계 2위 경제대국의 자리에 앉았다. 이후 미국과의 격차는 줄이고 일본과의 격차를 늘렸으며, 10년 만에 일본의 3배가 되기에 이르렀다. 1위는 바짝 뒤쫓고 3위는 크게 따돌린 2위다. 또한 물가수준을 고려한 구매력 평가로 환산된 GDP에서도 중국은 2017년에 이미 미국을 추월했다. 2020년 순위에서의 1위는 중국, 2위는 미국, 3위와 4위는 인도와 일본이며 한국은 14위였다.

기술력은 어떤가. 중국은 기술력에서 미국을 일부 앞서고 있다. 기술 수준을 나타내는 대표적 지표는 국제특허다. 전 세계에서 출원하는 국제특허는 2000년 9만 948건에서 2020년 27만 4889건으로 302% 증가했는데, 이 기간에 중국은 579건에서 6만 8923건으로 무려 1만 1904%가 늘었다. 20년 만에 119배가 증가한 것이다. 같은 기간에 한국은 1514건에서 2만 45건으로 1324%, 일본은 9402건에서 5만 578건으로 538% 증가했으며 미국은 3만 8174건에서 5만 8477건으로 153%, 독일은 1만 2039건에서 1만 8499건으로 154% 늘어나는 데 그쳤다. 특허 5대 강국인 미국, 중국, 일본, 한국, 유럽연합 중 가장 큰 성장세를 보인 중국은 2020년엔 출원

건수에서도 처음으로 미국을 제치고 세계 1위가 되었다.[5]

중국은 군사력에서도 미국을 위협하고 있다. 전 세계에서 미국과 1대 1로 전쟁을 벌일 수 있는 국가는 아직 없지만 극동 아시아에 한정한다면 2050년에는 중국이 가능할 전망이다. 중국은 2030년대엔 항공모함 6척을, 2050년까지는 10척 이상을 보유할 계획이다. 여기에 더해 경항공모함 8척도 추가, 2050년이 되면 항공모함 전단戰團 수에서 미국과 대등하거나 미국을 능가할 태세다.

전함은 지금도 중국이 미국보다 많다. 미국의 전함 보유 수는 1980년대에 500척 이상이었으나 이후 점점 줄어들어 2034년에는 355척 체제가 예상된다. 이와 달리 중국은 2021년 기준 355척 이상인데 2030년에는 425척이 될 것으로 보인다. 게다가 2021년에 중국은 핵탄두 탑재가 가능한 극초음속 미사일을 발사한 바 있다.[6] 항공모함, 전함, 그리고 세계 어디라도 타격할 수 있는 극초음속 미사일로 중국이 공격한다면 미국은 군사력의 상징인 항공모함을 극동아시아에 전개하기 어려울 것이다.

미국은 기술전쟁을 마치 패권경쟁의 챔피언 방어전을 치르는 듯 진행한다. 중간국가는 관객이 되어 시합을 관람하고 싶어 하지만 이는 불가능한 일이다. 미국과 중국은 관객에게 자국 진영으로 들어와 힘을 보태라 독촉하고, 한국 같은 중간국가들은 마른하늘에 날벼락처럼 난처한 입장에 처한다. 비유를 하자면, 미국과 중국이 팔씨름 시합을 벌이는 줄 알았는데 그것이 점점 확대되어 지금은 종합격투기를 하고 있는 상황이 되어버린 셈이다.

이런 상황에서 큰 위기에 처한 것은 선수가 아니라 관람석에 있던 관객들이다. 자칫 잘못 판단하면 두 선수 사이에 끼어들어 어느 한쪽을 대신해 얻어맞아야 하는 탓이다. 관객들은 서로의 얼굴을 쳐다보며 계산하기에 바쁘다. "어느 선수 편에 설까? 두 선수 모두를 응원할 수는 없을까? 다른 관객들과 함께 움직이면 내가 좀 덜 맞으려나?" 하며 말이다.

기술전쟁이 진영 대 진영의 대립으로 확대되면 우리는 가장 중요한 질문에 답해야 한다.

"쿠오 바디스, 코리아?Quo Vadis, Korea?"

한국은 어디로 가나? 질문은 쉬우나 답은 어렵다. 한참 생각해야 한다. 그래도 답을 찾기란 쉽지 않다. 다른 중간국가들을 쳐다봐도 별 수 없다. 한국은 상대적으로 중국의 영향도, 미국의 영향도 크게 받기 때문이다. 미국 진영과 중국 진영 중 한쪽을 쉽게 선택해서 들어가기 어려운 대표적인 중간국가가 바로 한국이다.

대만의 비영리단체인 더블싱크랩Doublethink Lab은 중국이 정치, 경제, 군사, 법, 외교, 학술, 미디어, 사회, 기술 등 9개 분야에서 외국에 끼치는 영향을 지수로 나타낸 차이나인덱스China Index를 발표한 바 있다.[7] 조사 대상인 82개 국가 중에서 한국은 13위다. 중국이 한국에 가장 큰 영향력을 미치는 분야는 경제고 그 뒤를 법 집행, 국내 정치, 외교, 학계가 잇는다. 중국의 영향이 가장 큰 국가는 파키스탄이고 미국은 21위며 일본은 52위로 매우 낮다.

앞서의 질문에 대답하기 위해 이 책에선 기술전쟁이 어떻게 전개되고 있는지 여섯 곳의 전장戰場, 즉 배틀필드battle field로 구분해서 살펴본다. 배틀필드 중 3곳에선 반드시 승리를 거둬야 하고, 다른 3곳에선 절대로 패배하면 안 된다.

전자의 3곳은 피지컬 배틀필드, 사이버 배틀필드, 스페이스 배틀필드다. 이 필드들에서 이긴 승자는 자국에 유리하도록 게임의 규칙을 바꾸어버리고, 패자는 지금까지의 규칙을 버리고 승자가 정한 새 규칙을 따라야 한다. 승자독식의 세계이며 패자가 부활하기는 매우 어려운 필드다.

후자의 3곳은 글로벌 특허 배틀필드, 글로벌 스탠더드 배틀필드, 글로벌 인재 배틀필드다. 전자와 달리 이 필드들에선 승자독식이 어렵다. 한국은 어느 국가와 비교해도 지지 않을 수준을 유지해야 한다.

6곳의 배틀필드에는 공통점이 있다. '퍼스트 무버first mover는 못 되더라도 퍼스트 그룹에선 벗어나면 안 된다'가 그것이다. 한국이 기술전쟁을 대하는 관점은 승리가 아닌 생존이다. 한국은 살아남기 위해 퍼스트 그룹에 속해야 한다. 주요 국가는 모두 전력질주하고 있으니 한국도 그렇게 해야만 퍼스트 그룹에 머무를 수 있다. 이 그룹에서 한 번 탈락하면 다시 끼어들기 어렵다. 그리고 퍼스트 그룹에 있어야만 퍼스트 무버를 노릴 수 있다.

"쿠오 바디스, 코리아?"

한국은 어디로 가냐고 물으면 "우리는 이 방향으로 간다"라고 당당하게 말할 수 있기를 기대한다. 그 질문에 꼭 맞는 단 하나의 답을 찾긴 어렵지만, 우리는 적어도 그 방향만큼은 올바르게 알고 있어야 한다.

TECH-
NOLOGY
WAR

1부

반드시 승리해야 하는 전장

1장
피지컬 배틀필드

▶▶▶ 공급망의 약점을 분리하라 ◀◀◀

피지컬 배틀필드에선 반도체를 중심으로 미국과 중국이 대립한다. 미국은 글로벌 공급망에서 중국을 분리하는 디커플링을 시도한다. 미국의 무기는 설계기술이다. 중국과 일본은 소재를 무기로 사용하며 대만과 한국은 제조 기술로 맞선다. 모든 기술에 맞서는 무기는 시장이다. 자국 진영을 중심으로 기술과 시장을 유지하려는 미국과 중국의 대립 구도는 점점 확대된다.

반도체에서 시작하는
디커플링

"감사합니다."

우렁찬 박수갈채가 터져 나왔다. 2022년 5월 20일, 연단에 선 바이든 대통령은 활짝 웃는 모습으로 연설을 이어갔다. "미국에 170억 달러를 투자하기로 한 삼성의 결정에 감사드립니다."

첨단 반도체 제조 공장을 견학하기 위해 윤석열 대통령과 함께 경기도 평택의 삼성전자 반도체 공장을 방문한 바이든 대통령은 시종일관 웃음을 감추지 못했다. 삼성전자가 자사 반도체 제조공장을 미국에 건설하기로 약속했기 때문이다.

바이든 대통령은 2021년부터 백악관으로 삼성전자를 여러 번 불렀다. TSMC와 인텔을 포함한 반도체 기업, 애플과 마이크로소프트를 포함한 IT 기업, GM과 포드를 포함한 자동차 기업에게도 그러했다. 미국은 반도체 기업에겐 제조 품목, 제조 능력, 주문 현황, 재고 상황, 증산 계획 등의 데이터를, 애플이나 GM 등 반도체 부족으로 감산減産중인 수요 기업에겐 관련 데이터를 제공하라고 요구했다. 수요 및 공급 데이터를 공유해 공급망의 어디가 취약한지 파악하려는 이유에서였다. 기술전쟁의 최전선에는 반도체가 있고 미국 대통령은 안보 차원에서 반도체를 직접 챙긴다.

미국이 타국 기업들에게까지 데이터 제공을 요구한 상황에 대해선 과도하다는 의견이 많고, 영업기밀 침해라는 반발도 있다. 하지만 현실적으로 미국이 원하면 기업은 데이터를 제공할 수밖에 없다. 미국 시장에 진출하는 기업은 미국 정부와 좋은 관계를 유지해야 한다. 더군다나 반도체 기술은 미국이 세계 최고 수준 아닌가. 미국 기술을 사용하지 않으면 반도체 제조가 불가능하다. 이런 미국의 대통령이 직접 나서서 챙기고 있으니 반도체 기업이라면 당연히 미국 정책을 주시할 수밖에 없다. 이건 기업의 생존, 아니 국가의 생존이 걸린 문제다.

그러나 반도체는 백지장과 같다. 맞들면 낫다. 미국이 아무리 최고 기술을 가졌다 해도 혼자 힘으로는 반도체 공급망 구축이 어렵다. 이는 중국도 마찬가지다. 미국과 안보동맹을 맺은 국가는 60개가 넘고, 무역 상대국으로 중국을 1위에 두는 국가는 그 2배가 넘는 120개국 이상이다.

한국은 안보 관점에서 미국을 우선한다. 동시에, 삼성전자와 SK하이닉스는 중국에서 메모리 공장을 운영 중이다. 인텔의 중국 공장을 SK하이닉스가 인수하면서 현재 미국은 중국에 둔 반도체 공장이 없다. 자국 기업이 중국에 없으니 미국 입장에선 중국에 진출해 있는 한국 기업에게 어떤 요구든 쉽게 할 수 있다.

기술전쟁에서 직접 싸우는 전사는 기업이다. 2020년 미국은 중국 통신기업 화웨이에 반도체 부품 및 제조 장비 수출을 금지하며 중국으로 향하는 기술을 규제했고, 중국 최대 파운드리 SMIC도 규제 대상에 추가했다.

자사 제품에 대해 SMIC는 군사용이 아니라고 주장하지만 반도체는 대표적인 군민겸용 기술이다. 이 기업은 매년 미국 상무부에서 최종 사용자 확인 인증을 취득한다. 자사 반도체 기술이 군사 목적으로 사용되지 않는다는 확인 절차를 거치는 것이다.

SMIC에 장비와 재료를 공급하려는 기업은 사전에 미국 정부에 수출 신청을 하고 허가를 받아야 한다. 2022년 미국은 메모리 반도체 기업인 YMTC를 포함한 31개 중국 기업을 '엔티티 리스트entity list'에 추가했다. 엔티티 리스트란 미국의 국가안보나 대외 정책의 이해에 반한다고 여겨지는 대상들의 목록으로, 쉽게 말해 '미국의 무역 블랙리스트'에 해당한다. 미국 정부의 허가를 받지 않으면 이 리스트에 오른 기업들에는 미국 기술을 수출할 수 없다. 미국은 인재 교류도 허가제로 바꾸었다.

반도체 공급망은 미국과 중국으로 분단되는 디커플링decoupling의 위기에 처했다. 반도체부터 시작해 기술, 경제, 정치, 문화 등의 모든 분야는 미국과 중국 진영으로 나뉠 수 있다. 디커플링이 진행되면 공급망은 새롭게 구축된다. 인재 교류도 어렵고 기술 조달도 어렵다. 현재 한국은 반도체 산업에서 강한 존재감을 갖지만 미래에도 그럴진 알 수 없다. 미국과 중국 모두 반도체 자급자족을 목표로 하기 때문이다.

미국이 중국을 규제하는 배경에는 패권경쟁이 있다. 중국은 2013년 시진핑이 국가주석이 되면서 중국몽中國夢을 내걸었다. '중화민족의 위대한 부흥'을 뜻하는 중국몽은 중국 공산당의 궁극적 목표다. 이에 따르면 중국은 건국 100주년인 2049년까지 사회주의 현대화 국가를 건설하려 한다. 그때까진 경제에서든 군사에서든 미국을 초월하는 초강대국이 되겠다고 벼르는 것이다.

중국몽의 실현을 위해 중국은 '중국 제조 2025'를 2015년부터 추진 중이다. 2025년까지 제조강국 대열에 진입하는 것이 1단계 계획이다. 2단계는 2035년까지 전체 제조업이 다른 제조 강국과 같은 수준에 이르는 것, 3단계는 2049년까지 제조 최강국이 되는 것이다.[1]

이를 위한 10대 중점분야로 중국은 차세대 정보통신, 로봇, 항공우주 장비 등을 선정했다. 반도체는 2025년까지 자급률 70%를 목표로 한다. 자급률은 중국 시장에서 중국산 제품이 차지하는 비중인데 중국에서 외국 기업이 제조한 반도체도 여기에 포함된다. 중국의 반도체 자급률은 2015년 15%에서 2021년 17%로 상승했다. 2025년 자급률은 20% 수준을 전망하는데 원래 목표인 70%는 실현하기 어렵다는 평가가 많다.[2] 기술전쟁으로 인해 혁신의 겨울이 온다는 걱정은 중국에서 먼저 현실로 나타나고 있다.[3]

한국은 기술전쟁 참전국이자 당사자다. 한국만이 아니라 제조업이 강한 국가는 예외 없이 참전국이다. 제조업 5대 강국은 미국, 중국, 독일, 일본, 한국이다. 미국은 GDP에서 차지하는 제조업의 비중이 11% 수준으로 낮지만 제조 기술은 세계 최고 수준이다. 나머지 4개국은 제조업의 비중이 상대적으로 높아 한국은 28%, 중국은 27%, 일본과 독일은 각각 21%와 19%다.[4] 〈니혼게이자이신문日本経済新聞〉이 70여 개 품목을 조사한 결과, 2020년 기준 세계 시장점유율 품목 수에서 1위를 차지한 나라는 24개의 미국이었고 17개의 중국, 7개의 일본, 5개의 한국이 그 뒤를 이었다.[5] 한국의 5개 품목은 스마트폰, D램, 유기발광다이오드OLED 패널, 낸드플래시 반도체, 초박형 TV였다.

유엔산업개발기구UNIDO가 세계 152개 국가를 분석해서 발표한 CIP, 즉 '세계 제조업 경쟁력 지수'를 보면 제조강국들의 면모가 드러난다.[6] CIP는 1인당 제조업 부가가치, 제조업 수출액 등 8개 항목을 종합한 지수로 각 국가의 제조업 경쟁력을 나타낸다. 2002년의 CIP 1위는 독일, 2위는 미국, 3위 일본이었고 한국과 중국은 각각 11위와 21위였다. 2018년에도 독일이 여전히 1위였으나 나머지 순위는 극적으로 달라져 2위는 중국, 3위는 한국이었고 미국과 일본은 4위와 5위로 두 계단씩 떨어졌다. 20년이 안 되는 기간 동안 한국도 크게 성장했지만 중국 제조업의 성장은 경이로울 정도였다.

2020년 기준 중국이 전 세계 제조업에서 차지하는 비중은 28%로 1위다. 중국은 2010년 이후 세계 1위를 유지하며 '세계의 공장'이라 불리고 있다.[7] 2위는 17%를 기록한 미국이고 그 뒤를 일본(8%), 독일(6%), 한국(3%)이 잇는다. 이 5대 제조강국이 차지하는 비중을 합하면 62%에 이른다. 10위권에 자리한 다른 제조국들로는 인도, 이탈리아, 프랑스, 인도네시아, 멕시코가 있다.

미국의 무기는
설계 기술

설계는 두뇌 작업이다. 두뇌 작업답게 설계에는 소프트웨어가 필수다. 그리고 소프트웨어는 미국이 지배한다. 전 세계 반도체 기업은 미국 소프트웨어를 사용해 반도체 구조, 기능, 제조, 검사와 같은 공정을 설계한다. 반도체만이 아니라 원자력, 플랜트, 자동차 등 대부분 산업에서도 미국의 소프트웨어가 사용된다.

소프트웨어 산업은 진입장벽이 높다. 새로 나온 소프트웨어의 기능이 아무리 좋아도 기존 소프트웨어를 버리고 새로운 것으로 바꾸기란 어려운 일이다. 대부분의 설계는 과거의 설계를 바탕으로 이뤄지는데, 도중에 소프트웨어를 바꾸면 과거의 데이터를 사용할 수 없거나 사용에 제한이 생기기 때문이다.

미국이 소프트웨어를 지배한다는 사실은 시장 규모에서도 나타난다. 패키지 소프트웨어와 관련 서비스를 기준으로 2022년의 소프트웨어 시장 규모를 보면 미국은 7702억 달러로 압도적인 1위다.[8] 이는 1027억 달러로 2위를 차지한 영국의 7배, 925억 달러로

3위에 오른 일본의 8배가 넘는 규모다. 4위는 903억 달러의 독일, 5위는 775억 달러의 중국이며 한국은 151억 달러로 16위를 기록했다.

미국의 소프트웨어 시장 규모는 중국의 10배다. 중국 시장이 거대하다고들 하지만 소프트웨어는 다르다. 소프트웨어 중에서 반도체 설계 시장만의 규모를 보면 2022년에 630억 달러였는데 미국의 시놉시스Synopsys, 케이던스Cadence, 지멘스EDA가 시장의 절반 이상인 54%를, 상위 10개 기업이 68%를 점유했다.[9]

미국 소프트웨어는 대부분의 국가에서 50% 이상의 시장점유율을 보인다.[10] 한국에서는 2015년 56%에서 2019년 60%로 늘었다. 미국 시장에서 자국 소프트웨어가 차지하는 점유율은 77%다. 중국의 자국 소프트웨어 점유율은 2015년에 31%였으나 2019년엔 46%로 늘었다. 알리바바나 화웨이 같은 기업이 적극적으로 개발한 결과다. 2019년 기준 한국은 자국 소프트웨어 시장점유율이 24%, 일본과 독일은 30%대를 유지하고 있다.

이렇듯 시장을 장악하고 있다 보니 미국 소프트웨어는 중국이 극초음속 미사일을 비밀리에 개발하는 데도 사용된다.[11] 극초음속 미사일은 음속의 5배 이상 빠른 속도로 비행하며 게임 체인저라 불릴 정도로 중요한 미래 무기다.

중국이 어떻게 극초음속 미사일을 개발했는지 알기 위해 미국의 〈워싱턴 포스트Washington Post〉는 공개된 계약서와 자료를 분석했다. 그 결과 2019년 이후 미국의 50여 개 기업이 중국의 수십 개 기업에 300여 가지 기술을 팔았다는 사실이 드러났는데 그중에는 소프트웨어도 포함되어 있었다. 미국 기업은 중국항공역학원CAAA에 기체역학 시뮬레이션 소프트웨어를 판매했다. 미사일을 개발하려면 바람의 영향을 계산하기 위해 풍동시험을 해야 하는데, 시뮬레이션 소프트웨어를 사용하면 실제로 이 시험을 하지 않고도 쉽고 저렴하게 데이터를 얻을 수 있다.

CAAA는 극초음속 미사일을 설계한 조직으로 미국의 수출 규제 명단에는 포함되지 않았다. 미국은 미사일 개발에 사용하는 자국 소프트웨어의 중국 판매를 금지한다. 이외에도 2020년 미국 기업인 앤시스Ansys는 군사용 기술을 개발하는 베이징이공대학교에 소프트웨어를 판매했다. 이 대학교는 미국의 규제 명단에 포함되어 있다.

소프트웨어 강국답게 미국은 설계 엔지니어도 가장 많이 보유한 국가다. 미국 반도체산업협회 보고서에 의하면 2021년 기준 전세계 반도체 설계 엔지니어는 18만 7000명이다.[12] 그중 3분의 1인 6만 명이 미국에 있고 뒤를 이어 중국에는 5만 2000명, 인도에 3만 5000명이 있다. 대만과 한국, 일본은 각각 1만 명과 7000명, 4000명, 유럽의 경우엔 8000명, 기타 국가들은 1만 1000명 수준이다. 수치를 보면 중국과 인도가 미국을 추격하는 형태다. 특히 인도는 반도체 설계 강국인데 앞으로 제조 능력까지 갖춘다면 중국을 대체할 가능성이 크다.

가장 많은 설계 엔지니어를 보유한 미국의 고민은 아이러니하게도 엔지니어 부족이다. 미국은 2030년까지 자국에 2만 3000명의 설계 엔지니어가 부족해질 것이라고 예상한다. 지금까지는 미국으로 유학 온 학생들이 졸업 후 미국에서 설계 엔지니어로 취업했는데, 2016년부터는 취업하는 유학생이 점점 줄어들고 있기 때문이다.

설계에 드는 비용도 문제다. 반도체 기술이 발전할수록 설계비는 급격히 증가한다. 시스템 반도체 설계비는 2006년 65나노 2900만 달러에서 2012년 22나노 7000만 달러, 2018년 7나노 2억 9800만 달러, 2020년 5나노 5억 4200만 달러로 계속 증가했다. 이 작업에는 지식재산, 아키텍처architecture, 검증verification, 물리적 구현physical validation, 소프트웨어, 프로토타입 제조가 포함된다.

제조업에서 소프트웨어는 몇 종류나 필요할까? 하나의 소프트웨어로 모든 공정을 완료하면 좋겠지만 현실은 소프트웨어 천국이라 할 정도로 매우 많다. 각 공정마다 다른 종류의 소프트웨어를 사용하기 때문이다. 산업 분야에서 사용되는 소프트웨어로는 적어도 다음과 같은 종류들이 있다.[13]

설계용 소프트웨어: 컴퓨터 지원 설계CAD, 컴퓨터 지원 엔지니어링CAE, 컴퓨팅 지원 프로세스 설계CAPP, 컴퓨터 지원 제조CAM, 흐름 프로세스 시뮬레이션, 전자 설계 자동화EDA, 제품 데이터 관리PDM

제조용 소프트웨어: 제조 실행 시스템MES, 제조 스케줄러APS, 공장 재료 배송 관리 시스템TMS, 에너지 관리 시스템EMS, 고장 예측 및 관리 시스템PHM, 원격 보수 관리MRO, 안전

관리 시스템, 환경 및 이산화탄소 배출 관리 시스템

관리용 소프트웨어: 기업 자원 계획 시스템ERP, 공급망 관리 시스템SCM, 고객 관계 관리 시스템CRM, 인적 자원 관리 시스템HRM, 품질 관리 시스템QMS, 자산 관리 시스템APM

제어용 소프트웨어: 산업용 운영 시스템, 산업용 제어 소프트웨어, 구성 관리 프로그램 소프트웨어 등 내장 방식 공업용 소프트웨어

업계용 소프트웨어: 특정 업계, 특정 포인트를 위한 모델 베이스나 프로세스 베이스 등 기초 지식 베이스, 석유화학이나 야금 등 특정 업계를 위한 전체 흐름 최적화 소프트웨어, 대형 설비 설계와 제조 및 운영을 일체화한 플랫폼 소프트웨어, 중소기업용 종합 관리 플랫폼 소프트웨어

신형 소프트웨어: 공업용 앱, 클라우드 소프트웨어, 클라우드 네이티브 소프트웨어

중국도 가만히 있는 것은 아니라서, 미국의 지배에서 벗어나기 위해 소프트웨어 개발을 서두르고 있다. 중국은 산업용 앱을 100만 개 이상 만들고 소프트웨어 산업을 육성한다. 앞서 언급한 소프트웨어들 중 특히 제조용 소프트웨어는 세계의 공장이라는 중국의 특징을 활용하여 집중하기 좋은 분야다. 중국이 미국 소프트웨어에서 독립하려면 자국 기업이 강력하게 시장을 지배하는 분야부터 공략해야 한다.

전기차 전용 소프트웨어도 유력한 후보다. 만약 중국과 독일이

이런 소프트웨어를 공동 개발한다면 두 나라의 기술과 시장을 활용할 수 있기 때문에 성공할 가능성이 크다. 2022년 전 세계의 전기차 판매 1위 기업은 중국의 BYD, 2위는 테슬라, 3위는 폭스바겐이다.[14] 세계 시장점유율은 중국 43%, 미국 30%, 유럽 20%이며 일본과 한국은 각각 3%와 1.5% 수준이다.

중국은 유럽의 시장을, 독일은 중국의 시장을 노린다. 독일의 올라프 숄츠Olaf Scholz 총리는 "독일과 중국은 진영 대결이 아닌 상호 파트너십을 강화해야 한다"고 제안했다.[15] 미국 진영으로 들어가지 않을 테니 그 대가로 중국 시장을 열어달라는 의미다. 독일은 중국과 수시로 정상회담을 하면서 경제협력을 강화하고 4차 산업혁명 추진에서도 협력하고 있다.[16]

중국은 그 외에도 독자적인 스마트폰 운영체계를 개발 중이다. 화웨이는 구글이 개발한 안드로이드를 사용하지 않기로 결정하고 2019년부터 운영 체계인 하모니 OS를 개발 중에 있다.[17] 배경에는 미국의 규제가 있지만 중국은 이를 계기로 스마트폰을 포함한 사물인터넷 분야에서 독자적 생태계를 구축하려 한다. 화웨이는 하모니 OS를 국가에 헌납하고 중국 기업이 무료로 사용할 수 있게 했다.

중국과 일본의 무기는
소재 기술

꼬리가 몸통을 흔들었다. 2022년 미국 정부는 F35 전투기 인수를 거부했다.[18] 최첨단 전투기에 작은 중국산 부품이 하나 들어 갔다는 이유에서였다. 전투기 펌프에 사용하는 자석에 중국산 사마륨-코발트samarium-cobalt 합금이 사용됐으니 부품이라 하기에도 애매한 수준이다.

F35 전투기는 미국 국내에서 록히드마틴이 제작한다. 록히드마틴은 2023년까지 F35 전투기 126대를 납품해야 하는데 일정에 맞춰 미국에서 소재를 구하긴 어렵다. 전 세계 사마륨-코발트 자석의 70% 이상은 중국에서 제조되기 때문이다.

결국 인수 거부 결정은 며칠 만에 번복되었다. 아무리 최첨단 전투기라 하더라도 중국산 희토류를 사용할 수밖에 없는 현실을 인정해서다. 록히드마틴은 향후엔 자석에도 중국산 대신 미국 소재를 사용하기로 했다. 희토류는 네오디뮴neodymium 등 17개 원소를 지칭하며 주로 스마트폰과 배터리에 사용된다.

설계가 끝나면 공장에서 제조가 진행된다. 제조를 하려면 소재가 필요하다. 미국은 설계 기술을 무기로 사용하지만 소재에선 자유롭지 않다. 미국 내에서 모든 소재를 공급하기 어렵다는 사실은 당장 한국에도 영향을 준다. 2022년 8월 16일, 바이든 대통령은 '인플레이션 감축법IRA'에 서명했다. 의료보험을 확대하고 기후변화에 대응한다는 이 법에는 인플레이션에 맞서기 위해 정부 지출을 줄이려는 의도가 담겨 있다.

IRA 내용 중에는 전기차 구매 지원금 항목이 있다. 기후변화에 대한 대응을 위해 전기차 구매 시 보조금을 지원하되, 만약 배터리에 사용된 광물과 부품 중 중국산이 있으면 보조금을 지급하지 않는다는 내용이다. 여기서 문제가 생긴다. 어디까지를 미국산으로 보느냐가 그것이다.

2023년 현시점에는 미국 또는 미국과 자유무역협정FTA을 체결한 국가에서 채굴하고 가공한 광물이 40% 이상인 배터리여야 한다. 이 비율은 매년 10%P씩 높아져 2027년에는 70%로 늘어난다. 미국은 조건을 명확하게 제시했지만 이것이 얼마나 잘 지켜질지는 미지수다. 중국 이외의 국가에서 희토류를 구하기가 쉽지 않다보니 미국이 중국을 배제하고 싶어도 완전히 그렇게 하는 일 또한 어렵기 때문이다.

전 세계 리튬 생산에서 중국이 차지하는 비중은 80% 이상이다. 중국이 외국 기업에 투자한 사례까지 포함한 수치다. 대표적 중국 기업인 간펑리튬은 리튬을 채굴 및 가공하며 전기차용 배터리를 제조한다. 이 기업은 중국 외에도 아르헨티나, 칠레, 멕시코, 호주에 리튬 광산을 보유하고 있으며, 전기차 기업과 배터리 기업에 소재를 공급한다. 중국을 제외하고 현재 세계 유력의 배터리 기업은 한국과 일본에 있는데, 이 두 나라 기업이 제조하는 배터리의 양극재는 중국 기업 또는 중국 합작법인이 만든다.

2021년 중국은 세계 최대 규모의 희토류 국영기업인 중국희토그룹을 설립했다. 희토류를 무기로 사용하여 공급망을 통제하려는 목적에서다. 광물을 가공하는 제련 시설은 중국에 집중되어 있다. 한국은 중국 제련 의존도가 리튬 58%, 코발트 64%, 흑연 70%로 매우 높으며, 중국을 대신할 광물 공급망을 단기간에 대체하기도 어렵다. 포스코는 아르헨티나에 투자해 리튬을 생산할 계획이지만 수요를 충족하려면 시간이 필요하다.[19]

중국은 이미 소재를 무기로 사용하고 있다. 2010년 일본과 중국이 영토분쟁을 겪고 있는 센카쿠열도(중국명 댜오위다오)에서 일본 해경은 불법 조업을 이유로 중국인 선장을 체포했다. 중국은 이에 대한 보복으로 일본으로의 희토류 수출을 규제했다. 이 문제를 두고 일본이 세계무역기구wto에 중국을 제소하자 중국은 환경보호를 위한 조치라고 주장했다.

희토류의 중국 의존도가 높았던 일본은 희토류 부족으로 자동차와 전자 제품 제조에 큰 차질을 빚었다. 기업들의 비명을 못 이긴 칸 나오토 수상은 16일 만에 중국인 선장을 석방하라고 지시했다. 칸 수상은 일본에서 개최될 예정이었던 아시아태평양 경제협력회의에 중국의 후진타오 주석이 불참하고 양국의 대립이 확산되는 상황을 두려워했다.[20]

이후 소재 공급망을 다양하게 바꾸기 위해 노력한 일본은 인도와 베트남에서 희토류 광산을 개발하여 공급망을 늘렸다. 또한 희토류 재활용 기술을 개발함과 동시에 근본적으로 희토류를 사용하지 않는 산업용 모터, 희토류 사용을 절반으로 줄인 자석도 만들어냈다. 그 결과 2009년에 86%였던 일본의 대중국 희토류 의존도는 2015년에 55%로 떨어졌다.

시간이 흐른 2014년에야 WTO는 중국이 협정을 위반했다는 판결을 내렸고 중국은 희토류 수출 규제를 철폐했다. 중국의 희토류 공격을 일본은 잘 방어했지만 양국 기업이 입은 피해는 막심했다. 중국 기업은 수출이 줄어들었고, 일본 기업은 급히 공급망을 바꾸고 기술을 개발하느라 비용이 발생했기 때문이다.

피해자는 피해가 얼마나 아픈지 알기 때문에 가해자가 된다. 일본 역시 소재를 무기로 사용한다. 2019년 일본은 안전보장을 위해서라는 이유를 대며 한국에 불화수소 등 반도체 소재 3개 품목의 수출을 규제했다. 소재는 매우 효과적인 공격 수단임을 증명한 셈이다. 일본의 소재들 중 세계 시장점유율이 높은 것들로는 포토레지스트photoresist(90%), 포토마스크 블랭크photomask Blank(90%), 실리콘 웨이퍼silicon Wafer(62%)를 들 수 있다.

일본의 소재 공격을 받은 한국은 소재, 부품, 장비를 급히 개발하고 공급망을 변경, 2018년에 18%였던 대일본 의존도를 2021년에는 16%로 낮췄다. 일본의 공격을 두고 일본 내에선 상반된 두 가지 의견이 나왔다. 하나는 '목조르기 기술을 보유하고 적절하게 사용할 필요가 있다'는 찬성 의견, 다른 하나는 '수출 규제는 양국 모두에게 피해를 주며 혁신을 방해한다'고 우려하는 반대 의견이었다.

2023년 일본은 한국에 대한 수출 규제를 해제하고 화이트리스트에 다시 포함시켰다. 화이트리스트 대상국은 수출심사우대국의 대우를 받는다. 이로써 2019년에 시작된 일본의 대한국 수출 규제는 정상화되었다.

한국은 소재가 빈약하다. 한국이 반도체 소재를 수입하는 국가는 일본(39%)와 중국(21%)인데 두 나라의 비중을 합치면 60%다. 2차전지는 핵심 광물 8개 품목 중 중국에 6개 품목, 칠레와 핀란드에 각각 1개 품목을 의존한다. 주요 국가 중 대중국 의존도가 가장 높은 나라는 한국이다.[21] 중국과 일본이 한국으로 수출하는 핵심 소재를 엄격하게 규제하면 한국 반도체 산업은 붕괴될 수 있다.

대만의 무기는
제조 기술

"대만을 방어할 것인가?"

"예스."

2022년 인터뷰에서 바이든 대통령은 명쾌하게 대답했다.[22] 상원 외교위원장을 지낸 외교 전문가가 미사여구 없이 간결하게 한 "예스"라는 대답이야말로 가장 외교적인 표현이었다. 미국이 얼마나 대만을 중시하는지를 단 한 마디로 보여주었기 때문이다. 지금까지 미국은 대만 문제에서 중국을 배려하는 태도를 보여왔고, 미국 대통령이 대만을 방어하겠다고 공개적으로 밝힌 경우는 매우 드물었다.

바이든 대통령이 이처럼 강력한 발언을 한 이유는 세계 최대 파운드리 기업인 TSMC 때문이다. 전 세계 500개 기업이 TSMC에 반도체 제조를 위탁한다. 세계 반도체 수탁생산에서 차지하는 TSMC의 점유율은 50%를 넘어 계속 올라가고 있다. 대만의 반도체 제조 능력의 80%는 파운드리다. 미국 입장에선 TSMC가 계속 반도체를 제조해야 자국에도 이익이다.

중국은 '원 차이나One China' 정책을 펼친다. 중국, 홍콩, 마카오, 대만은 하나의 중국이라는 의미다. 중국은 대만을 자국 영토로 간주하기 때문에 미국이 대만과 가까워지면 경계한다. 미국도 원 차이나 정책을 인정하며 공식적으로는 중국과만 외교 관계를 맺고 있다.

그럼에도 미국의 대통령은 중국이 대만을 공격할 시엔 개입하겠다는 의사를 스스로 분명히 밝혔다. 그간 미국은 지정학 관점에서 대만을 보호했지만 지금은 반도체 때문에라도 그렇게 하지 않을 수 없다. 물론 대만을 방어하겠다는 것은 중국과 직접 전쟁을 벌이겠다는 뜻이 아니라, 중국이 대만을 침공하지 못하도록 막겠다는 의미다.

대만에는 중국 리스크가 있다. 2016년 미국 랜드연구소RAND Corporation는 미국과 중국이 전쟁을 일으킬 가능성이 큰 5가지 경우를 지적했다.[23] 북한이 붕괴하거나 일본과 중국의 영토분쟁이 심각해지는 경우 등이다. 그중 가장 유력한 건 중국이 대만을 무력침공하는 것인데, 이럴 경우 대만의 반도체 제조 기술은 중국의 무기가 된다. 혹은 중국이 대만의 반도체 공장을 파괴할 수도 있다. 사실 중국의 침공이 아니더라도 첨단 반도체 제조 공장이 대만에 집중되어 있는 상황은 반도체 공급망의 리스크다. 대만에 대규모 정전이나 재해가 일어나도 제조가 중단될 수 있기 때문이다.

중국과 대만의 제조 능력을 단순히 합하면 10나노 이하 제품의 90% 이상을 차지한다. 2위인 한국의 2배 이상이다. 10~22나노의 점유율은 31%이며 28~45나노의 경우는 66%, 45나노 이상은 54%다. 메모리 반도체 점유율은 25%로 확대된다.

중국 리스크를 피하기 위해 TSMC는 미중 모두와 파트너십을 맺고 반도체를 공급하며, 중국의 난징과 상하이에 공장을 두고 있다. 2018년부터 가동 중인 난징 공장에선 12나노와 16나노 반도체를 제조하고 있으며, 미국에도 반도체 공장을 건설해 2024년부터 5나노 반도체를 생산할 예정이다.

TSMC는 리스크 분산을 위해 미국과 중국 이외의 지역에도 반도체 제조 공장을 건설하려고 각국 정부와 보조금 교섭을 하고 있다. 보조금을 많이 주고 시장과 가까운 나라에 공장을 건설할 계획이다. 교섭의 주도권은 TSMC가 쥐고 있으며 첨단 기술은 대만에만 둔다.

미국은 중국에게 대만을 건드리지 말라고 위협함과 동시에 리쇼어링reshoring 정책을 펼치고 있다. 외국으로 나간 공장을 다시 미국으로 돌아오게 함으로써 반도체 공급망을 미국 중심으로 재편하려는 목적의 정책이다.

미국 입장에선 반도체를 외국에 의존하는 현재의 공급망이 갖는 리스크가 크다. 중국의 대만 침공이 아니라도 언제든 공급망이 중단될 수 있기 때문이다. 일례로 중국은 제로코로나 정책으로 도시를 봉쇄하고 공장 가동을 중지시켰으며, 러시아와 우크라이나 전쟁은 물류를 막았다. 공장 가동이 멈추고 물류가 막히면 공급망에 혼란이 발생하고 미국은 상품을 원활히 수입하지 못한다.

리쇼어링이 어려우면 미국과 가까운 곳에서 제조하는 니어쇼어링nearshoring, 또는 신뢰할 수 있는 곳에서 제조하는 프렌드쇼어링friendshoring을 한다. 특히 중국에 있는 미국 기업들의 리쇼어링이 활발하다. 중국의 인건비가 상승하고 코로나로 부품 공급에 차질이 빚어졌기 때문이다.

리쇼어링 기업을 지원하는 단체인 리쇼어링이니셔티브Reshoring Initiative는 미국으로 리쇼어링을 계획 중인 기업이 2010년 95개에서 2021년 1300개로 증가했다고 주장한다.[24] 리쇼어링이 늘어나면서 일자리도 증가해 2022년에만 22만 개가 새로 생겼다. 여기에 외국인 직접투자로 생긴 일자리 13만 개까지 더하면 35만 개다.[25]

2020년 기준으로 세계 반도체 제조 시장에서 미국의 점유율은 12%다. 2032년까지 미국은 반도체 국내 제조 비율을 그 2배인 24%로 끌어올리려 한다. 미국이 세계 제조업 생산량에서 차지하는 비중은 2000년 28% 수준이었는데 이후 계속 줄어들어 2020년에는 17%까지 내려왔다.

미국이 국내에서 반도체를 제조하지 않는 이유는 인건비가 비싸기 때문이다. 미국에서 만들면 원가가 올라가니 기업은 제조 공장을 해외로 이전한다. 설사 반도체를 미국에서 만든다 해도 이를 판매할 시장이 없다. 고객 기업들 역시 저렴한 인건비를 찾아 중국이나 해외로 공장을 옮겼기 때문이다. 미국에서 만들지 않으면 미국에 필요한 상품을 외국으로부터 더 많이 수입해야 한다. 이에 따라 무역적자도 계속 증가해서 2021년에는 상품 무역수지 적자가 처음으로 1조 달러를 돌파했다.

미국은 금단의 칼을 꺼내 들었다. 보조금 지급이다. 본래는 정부가 산업에 개입하지 않고 기업의 자유경쟁에 맡기지만 산업 정책의 일환으로 보조금을 지급하기로한 것이다. 보조금을 주고서라도 반도체 국산화를 서둘러야 한다는 긴박감이 드러난다. 미국은 반도체 제조 능력을 올리기 위해 반도체 지원법을 제정하고 520억 달러 이상의 보조금을 지급할 예정이다.[26] 반도체 기업에게 주는 보조금은 투자액의 50%인데 내역을 보면 주정부의 펀딩 10%, 현금 15%, 세액공제가 25%를 차지한다.

미국 정부는 국산품 애용 정책도 펼칠 예정이다. 미국 정부는 연방정부가 예산을 투입하는 인프라 프로젝트에 매년 6000억 달러 이상을 조달하는데 자국에서 제조한 광물, 의약품, 배터리, 반도체는 가격이 더 비싸더라도 우선 구매할 계획이다. 다만 한 가지 조건이 있다. 제품을 구성하는 부품 가치의 비중이 55% 이상 미국에서 생산되는 경우에만 미국산으로 인정한다는 게 그것이다. 미국 정부는 이 비중을 2023년엔 65%, 2029년엔 75%로 올릴 계획이다. 기준을 강화하면 미국산 제품의 구매 비중이 늘어나고 제조업 경쟁력을 올리며 자국 중심의 공급망을 만들 수 있다는 것이 미국의 기대다.

미국이 보조금 지급이라는 당근과 함께 법의 규제라는 채찍을 사용하자 많은 기업들은 앞다투어 미국에 공장을 건설하려 한다. TSMC는 미국에 400억 달러를 투자해서 공장을 세울 계획이다. 애플, 엔비디아Nvidia, 퀄컴Qualcomm 등 미국 기업은 TSMC가 미국에서 제조한 '메이드 인 아메리카' 반도체를 사용할 계획이다. 인텔은

200억 달러를 투자해서 반도체 공장을, GM은 자동차용 배터리 공장을, 마이크론테크놀로지Micron Technology는 400억 달러의 투자로 반도체 공장을 세울 계획이다.

재미있는 현상은 중국 기업들도 미국에 공장을 건설하겠다고 나섰다는 것이다. 배터리 기업 CATL는 포드와의 합작으로 배터리 공장을, 또 다른 배터리 기업인 궈슈엔가오커国軒高科도 23억 달러를 투자해 미국에 공장을 세울 계획이다.[27]

한국 기업들도 같은 움직임을 보인다. LG화학은 배터리 핵심 소재인 양극재 공장을, LG에너지솔루션과 일본 혼다의 합작법인은 배터리 공장을 미국에 건설하기로 했다. 삼성전자는 반도체 공장 건설을 위해 향후 20년간 미국에 최대 2000억 달러를, SK하이닉스는 반도체 연구 개발 센터와 패키징 제조 시설 건설에 150억 달러를 투자할 예정이다.[28] 물론 이 모든 기업들이 실제로 투자하고 공장을 세울지의 여부는 시간이 지나야만 알 수 있다. 경제 논리가 아닌 정치 논리로 세운 계획이기 때문이다.

미국에 더해 또 하나 눈여겨봐야 할 국가는 일본이다. 2022년 일본의 반도체 자급률은 27%다. 나머지는 주로 중국과 대만에서 수입한다. 이 두 나라가 일본으로 반도체를 수출하지 않으면 일본 제조업은 멈춘다. 일본의 반도체 기업은 메모리 반도체의 키옥시아Kioxia와 이미지 센서를 만드는 소니 등 몇 개에 불과하다. 2030년이 되면 일본의 세계 반도체 시장 점유율이 0%에 이를 거라는 예측이 있을 정도다. 메모리 반도체와 관련해선 10~20나노를 제조해낼 수 있지만 시스템 반도체의 경우엔 20~40나노의 제조 능력이 없다. 일본에는 스마트폰이나 PC 등 첨단 반도체를 대량으로 사용하는 기업이 없어 40나노 수준이 중심이기 때문이다. 과거 세계 시장을 석권했던 전자 제품 기업들이 모두 사라진 일본은 반도체 산업을 부활시키기 위해 TSMC를 이용한다.

TSMC는 소니와 덴소Denso를 파트너로 해서 일본에 22~28나노 공장을 건설한다. 이 제품들은 주로 자동차, 산업 기계, 스마트폰에 사용된다. 소니가 설계한 이미지 센서를 TMSC가 일본에서 제조하고 애플이 사용한다는 계획도 세워졌다. TSMC 일본 공장에서 근무할 기술자는 소니를 포함한 일본 기업에서 채용할 예정이다.

이를 보고 일본 기술이 대만으로 이전된다고 우려하는 여론도 있다. 소니는 자사 공장이 있는 구마모토에 TSMC 공장을 유치하고 싶어 했지만 TSMC는 결정을 망설였다. 그러자 일본 정부가 보조금을 지급하고 유치했다. 투자비는 10조 원 이상인데 일본 정부가 절반을 보조한다. 반도체를 일본 국내용으로 우선 공급한다는 조건을 붙여서다. 이에 대해 아쉬움을 표하는 여론도 있다. 삼성전자와 경쟁시켰더라면 좋았을 텐데 그렇게 하지 못했다는 아쉬움이다.

TSMC가 공장을 가동하면 다양한 반도체 기업이 따라온다. 일본에서는 40조 원 이상의 경제효과를 기대한다. 일본 정부가 지급하는 보조금의 10배 규모다.

일본이 거액의 보조금을 지급하면서 TSMC를 유치하는 가장 큰 이유는 안보에 있다. 모든 산업의 기반이 되는 반도체는 경제안보와 밀접하게 관련된다. 일본은 중국과 대만에서 반도체를 수입하지 못하는 경우를 상정, 안보 차원에서 반도체를 제조하겠다는 의도가 강하다.

일본은 TSMC 일본 공장을 계기로 자국의 반도체 산업이 부활하기를 기대하면서 연합팀을 구성했다. 국내의 반도체 재료와 장비 기업을 모아 조인트2Joint2라는 컨소시엄을 만든 것이다.[29] 일본 기업끼리 경쟁하기보다 업계가 힘을 합쳐 진영을 만들겠다는 전략이다.

반도체는 제조 공정이 복잡하다. 컨소시엄은 반도체 후공정에서 사용하는 차세대 패키지 재료를 공동으로 개발한다. 반도체 메이커는 3차원 패키징 기술에 주목하지만 기술 개발이 어렵다. 재료 기업이 단독으로 재료를 개발해도 다른 재료와 어울리지 않거나 제조 공정에 적용할 수 없기 때문이다. 하지만 컨소시엄에서 재료를 개발하면 개발기간을 크게 줄일 수 있다.

연합팀으로 파운더리 기업도 만들었다. 2022년 키옥시아, 소니, 소프트뱅크, 덴소, 도요타자동차, NEC, NTT 등이 출자해 반도체 파운드리 기업인 라피더스Rapidus를 설립했다. 라피더스는 서두른다는 의미를 가진 영어 단어 '래피드rapid'의 라틴어 표현이다. 기업 이름에서조차 일본의 초조함이 드러난다. 일본 정부는 이 기업에 7000억 원을 보조금으로 지급했다. 라피더스는 IBM에서 기술을 이전받아 2027년까지 2나노 반도체를 양산하겠다는 목표를 세웠다.

미국은 대만 의존 리스크를 줄이기 위해 일본에 기술을 제공하고 제조에 협력한다. 미국의 설계 기술과 일본의 소재 및 장비 기술을 합치면 2나노 반도체 제조는 가능해 보인다. 미국이 주도하는 반도체 공급망에서 일본은 제조를 담당할 계획이다.

물론 반도체를 제조한다고 해서 일본 반도체 산업이 부활할 수 있을지는 알 수 없다. 일본의 반도체 기술은 경쟁국들보다 10년가량 뒤졌다는 평가를 받는다. 반도체 분야는 거액의 투자가 필요하고 기술진화 속도가 빠르기에, 일본은 경쟁국보다 더 많은 자금을 투입하고 더욱 저렴한 가격으로 승부해야 한다. 하지만 한국에게 이는 미래의 중요한 변화가 될 수 있다. 일본이 미국의 도움을 받아 언제 어떤 수준의 반도체를 제조하는지에 따라 한국 반도체가 큰 영향을 받을 것이기 때문이다. 한국은 TSMC에 더해 일본과의 경쟁에도 대비해야 할 처지다.

모든 기술에 맞서는
무기는 시장

모든 방패를 뚫는 창이 있고 모든 창을 막아내는 방패가 있다면 이를 두고 모순矛盾이라 일컫는다. 논리의 이치가 맞지 않을 때 사용하는 단어다.

그런데 반도체 기술과 시장은 마치 모순처럼 움직인다. 모든 시장을 뚫는 기술이 있고 모든 기술을 막는 시장이 있다. 각국은 강한 기술을 무기로 사용한다. 설계는 미국이, 소재는 중국과 일본이 강하고 제조에서는 대만과 한국이, 장비에서는 미국과 유럽, 일본이 강하다. 미국은 기술이 가장 앞서 있기는 하지만 그렇다 해서 모든 기술을 최고 수준으로 가진 것은 아니기에 기술 수준이 높은 여러 국가를 자국 진영으로 끌어들인다. 이들 국가가 가진 기술을 다 합하면 어떤 시장이라도 뚫고 들어갈 수 있는 기술이 된다.

모든 기술에 맞서는 무기는 시장이다. 중국은 전 세계 반도체의 60%를 소비하는 최대 시장이고 미국 시장은 10%다. 반도체를 많이 사용하는 자동차 시장은 어떤가. 2021년 세계 자동차 시장에서 중국은 2148만 대를 판매해 38%의 비중을 차지했다. 미국은 1493만 대 판매로 세계 2위 시장이지만 중국의 70% 수준이고, 유럽은 1178만 대로 중국의 55% 수준이다.

중국은 거대한 시장을 무기로 기술에 맞선다. 미국이 공급망에서 중국을 배제하면 각국 기업은 제조 공장을 중국과 미국으로 나눈다. 양국 중 하나를 선택하기가 어렵다면 아예 두 곳 모두에 제조공장을 건설해 공급망을 따로 관리하겠다는 의미다.

일본 기업인 혼다는 중국에 전기차 공장을 짓고 있다. 혼다는 이미 중국 둥펑자동차东风汽车, 광저우자동차广汽集团와 합작기업을 운영하고 있는데 중국 생산량은 162만 대로 북미 생산량 127만 대보다 많다. 독일 기업은 한층 적극적으로 중국에 공장을 건설한다. 폭스바겐은 중국의 호라이즌로보틱스Horizon Robotics와 합작기업을 설립했다. 아우디도 중국에 전기차 공장을 짓는다. 2024년부터 15만 대를 제조, 중국 시장에서 판매할 계획이다. BMW는 중국 공장 3곳에서 매년 83만 대를 제조한다.

반도체 장비 기업도 중국 시장을 포기하지 못한다. 장비를 중국에 팔 수 있는데 미국이 수출을 막는다고 포기하기에는 중국 시장이 너무 크다. 반도체 장비 세계 1위 기업은 미국의 어플라이드머티어리얼즈Applied Materials고 네덜란드의 ASML, 미국의 램리서치Lam Research, 일본의 도쿄일렉트론Tokyo Electron이 그 뒤를 잇는다. 웨이퍼 절단 장비와 연마 장비에서 일본이 차지하는 세계 시장점유율은 각각 80%, 70%이며 그 외 50% 이상인 장비도 여럿 있다. 네덜란드의 ASML은 7나노 이하 반도체 제조에 필요한 극자외선노

광장비EUV를 독점한다. ASML의 EUV 장비 없이는 10나노 이하의 반도체 제조가 불가능하기에, 이 반도체를 제조하려는 기업이라면 어느 곳이든 EUV 장비를 수입해야 한다.

중국 시장에서 애플이 빠질 수 없다. 공급망 불안을 이유로 애플은 중국에 있던 아이폰 제조 공장을 인도와 베트남으로 이전할 계획이다. 그렇다고 중국 시장을 포기하겠다는 의미는 아니다. 중국은 애플의 가장 큰 시장이다.[30] 애플이 제조하는 아이폰 5대 중 1대는 중국에서 팔린다. 2021년 중국에서 팔린 스마트폰은 3억 3000만 대인데 애플의 시장점유율은 20% 이하로 4위 수준이다. 이렇게 거대한 시장을 애플이 스스로 버릴 수는 없다.

기술과 시장은 모순처럼 움직이나 동시에 평행하게도 움직인다. 시장이 없으면 기술도 사라진다. 일본 반도체가 실패한 이유역시 시장 때문이다. 한국은 반면교사로 일본의 사례에서 교훈을 얻어야 한다.

미국은 1940년대 후반에 반도체를 발명했다. 일본은 1970년대에 반도체 기술을 진화시켰고, 1980년대엔 반도체 제조 분야에서 미국을 추월해 세계 최고가 되었다. 당시 일본은 클린룸clean room을 만들고 대규모 집적 회로를 개발했다. 이때는 국내 시장도 있었다. 통신기기와 컴퓨터를 만드는 일본 기업들은 내부에서 반도체도 제조해 자사의 타 사업부에 판매했다. 타 사업부가 가장 중요한 고객이었던 셈이다. 일본 기업들은 더 좋은 통신기기와 컴퓨터를 만들려 경쟁했고 그 과정에서 자연스럽게 반도체 기술도 진화했다. 이로써 시장이 있고 기술이 진화하는 선순환 구조가 형성되었다.

그리고 일본은 세계 반도체 시장을 석권했다. 1991년 세계 반도체 기업의 매출 순위에는 1위 NEC를 선두로 도시바, 히타치, 후지츠, 미쓰비시, 파나소닉까지 10위권에 일본 기업 6개가 올랐다. 그러나 30년이 지난 2020년에는 세계 11위에서 20위 사이에 3개가 올랐을 뿐이다. 일본 정부가 지원했던 기업 엘피다메모리Elpida Memory도 정부가 보조금을 중단하자 금세 도산해버렸다. 어쩌다 이렇게 되었을까?

가장 큰 변화는 시장에서 일어났다. 1990년대에 들어서면서 통신기기와 대형 컴퓨터가 사라지고 PC가 등장했다. 일본 기업들은 처음엔 각자 자사 모델을 만들었다. 그러다가 IBM 기술이 세계 표준으로 자리잡으면서 가격은 반도체에서 중요한 요소가 되었다. 점유율 하락에는 환율 인상도 한몫 거들었다. 1990~2000년의 10년간 달러당 엔 환율은 50%가 올랐다.

산업 구조도 변화했다. 2000~2020년의 기간 동안 일본은 IT 도입이 늦었고 전자 산업이 쇠퇴했다.[31] 자연히 반도체 제조도 감소했다. 반도체는 산업의 쌀과 같아서 산업 유지에 반드시 필요하다. 반도체가 사라졌다는 말은 산업이 쇠퇴했다는 뜻의 다른 표현이다. 현재의 반도체 시장은 스마트폰 중심이다. 전자 산업이 쇠퇴한 결과, 일본 내에서 전자 제품이나 스마트폰을 대량으로 제조하는 기업은 존재하지 않는다.

일본에서도 1990년 후반부터 파운드리에 제조를 위탁하려는 움직임이 있었다. 하지만 고객이 없으니 공장을 건설하려는 이도 없었다. 현재 일본에는 첨단 반도체 제조 기업이 남아 있지 않다. 반도체 산업은 설계에서 생산까지 일관되게 다루는 수직 통합형에서 수평 통합형으로 바뀌었다. 설계는 팹리스fabless가 하고 제조는 파운드리가 하는데, 일본에는 팹리스와 파운드리 분야의 유력 기업이 없다.

현재 일본의 가장 큰 반도체 메이커는 르네사스일렉트로닉스 Renesas Electronics이다. 자국 내 시장을 타깃으로 28나노미터나 40나노미터 반도체를 제조하는 기업이다. 그러나 자국 기업 고객들만으로는 충분하지 않고 국내 시장은 너무 작다. 반도체 제조는 거액을 투자해도 회수에 오랜 시간이 걸리며, 회수하지 못하는 경우도 있다. 반도체를 대량 구매하는 곳은 자동차나 스마트폰 기업들처럼 한정되어 있는 데다 공급망도 이미 완성된 상태다. 그러므로 새롭게 반도체 공장을 건설하면 경쟁기업의 고객을 빼앗아 와야 한다. 기술 면에서는 TSMC, 삼성전자, 인텔과 경쟁해서 비슷하거나 더 높은 수율을 낼 수 있을지가 관건이고, 시장 면에서는 가격과 더불어 납품까지의 시간도 중요하다.

기술과 시장이 함께해야 한다는 교훈을 뼈저리게 인식한 일본은 이제는 전투기 개발에서조차 기술과 시장의 조화를 중시한다. 지금까지의 전투기 개발은 미국과만 했으나, 차세대 전투기는 영국 및 이탈리아와 공동개발해 2035년경에 배치할 예정이다.[32] 개발에 참여하는 기업은 미쓰비시중공업, 영국의 BAE시스템스BAE Systems, 이탈리아의 레오나르도Leonardo다. 엔진을 개발하는 일본 IHI와 영국 롤스로이스도 참여한다. 공동으로 개발하고 제조 수를 늘리면 원가를 낮출 수 있고, 참여국이 공동구매하면 시장 규모의 확보도 가능해진다.

반도체 공급망에서 시장은 중국의 무기이자 미국의 약점이다. 미국 입장에선 중국 이외의 시장을 만들지 못할 경우 동맹국을 설득하기가 어렵다. 미국은 일본과 네덜란드에 대중국 수출을 규제하라고 요청했다. 일본은 미국의 요청에 쉽게 응하지만 네덜란드는 달라서, 미국을 위해 자국이 일방적으로 희생할 수는 없다고 주장한다. 네덜란드는 대중국 수출 규제를 스스로 결정하겠다고 말한다.

네덜란드만이 아니다. 미국과 중국에 등거리 협력 관계를 유지하려는 입장인 유럽연합도 반도체 특별법을 제정, 430억 유로에 달하는 보조금을 지급해서라도 지역 내에 반도체 제조 공장을 건설할 예정이다. 또한 2030년에는 전 세계 반도체 제조 시장의 20% 점유를 목표로 지역 공급망을 만들고 있다. 만약 이것이 현실로 이뤄진다면 반도체 공급망은 미국, 중국, 유럽 중심으로 재편될 가능성이 있다. 한국은 미국과 중국 중 하나가 아니라 유럽연합을 포함한 3개 진영 중 하나를 선택해야 할 수도 있다는 의미다.

2장
디지털 배틀필드

▸▸▸ 데이터로 세계를 지배하라 ◂◂◂

미국은 네트워크에서 중국을 배제한다. 인터넷은 미국식과 중국식으로 분열되고 있다. 중국은 스마트 시티를 개발하고 디지털 감시 국가를 지향한다. 데이터 절도는 여전하지만 앞으로는 인공지능을 노리는 데이터 오염이 우려된다. 국가는 개인정보를 수집, 세계를 지배하는 출발점으로 삼는다. 디지털 세계는 양자암호통신으로 완전히 새롭게 변신할 가능성이 크다.

클린 네트워크,
중국의 디지털 기술을 배제하라

"정부가 하라는 대로 해야지요."

2018년 12월 19일, 소프트뱅크의 미야가와 준이치宮川潤一 부사장은 언론 인터뷰에서 화웨이와 ZTE가 제조한 장비를 사용하지 않겠다고 하면서 조심스레 한마디 덧붙였다.[1]

"화웨이 제품을 사용하고 싶은 마음은 태산 같지만⋯."

이 한마디로 기업의 속내가 다 드러난다. 화웨이의 5G 통신 장비는 경쟁기업보다 가격이 저렴하고 기술은 앞서 있다고 평가하기 때문이다.

기술전쟁은 미국이 중국 기업인 화웨이를 규제하면서 시작되었다. 미국은 자국만이 아니라 일본을 포함한 동맹국에도 화웨이 장비를 사용하지 말라고 요청했다.

소프트뱅크는 대규모 무선통신 기술을 사용하는 일부 기지국에 화웨이 장비를 사용하고 있었다. 5G가 시장에 막 보급되었던 초기에는 그럴 수밖에 없었다. 화웨이가 가장 많은 특허를 출원했고 가장 먼저 장비를 제조했기 때문이다. 결국 소프트뱅크는 일본 정부의 방침에 따라 화웨이 장비를 걷어내고 미국이 허용한 기업의 장비로 교체했다.

소프트뱅크가 이런 결정을 하기까지 열흘 남짓 동안 세계에서는 영화 같은 일이 벌어졌다. 2018년 12월 6일 캐나다에서는 화웨이의 최고재무책임자CFO이며 창업자의 딸인 멍완저우孟晚舟가 체포되었다. 미국의 대이란 무역제재를 위반한 혐의였다. 같은 날, 미국에서는 스탠퍼드대학교 교수이자 중국과 깊은 관계를 가진 노벨상급 연구자 장서우청张首晟이 자살했다. 그리고 역시 같은 날, 일본에서는 소프트뱅크에서 4시간 이상 통신 장애가 발생했다. 이튿날 소프트뱅크는 "스웨덴 기업인 에릭슨Ericsson의 장비에서 소프트웨어 이상이 발생했다"고 해명했다. 에릭슨도 자사의 문제로 소프트뱅크와 영국의 O2를 포함한 세계 각국에서 통신 장애가 발생했다며 즉시 사과하고 책임을 인정했다.

하지만 일본에서는 '통신 장애는 미국이 꾸민 음모'라는 주장이 등장했다. 이런 음모론이 제기된 이유가 있다. 통신 장애가 발생한 이튿날, 갑자기 일본 정부가 안보를 명분으로 화웨이와 ZTE를 자국 내 통신 사업에서 배제하겠다고 밝혔기 때문이다. 2018년 11월부터 미국은 중국 기업이 제조한 통신 장비를 사용하지 말라고 일본을 포함한 동맹국에 요구했다. 일본은 대답을 미루고 있었다. 그러다가 소프트뱅크의 대규모 장애가 발생했고, 이튿날 일본은 미국의 요구를 받아들였다. 음모론이 등장해도 이상하지 않은 타이밍이었다.

한국도 화웨이 제품에서 자유롭지 않다. 2020년 기준 화웨이 제품은 한국 국내에 설치된 5G 이동통신 기지국 장비의 9%를 차지했다.[2] 모두 LG유플러스가 운영하는 곳이다. 주한미군은 사령부 명령에 따라 단체로 LG유플러스 서비스를 해지했고, LG유플러스는 주한미군 부대 및 중요 군사보안 지역 인근 기지국에서 화웨이 장비를 배제했다. 미국 국무장관인 마이크 폼페이오Michael Pompeo는 "화웨이 장비를 사용하지 않는 SK텔레콤과 KT는 깨끗한 기업"이라고 칭찬했다.[3] 미국 국무부 부차관보로 사이버와 국제정보통신 정책을 담당하는 로버트 스트레이어Robert Strayer는 "LG유플러스는 믿을 수 없는 기업에서 믿을 수 있는 기업으로 공급망을 옮기라"고 공개적으로 요구했다.[4]

돌이켜보면 화웨이는 지금처럼 기술전쟁이 확대된 과정의 맨 앞에 자리한다. 화웨이가 5G 기술을 압도하자 미국은 위기감을 느끼고 동맹국에게 화웨이를 배제하라고 요구했다. 2020년 트럼프 대통령은 '클린 네트워크clean network' 구상을 발표했다.[5]

클린 네트워크는 통신 사업의 신뢰성과 통신 보안 보장을 목적으로 한다. 다르게 표현하자면, 네트워크에서 화웨이로 대표되는 중국 기업을 배제하고 개인정보를 보호하겠다는 의미다. 이에 따른 구체적 활동으로는 클린 캐리어clean carrier, 클린 스토어clean store, 클린 앱clean apps, 클린 클라우드clean cloud, 클린 케이블clean cable, 클린 패스clean path가 있다. 미국은 클린 네트워크에 참가한 40여 개국에게 중국 제품을 사용하지 말라고 요구한다. 이에 대한 대응으로 중국은 '데이터 보안을 위한 글로벌 이니셔티브'를 제안했고,[6]

구체적으로는 다자주의, 안전 발전, 공평주의라는 3대 원칙과 8대 이니셔티브를 제시했다.

클린 네트워크를 추진하는 미국의 요구에 따라 일본과 한국뿐 아니라 영국, 호주, 캐나다, 뉴질랜드, 인도 같은 주요 국가는 화웨이 통신 장비를 배제하고 미국 진영에 참가했다. 동맹국의 정부는 안보 관점에서 미국의 요구를 들을 수밖에 없지만 기업 입장에서는 당연히 불만이 나온다. 앞서 인용한 소프트뱅크 부사장의 발언이 이를 증명한다. 5G 통신 장비 분야에서 화웨이는 절대강자고, 따라서 현실적으로 화웨이 장비를 완전히 배제하기란 어렵기 때문이다.

독일 기업인 아이피리틱스IPlytics는 주요 기업을 대상으로 5G 특허와 표준 등의 실력을 분석했다.[7] 그 결과 5G 기업 1위로는 화웨이가 선정되었고, 스웨덴의 에릭슨과 핀란드의 노키아Nokia가 그 뒤에 있다. 화웨이는 매출, 특허, 표준에서 모두 세계 1위를 차지했다.

2020년 매출 기준 화웨이의 세계 시장점유율은 31%이며 에릭슨과 노키아는 각각 15%를 차지한다. 이어 ZTE(10%), 시스코Cisco(6%), 시에나Ciena(3%), 삼성전자(2%) 순이다.[8] 5G 특허에서 화웨이는 2021년 기준 점유율 16%로 1위다. 2위는 LG전자(11%), 3위는 삼성전자(11%)고 퀄컴(10%)과 노키아(10%)가 그 뒤를 따른다.

국가별 특허 비중을 보면 중국은 27%, 한국은 26%, 미국은 18%이며 유럽연합과 일본이 각각 16%, 9%다. 또 하나의 평가 기준은 표준이다. 현재까지 5G 국제표준은 2만 4000건 이상 제정되었는데, 국가별로 표준에 기여한 비율을 보면 각국의 특허 비율과

거의 비슷하다. 주요 기업은 자사가 보유한 특허를 국제표준으로 적극 제안하므로 특허와 국제표준의 기여율이 거의 비슷하다는 특징이 있다.

여기서 잠깐 이동통신의 역사를 되돌아보자. 이동통신 기술은 1973년 모토로라 연구원이었던 마틴 쿠퍼Martin Cooper가 휴대전화를 발명하면서 탄생했다. 이후엔 기술의 진화에 따라 각각 몇 세대 이동통신인지를 구분하고 있다.

1G로 표현되는 1세대 이동통신은 사람의 음성을 전기 신호로 전송하는 아날로그 통신으로,[9] 1983년부터 이동통신 기술을 이용한 휴대전화가 보급되면서 시작되었다. 1996년에 디지털 통신 시대를 연 2G 이동통신은 음성을 0과 1로 변환해 전송함으로써 문자 송수신을 가능케 했다. 에릭슨의 GSM과 퀄컴의 CDMA 기술은 경쟁을 포기하고 특허 크로스 라이선싱 협약을 맺어 시장을 공유했다.[10]

3G 이동통신은 2003년부터 스마트폰 시대를 열었다. 이동통신 국제표준이 최초로 등장하고, 유심칩도 등장했으며 멀티미디어 인터넷 또한 가능해졌다. 2010년부터는 4G 이동통신이 시작되고 초광대역 인터넷 접속이 이뤄졌으며, IP 전화와 스트리밍 멀티미디어가 확산되면서 속도 경쟁이 치열해졌다. 4G LTE까지는 기본적으로 사람이 사용하는 휴대용 단말기와 관련된 기술이다.

5G 이동통신은 2019년에 시작되었다. 국제전기통신연합ITU-R은 5G의 기술 요건으로 고속 대용량, 고신뢰 저지연, 다수 동시 접

속을 제시했다.[11] 국제 표준화 조직인 3GPP는 가상현실, 원격의료, 드론, 로봇, 사물인터넷, 자율주행을 포함한 5G 기술 적용 사례를 제시했다.[12]

앞으로 등장할 6G는 2030년에 상용화가 될 것으로 예상되고 있다. 6G는 5G 기술을 더욱 진화시키면서 낮은 전력 소모와 자율성 및 신뢰라는 요소를 추가한다. 통신 분야에선 지금까지 약 10년을 주기로 새로운 기술이 등장했지만 6G는 더 빠른 시기에 나올 전망이다. 기술과 시장의 가능성을 충분히 인식한 기업들은 서로 최초가 되려고 노력하기 때문이다.

6G 기술을 개발하는 주요 국가의 동향 중 먼저 미국의 경우를 살펴보자. 화웨이에 놀란 미국은 5G에서 얻은 반성과 시사점을 6G로 연결, 6G에선 반드시 중국을 앞서기 위해 법부터 정비했다. 2022년에 '미래 네트워크 법'을 제정하고 6G 기술 개발의 뒷받침에 나선 것이다.[13] 미국 연방통신위원회가 중심이 되어 기업과 연구기관을 모아 팀을 구성한다는 것이 주된 내용이다. 미국통신산업협회는 '넥스트 G 얼라이언스Next G Alliance'를 구성했는데[14] 통신기업, 장비 기업, 반도체 기업 등이 회원으로 참가한다. 미국 기업뿐 아니라 삼성전자, 덴소, TSMC를 포함한 한국, 일본, 대만의 기업들도 회원으로 참가해 미국 진영에 들어갔다.

일본 또한 5G 경쟁에서 졌다고 반성하며 6G를 벼르고 있다. 일본은 2020년 총무성의 주도하에 '비욘드 5GBeyond 5G' 컨소시엄을 만들고 6G 로드맵을 공개했다. 2030년까지 5억 달러를 투자해서 선두그룹에 진입한다는 것이 목표다. 지금까지 일본 기업은 연구 개발, 특허와 표준, 사업화를 분리해서 진행했는데 6G는 삼위일체로 진행할 예정이다. 기술, 지식재산, 시장을 별개로 보지 않고 하나의 목표로 삼는 것이다. 이는 관련 기술과 시장을 따로 움직여 결국 일본 반도체가 실패했던 경험을 되풀이하지 않겠다는 의지의 표현이다. 6G를 사용한 무인화 기술과 관련해 일본은 처음부터 미국과 협력해서 표준으로 만들 계획이다.[15]

유럽연합은 '헥사-X$_{Hexa-x}$'라는 컨소시엄을 만들어 6G 기술을 개발한다.[16] 노키아, 에릭슨, 오렌지$_{Orange}$, 지멘스 등의 기업이 참가하며 핀란드 오울루대학교와 이탈리아 피사대학교 등도 합류해 산학협력으로 개발을 진행한다. 유럽연합은 이 외에도 6G-IA, 즉 '6G 스마트 네트워크 및 서비스 산업 협회'를 중심으로 하여 6G 기술과 시장을 연구한다.[17]

한국은 2030년까지 세계 최초로 6G 상용화에 도전한다는 목표를 세우고 기술 개발 중에 있다.[18] 기업이 투자하기 어려운 분야에선 정부가 앞장서서 기술을 개발한다. 모든 기술은 표준특허를 지향한다. 표준특허란 표준 문서의 규격을 기술로 구현하는 과정에서 해당 특허를 침해하지 않고서는 구현할 수 없는 특허를 뜻하고,[19] 그래서 필수특허라고도 한다. 한국은 2018년 평창동계올림픽에서 5G 시범 서비스를 처음 선보였고 2019년에 세계 최초로 5G 상용화에 성공했다. 하지만 기지국 설치 이행률이 계획보다 늦어졌다는 문제점도 지적된 바 있어 5G에서의 경험과 반성을 6G에 활용한다.

그렇다면 5G에서 압도적인 성과를 거두고 미국이 기술전쟁을 선포하도록 만든 중국의 경우는 어떨까? 중국은 2019년 IMT-2030 추진팀을 설립했다. 국가 주도로 6G 기술을 개발해 5G의 위상을 이어가겠다는 의도다. 중국의 목표는 표준을 선점하고 2030년에 6G 상용화를 이루는 것이다. 화웨이는 5G 시장을 확장함과 동시에 6G 기술을 개발한다.

6G는 아직 개발 초기 단계에 있지만 주요 기업이 개발 방향에서 어느 정도 일치하는 개념도 있다. 첫째, 속도다. 5G는 최대 10Gbps인데 6G는 최대 1Tbps로 100배 빠른 속도를 지향한다. 둘째, 범위다. 숲이나 사막처럼 사람이 없는 장소는 물론이고 하늘이나 바닷속 등 지금까지 휴대전화가 연결되지 않았던 장소까지 포함한다. 6G 범위를 하늘까지 넓히는 수단으로는 크게 두 가지가 있다. 위성 및 성층권통신시스템HAPS과 위성 광대역 통신이다. HAPS는 고도 20킬로미터의 성층권에 무인 비행기를 띄우고 지상으로 통신 서비스를 제공한다. 구름보다 높은 곳에서 태양광 발전을 하면 장시간 하늘에 머무를 수 있다. 위성 광대역 통신은 지구 저궤도 위성을 기지국처럼 사용한다.

가장 먼저 개발되는 6G 상품은 통신 장비다. 5G 장비를 주도하는 화웨이, 에릭슨, 노키아, 삼성전자는 6G에서도 주도권을 잡으려 노력한다. 통신 장비가 작으면 기지국을 여러 곳에 분산시켜 운용할 수 있으므로 통신 장비 크기가 얼마나 작아질지에 관심이 쏠리고 있다.

세계경제포럼WEF은 6G를 "신뢰 가능하고 자유로운 데이터 유통."[20] 기술이라고 정의한다.[21] 6G 시장이 얼마나 확장될지는 데이터의 부가가치에 달려 있다. 모든 데이터는 언제나 네트워크에 연결되지만 관건은 이런 데이터를 사용해 과연 어떠한 부가가치를 만들어낼 것인가다. 부가가치 창출이 불가능한 데이터는 비용만 들기 때문에 오히려 짐이 된다. 데이터가 언제 어디서나 네트워크에 연결되면 스마트 시티, 스마트 공장, 스마트 수술로봇처럼 지금까지 없었거나 매우 작았던 시장이 확장된다.

데이터 부가가치라는 관점에서 봤을 때 가장 유리한 국가는 미국이다. 넷플릭스를 선두로 디즈니와 애플이 온라인 동영상 서비스OTT 시장을 선도하기 때문이다. 중국 기업은 미국을 롤모델 삼아 해외로 진출하고, 동남아 국가에는 한국 콘텐츠를 투입하며 현지에서 드라마를 제작한다. 텐센트Tencent의 텐센트 비디오Tencent Video, 바이두Baidu의 아이치이iQiyi, 알리바바의 유쿠Youku가 OTT 시장을 선도하는 중국 기업이다.

인터넷 분열로 생기는
우리 세계, 너희 세계

인터넷이 아프다. 그래서 유엔은 2006년부터 인터넷거버넌스포럼을 운영하고 있다.[22] '지속 가능하며 공동의 미래를 위한 탄력적 인터넷'을 주제로 열린 2022년의 포럼에선 구체적으로 5가지 주제를 다루었다. 모든 사람의 연결과 인권 보호, 인터넷 분열 방지, 데이터 관리 및 개인정보 보호, 안전과 보안 및 책임 실현, 인공지능을 포함한 기술 도입이 그것이다.

  인터넷은 3개의 층으로 구성된다. 저층부에는 네트워크가, 그 위에는 웹web이 있으며 가장 상층부에서 앱app이 구동한다. 중국과 미국은 네트워크에서 앱까지 서로 다른 인터넷 생태계를 만들고 있다. 인터넷에서 상대방을 배제하는 제로섬 게임이다. 다른 국가들은 미국식이나 중국식 중 하나를 선택하여 연결해야 한다. 미국식은 기업이 인터넷 생태계를 주도하고 정부가 규제하는 형태, 중국식은 인터넷 생태계를 정부가 주도하고 기업은 국가의 명령을 따르는 형태다.

1. 미국식 인터넷

미국은 화웨이 같은 중국 기업의 수출 제품에는 백도어가 설치되어 네트워크에 연결된다고 의심한다. 백도어를 통하면 전 세계를 대상으로 개인정보를 수집할 수 있다. 중국 리스크를 해결하기 위해 미국은 클린 네트워크 프로그램을 추진한다.

클린 네트워크는 해저 케이블에도 적용된다. 2020년 칠레는 남미와 아시아 및 오세아니아를 연결하는 해저 케이블의 최종 지점으로 중국 상하이가 아닌 호주 시드니를 선택했다. 중국 기업도 사업 참여를 희망했지만 결국 배제되었다. 남태평양의 섬나라인 미크로네시아 연방과 키리바스, 나우르는 중국 기업인 HMN테크HMN Tech와 계약하려 했지만 이 기업은 배제되고 미국을 중심으로 하는 컨소시엄이 사업에 참여했다. 중국 기업의 참여는 안보에 위협이 된다고 미국이 경고했기 때문이다. 해저 케이블 사업은 국가 주도로 시작되었지만 제2차 세계대전 이후에는 기업이 주도해왔다. 지금은 국가 안전보장과 관련되면서 기업 주도라고 말하기 어렵다.

도시에서는 무선통신을 많이 하지만 지구 전체로 보면 유선통신이 중심이다. 해저 케이블은 세계 어디서나 인터넷이 가능하게 만들었다. 1850년 세계 최초로 영국과 프랑스 사이의 도버해협을 지나는 해저 케이블이 설치되었고, 1858년에는 아일랜드와 미국 뉴펀들랜드를 연결하는 해저 케이블이 개통되었다. 단어 98개를 모스 부호로 전송하는 데 17시간이 걸리던 시대였다.

해저 케이블은 인터넷뿐 아니라 국제전화와 금융거래에도 필요한 인프라로 국제 데이터 통신의 99%를 담당한다. 해저 케이블

기술의 핵심은 끊어지지 않고 연결되는 케이블 길이다. 현재 가동 중이거나 건설 중인 해저 케이블은 전 세계에 총 464개가 있고 길이는 130만 킬로미터에 이른다. 지구를 30바퀴 도는 거리다. 세계를 이어주는 해저 케이블은 반드시 상대국의 승인을 얻어야 설치가 가능하다. 해저 케이블 기업인 미국의 서브컴SubCom, 프랑스의 ASN, 일본의 NEC는 세계 시장점유율 90%를 차지한다. 4위는 중국의 HMN테크, 한국의 LS전선은 5위 수준이다.

미국 기업인 메타Meta는 우주 인터넷에서 해저 케이블로 개발 방향을 바꾸었다. 위성으로 아프리카에 인터넷을 연결하려 했지만 위성을 운반하는 스페이스XSpace X 로켓이 발사대에서 폭발해 계획을 이루지 못했기 때문이다. 메타는 아프리카 16개국을 이어주는 3만 7000킬로미터 길이의 해저 케이블을 10억 달러의 예산을 들여 설치한다. 세계에서 두 번째로 긴 이 해저 케이블에는 2아프리카2Africa라는 이름이 붙었다.[23] 아프리카에서는 인터넷에 연결할 때 전화를 사용하는데, 데이터 전송 속도는 늦고 용량은 부족하다. 2아프리카는 유럽과 중동의 초고속 인터넷을 아프리카에 연결할 예정이다.

2. 중국식 인터넷

인터넷을 감시하고 법으로 규제하는 디지털 감시국가의 선두에는 중국이 있다. 중국은 '하늘의 그물'이라는 의미의 스카이넷Skynet 이라는 감시 시스템을 운영하여 사회를 관리한다.[24] 안면인식과 보행분석 기술을 사용해서 개인을 인증하고 추적하는 것이다.

중국은 인터넷이 나쁜 여론을 만들고 권력에 대항하는 공간이라고 여긴다. 물론 명분은 있다. 사이버 주권을 지키겠다는 게 그것이다. 중국은 검색은 바이두, 소셜미디어는 웨이보Weibo라는 식으로 구분해서 자국 기업을 지원하고, 구글이나 유튜브 같은 미국 사이트는 차단하고 콘텐츠를 검열한다. 정부가 승인한 사이트에만 접속할 수 있기 때문에 이를 만리장성에 빗대어 '만리방화벽'이라고 한다.[25] 중국이 만리방화벽을 구축하기 시작한 것은 1990년대 후반부터다. 인터넷이 사회에 보급되기 시작한 무렵이니 중국은 처음부터 인터넷을 감시의 대상으로 간주했다는 의미다.

사이트뿐 아니라 개인의 채팅도 실시간으로 감시된다. 코로나19로 도시를 장기간 봉쇄하자 중국 전역에서 정부에 항의하는 사람이 늘어났다. 이들을 잡기 위해 중국 경찰은 지하철이나 도로에서 시민들의 스마트폰을 임의로 열고 인터넷 접속 이력을 확인했다. 경찰의 심문을 피하기 위해 시위 참가자들은 휴대전화 전원을 끄고 직접 만나서 이야기한다. 개인은 암호 메시지를 주고받으며 공개된 소셜미디어에는 아예 접속하지 않는다. 중국에서 차단된 사이트에 접속하고 싶으면 가상사설망VPN을 이용한다. 정부에서 허가받은 VPN 기업만 합법이다.

사실 중국뿐 아니라 모든 국가에서 인터넷은 감시의 수단이다. 도시에서 사건이 일어나면 가장 먼저 찾는 증거는 감시카메라 영상이다. 교통사고가 발생하면 가해차량과 피해차량은 물론 주변에 있던 차량의 감시카메라를 확인한다. 길에서 사건이 일어나면 지나가는 사람들이 일제히 스마트폰으로 그것을 촬영한다. 사람이나 자동차는 모두 감시카메라가 되고, 촬영된 영상들은 인터넷에 연결되어 퍼져나간다. 중국에서조차도 정부가 막으려는 상황이 시민들의 촬영 영상을 통해 인터넷에 올라간다.

철학자인 제러미 벤담은 파놉티콘Panopticon를 제안했다. 중앙 감시탑에 있는 간수가 독방에 있는 모든 죄수를 감시할 수 있는 구조의 파놉티콘은 소수의 권력자가 다수를 감시하는 사회를 뜻한다. 그런데 현대는 오히려 시놉티콘Synopticon이라는 주장도 있다. 기술 진화에 따라 다수가 소수를 감시하는 시대, 스마트폰을 사용하는 사람들이 서로를 감시하는 대규모 감시 사회가 되었다는 의미다.

처음 등장했을 당시 인터넷은 자유롭게 열린 공간이라고 여겨졌지만 지금은 국가가 시민을 감시하는 공간으로 변했다. 인터넷은 자유를 상징하지 않는다. 자유는 '자유도自由度'로 흔히 표현된다. 이는 주어진 상황에서 행동할 수 있는 범위를 뜻하는 단어로, 자유도가 높다는 것은 행동할 수 있는 범위가 넓다는 의미다. 그런데 인터넷에 대한 자유도는 현실적으로 높지 않다. 언제나 인터넷에 접근하고 어떤 내용이든 열람할 수는 없기 때문이다. 인터넷은 국가가 정한 범위에서만 자유롭다.

비정부기구인 프리덤하우스Freedom House는 해마다 인터넷자유도를 발표한다.[26] 자유도는 세 가지 요소에 주목한다. 첫째는 연결의 용이함이다. 인프라, 경제, 법의 관점에서 인터넷 연결에 장애물이 있는지 살핀다. 둘째는 내용에 대한 제약으로, 정보가 검열 혹은 차단되는지를 살핀다. 셋째는 개인의 권리에 대한 침해 여부로, 개인정보를 감시하고 불법으로 대처하는지를 본다. 국제전기통신연합ITU에 따르면 2022년 기준으로 세계인구의 66%인 53억 명이 인터넷을 사용하고 있다.[27] ITU의 2021년도 보고서는 세계 70개국에서 전 세계 인터넷 이용자의 88%에 해당하는 사람을 조사했다. 결과를 보면 북아메리카와 유럽은 인터넷 자유도가 높고, 아시아와 중동은 낮다. 남아메리카와 아프리카는 약간 자유로운 지역이 많다.

100점 만점 기준으로 최고는 96점의 아이슬란드, 그 뒤는 94점의 에스토니아다. 조사 대상국 중 90점 이상을 받은 국가는 이 둘뿐이다. 미국은 75점이고, 한국은 67점으로 낮다. 아시아-태평양 지역에서 자유 판정을 받은 국가는 대만, 일본, 호주뿐이고 중국은 10점으로 최하위권을 기록했다. 인터넷의 자유가 없는 대표적 국가는 중국, 이란, 미얀마, 쿠바다. 이들은 정치적 혹은 종교적 이유로 인터넷이 국가 운영에 도움이 되지 않는다고 판단한다. 인터넷의 자유를 제한하고 통제하려면 점점 더 강력하게 국민을 감시하고 속박할 수밖에 없다.

인터넷 분열은 이미 예견된 사태다. 2014년 브루킹스연구소 Brookings Institution는 인터넷이 분열될 가능성이 있다며 대책을 소개했다.[28] 연구소는 인터넷을 분열시키는 요인으로 인터넷에 대한 잘못된 믿음, 국가 규제의 차이, 데이터 현지화를 제시했다.

인터넷에 대한 잘못된 믿음이란 인터넷을 선점한 자국 기업이 앞으로도 경쟁에서 이긴다는 믿음을 뜻한다. 국가 규제의 차이는 지식재산권이나 개인정보 보호를 말한다. 데이터 현지화는 특정 국가의 데이터를 해당 국가 내에서 관리하도록 강제하는 것을 뜻하는데, 브루킹스연구소는 이를 가장 큰 위협으로 보았다. 인터넷 분열을 막으려면 규칙에 합의하고 인터넷 거버넌스를 구축하며 개인정보를 보호해야 한다는 것이 연구소의 제언이다.

인터넷이 분열되면 무엇이 문제일까? 세계 규모로 '우리'와 '너희'라는 대립 구조가 생긴다. 각각의 인터넷은 서로 다른 생태계를 만들기에, 인터넷에서 보고 듣는 내용이 서로 다른 그룹은 상대 그룹을 이해하지 못한다. 이는 상대 그룹에 갖는 미움과 편견, 그리고 진영 싸움으로 번진다.

인터넷이 각 진영의 선호 내용만 보여줄 경우엔 '필터 버블filter bubble' 현상이 생긴다. 필터 버블은 해당 진영을 특정 방향으로 유도하는 것이다.[29] 특정 사건이나 뉴스를 반복해서 보면 내 생각은 버블 속에 갇혀버리고, 그러다가 나와 비슷하게 생각하는 사람을 만나면 내 생각이 더욱 굳어진다. 이를 '반향실 효과echo chamber'라 한다.[30] 보고 싶은 내용만 인터넷에서 찾아보니 확증편향이 강해지고 상대 진영에 속한 사람과는 대화조차 하기 싫어진다. 그렇기에 인터넷 분열은 세계 분열로 이어진다. 모든 주제에 대해서 세계가 각각 두 개로 분열되는 것이다.

사회 관리와
시민 감시의 경계선

스마트 시티 500개. 중국은 베이징, 상하이, 광저우, 우한을 중심으로 전국을 4개 지역으로 구분하고 500개 이상의 도시를 스마트 시티로 만들고 있다.[31] 스마트 시티는 모든 사람과 사물이 인터넷에 연결된 도시다. 다른 국가도 스마트 시티를 개발하고 있지만 중국만큼 대규모는 아니다. 미국은 40개 스마트 시티를 추진 중이고, 한국은 세종시와 부산시 등 2곳에서 국가 시범도시 사업을 진행하고 있다.

스마트 시티의 출발점은 5G를 중심에 두는 통신 인프라 정비다. 모든 데이터는 디지털 전환을 거치고 인터넷을 통해 실시간으로 연결된다. 센서가 수집한 데이터는 인터넷을 통해 클라우드에 올라가고 공유된다. 디지털 전환은 처리 빈도가 높고 효과가 기대되는 업무 분야부터 시작된다. 인공지능이 데이터를 분석하고 상황을 인식하면 사람이 그 일을 하는 경우보다 생산성이 크게 올라간다.

스마트 시티 개발에 참여하는 중국 기업들은 저마다 분야가 정해져 있다. 징동京东은 공유 자전거와 공유 자동차를 포함한 공유 경제에 개인 신용도를 더해 신용 도시를 추진하고 있다. 바이두는 자율주행 택시와 스마트 도로 등 교통 기술을, 텐센트는 교통 QR 코드를 개발한다. 알리바바는 도시 데이터를 분석해 공공자원을 최적화하고 교통 관리에 적용한다. 도로 상황을 반영한 신호등 및 교통사고 관련 정보를 자동으로 전송하는 시스템을 구축하고 교통을 관리하는 것이다.

기술 분야를 보면 알 수 있듯 스마트 시티의 효과를 당장 느낄 수 있는 것은 교통이다. 도시 내 이동의 주역은 자동차다. 스마트 시티에선 주행하는 모든 자동차가 인터넷에 연결되고, 인공지능이 도시 전체의 교통상황을 판단하고 자동차에 명령하기에 정체가 일어나지 않는다. 흐름이 빨라지면 자동차를 이용하는 사람의 가처분 시간이 늘어난다.

최악의 교통상황을 생각해보자. 자동차가 늘어나고 도로 통행량도 늘어난다. 어디를 가나 길이 막히니 시간에 맞추어 목적지까지 갈 수가 없고, 택배나 배달은 예정된 시간에 오지 못하며, 도로 교차점은 모든 방향이 정체되어 자동차가 꼼짝하지 못한다.

현재의 방식으로는 이런 최악의 교통상황을 감당하기 어렵다. 정체가 심한 미국에서 평균적인 근로자는 1년 중 1주일을 도로 위에서 보내고, 이로 인한 연료 손실은 1년에 1600억 달러다. 미국은 2045년까지 통행과 물류를 해결하기 위한 교통 정책을 선정했다.[32] 정책에 영향을 주는 요소로는 인구 증가, 교통 수요 증가, 기후변화, 자동화 및 로보틱스 기술이 있다. 자동화 및 로보틱스는 자율주행차를 의미한다. 자율주행차가 늘어나면 시간당 통행 가능한 도로 용량이 증가한다.

한국도 사정은 만만치 않다. 한국교통연구원이 발표한 교통혼잡 비용을 보면 2010년 29조 원에서 2018년 68조 원으로 계속 증가 추세를 보인다.[33] 도로 기술에 인공지능을 도입하면 도로 혼잡 구간을 30% 해소할 수 있다는 예측도 있다.[34]

스마트 시티에는 우려할 만한 점도 있다. 시민 감시다. 화웨이는 '세이프 시티Safe City'라는 감시 시스템을 개발했다.[35] 안면인식, 자동차 번호판 인식, 소셜미디어 감시 등 시민의 거의 모든 활동을 감시하는 시스템이다.

미국은 인권 침해라고 비난하지만 감시 시스템을 좋아하는 국가도 많다. 화웨이는 감시 시스템을 52개 이상의 국가에 수출했다.[36] 화웨이의 이 시스템을 도입한 국가들은 주로 동남아시아와 아프리카에 위치한다. 중국은 감시 기술뿐 아니라 법과 제도까지 묶어서 패키지로 수출하고, 정보통신 인프라를 구축할 기술자도 제공한다. 자금도 지원하지만 자금 사용의 투명성이나 국가 혹은 기업의 구조개혁을 요구하진 않는다.

화웨이는 감시 시스템을 도입하면 범죄가 감소한다고 주장하지만, 실제로 그러한지는 불분명하다.[37] 중국은 1970년대 아프리카에서 철도를 건설한 이래 아프리카 35개국 이상에서 인프라 개발에 참여하고, 아프리카에 군사기지나 무기를 제공하고 있다. 이런 배경을 바탕으로 화웨이는 케냐에 인터넷 통신망을 구축했고 전자화폐 시스템도 제공했다.

케냐에선 감시카메라로 촬영한 영상을 경찰이 실시간으로 감시한다. 화웨이가 제공한 안면인식 기술을 사용해 개인을 식별하는 것이다. 화웨이는 케냐가 감시 시스템을 도입한 2015년의 범죄 발생은 2014년 대비 46% 감소했다고 홍보했다. 하지만 케냐 경찰에 따르면 2014년에 화웨이 장비를 설치한 나이로비와 몸바사에서 2015년 범죄율은 각각 소폭으로 감소 혹은 증가했다. 특히 나이로비에서 2017년에 발생한 범죄는 감시 시스템 설치 이전보다 오히려 늘어났다.

캄보디아도 중국의 감시 시스템을 도입했다. 감시 시스템은 안면인식이나 음성인식을 바탕으로 범죄자를 추적하는 등 다양한 용도로 사용된다. 시위가 발생하면 감시카메라를 장착한 드론이 참가자를 인식한다. 캄보디아 정부는 이를 시민 감시가 아닌 사회 관리라고 주장한다.

미얀마 또한 중국의 감시 시스템을 도입하고 중국과 비슷한 법을 제정했다. 정부가 금지한 사이트에는 접속할 수 없으며 페이스북이나 트위터 등 소셜미디어도 금지한다. 파키스탄은 이슬라마바드에 2016년 세이프 시티를 도입하고 감시를 강화했다. 2018년에 발생한 강도, 납치, 살인은 오히려 늘어났으며 전체 범죄율도 33% 증가했다. 감시 시스템을 도입한 국가는 사회가 불안정하므로 범죄 감소보다 사회 관리를 우선해야 한다는 명분을 댄다.

세이프 시티와 같은 감시 시스템은 중국이 추진하는 '디지털 실크로드'의 핵심이다. 디지털 실크로드는 정보통신 인프라, 전자상 거래, 스마트 시티, 감시 시스템을 일대일로一带一路 참여국에 수출한다. 중국이 수출하는 기술과 기업은 거의 정해져 있다. 정보통신 인프라는 중국이동中国移动, 중국전신中国电信, 중국연통中国联通이 담당한다. 전자상거래는 알리바바와 텐센트가 중심이다. 감시 시스템은 화웨이가 담당하고 자율주행은 바이두가 맡으며, 안면인식은 센스타임SenseTime이 주도한다.

중국 기술을 수입하는 동남아시아와 아프리카 국가는 마치 개구리가 점프하듯 도약해서 발전하기를 원한다. 기존에 가지고 있던 인프라가 없기 때문에 즉시 효과를 보이는 기술도 있다. 예를 들어 동남아시아 국가는 인구의 절반 이상이 은행 구좌를 보유하고 있지 않으며 자국 통화에 대한 신뢰도 낮은데, 이런 국가들에서는 스마트폰을 이용한 결제 방식이 급속히 보급되고 있다. 블록체인을 활용한 해외 송금에는 알리페이를 사용한다. 외국에서 일하며 받은 급여를 본국에 있는 가족에게 송금하는 근로자는 송금이 가능하단 사실을 보안 대책보다 더욱 중시한다.

세계 각국이 스마트 시티를 추진하는 또 다른 이유는 도시가 미래 사회의 중심이기 때문이다. 도시가 생활의 중심이 되면서 사람의 이동은 주로 도시 내부에 머문다. 해외여행을 가도 목적지는 대부분 그 나라의 도시다. 인구는 도시로 몰리고 나머지 지역은 소멸한다. 한국에선 228개 시군구의 50%인 113곳이 소멸될 가능성이 크다. 인구가 많은 서울, 부산, 인천, 대구, 대전도 인구가 계속 늘지 않으면 도시 내에 소멸되는 지역이 생긴다.

세계 인구는 2050년에 90억 명을 넘을 전망이다. 인구 증가는 주로 아시아와 아프리카의 개발도상국에서 일어나는데, 증가한 만큼의 인구는 도시로 모여든다. 2035년에는 세계 인구의 60%가 도시에서 생활할 것으로 전망된다. 1950년대 도시의 크기는 뉴욕, 도쿄, 런던, 오사카, 파리의 순서였고 2010년에는 도쿄, 델리, 멕시코시티, 상하이, 상파울로 순이었다. 2030년에는 도쿄, 델리, 상하이, 뭄바이, 베이징의 순서가 예상된다. 전 세계에서 인구 150만 명이 넘는 도시는 매주 하나씩 생기고 있다.[38] 인구 1000만 명 이상의 메가시티megacity는 아시아, 아프리카, 남미에 주로 있다.

사람들이 도시로 몰리는 가장 중요한 이유는 경제에 있다. 도시에 가면 좋은 직장이 많고 수입이 증가한다. 교육 기회와 문화 행사도 도시들 중심으로 형성된다. 경제 관점에서 가장 중요한 도시를 알파시티alpha city라 하는데 런던, 뉴욕, 도쿄, 상하이가 대표적이며 샌프란시스코, 홍콩, 싱가포르, 서울, 텔아비브도 이에 해당한다. 도시의 경제는 규모에 의존한다.[39] 도시가 클수록 1인당 필요한 인프라나 에너지 사용량이 적다. 도시에서는 모든 속도가 빠르다. 범죄, 절도, 전염병이 늘어나는 속도는 물론 생활의 리듬도 점점 더 빨라진다. 사람들이 길을 걷는 속도도 그렇다. 뉴욕시는 사람들의 걷는 속도가 너무 빨라 보행 중 사망자가 늘어나자 자동차 주행 속도를 시속 40킬로미터로 낮췄을 정도다.[40]

데이터 절도보다
더 무서운 데이터 오염

중국은 훔치고 미국은 막는다. 중국은 어떤 수단을 써서라도 미국 기술을 획득하려 한다. 중국이 훔쳐간 기술을 금액으로 따지면 얼마나 될까? 미국 전략국제연구센터CSIS는 미국이 피해를 본 누적 비용이 6000억 달러라고 주장한다.[41] 미국은 중국의 절도로 인해 연간 300억 달러의 손실을 보는데 이런 손실이 20년 이상 지속되었기 때문이다.

금액도 크지만 안보 문제는 더 크다. 중국이 미국 기술을 불법으로 획득해서 개발하는 기술은 결국 미국 안보를 위협하게 된다. 예를 들어 중국이 개발한 스텔스 전투기 J31은 미국의 F35와 겉모습이 거의 똑같다. 미국 록히드마틴이 4000억 달러를 투자해 개발한 F35의 설계도를 중국이 훔쳤기 때문이다. 데이터 보호는 안보에 직결한다는 사실을 보여주는 사례다.

데이터가 아닌 파라미터parameter, 매개변수를 도난당해도 큰일이다. 인공지능 학습용 데이터의 가치는 파라미터 설정에 있다고 해도 과언이 아니다. 파라미터를 많이 설정할수록 더욱 정교한 답을 구할 수 있지만 데이터 학습에는 더 많은 시간이 필요하다. 어떤 파라미터가 중요한지 모르면 최대한 많이 설정할 수밖에 없다.

현재 가동 중인 시스템 중 가장 많은 파라미터를 사용하는 예로는 미국의 오픈AIOpen AI가 개발한 GPT가 있다. 2018년에 개발된 GPT-1은 파라미터가 1억 1700만 개인데 2019년에 개발된 GPT-2는 15억 개, 2020년에 개발된 GPT-3는 1750억 개의 파라미터를 가졌다. 앞으로 개발될 GPT-4는 100조 개 이상의 파라미터를 가질 전망이다.

현실적으로 대부분의 기업에서 개발하는 인공지능 시스템은 파라미터가 이렇게 많지 않다. 좁은 분야를 대상으로 하는 인공지능이 늘어날수록 파라미터의 중요성도 커진다. 파라미터가 많을수록 개발 비용이 많이 들기에 자원이 한정된 기업에서는 가능한 한 적은 수의 파라미터를 사용해 원하는 답을 구하는 게 최선이다. 예를 들어 IBM이 개발한 인사관리 인공지능은 파라미터 35개로 어떤 직원이 사표를 낼지 예측한다.[42] IBM은 중요한 특징을 선택해 파라미터를 줄였지만 예측의 정확도는 95%에 달하는[43] 이 기술을 특허 출원했다.[44] 다만 예측 정확도는 어느 국가에서 시스템을 사용하는가에 따라 바뀔 가능성이 있다. 국가가 다르면 직원과 중요 파라미터가 다를 수 있고, 그 결과 학습용 데이터도 달라질 수 있다.

앞으로 데이터 절도보다 더 큰 문제가 있다. 데이터를 훔치지 않고 오염시키는 일이다. 해커는 원래 데이터에 이물질 데이터를 추가하거나 일부 데이터를 바꾼다. 이것이 데이터 절도보다 더 무서운 건 오염된 데이터가 인공지능에 제공되기 때문이다. 인공지능을 사용하려면 학습 단계와 예측 단계가 필요하다. 인공지능은 우선 학습용 데이터를 학습하고, 학습이 끝난 후에 예측용 데이터가 입력되면 예측 결과를 출력한다. 따라서 해커가 학습용 데이터나 예측용 데이터를 오염시키면 인공지능은 엉뚱한 예측 결과를 내놓고 만다. 이 두 유형의 오염에 대해 좀 더 살펴보자.

1. 학습용 데이터 오염

오염된 데이터를 학습 데이터에 주입하고 이를 인공지능이 학습하게 만드는 일이다. 스팸 메일을 감지하는 인공지능이 오염 데이터를 학습하면그 역할을 할 수 없다.

데이터 오염 공격은 계속 진화하기 때문에 1가지 이상의 여러 방어 수법을 조합하여 사용하는 다층 방어가 필요하다. 학습용 데이터에서 오염 데이터가 차지하는 비율이 1% 이하라도 백도어를 설치할 수 있다. 확실히 신뢰할 수 있는 데이터가 아니면 사용하지 않아야 한다.

2. 예측용 데이터 오염

데이터가 오염되면 인공지능은 엉뚱하게 예측한다. 데이터 오염 대상은 현재는 주로 안면인식 인공지능과 물체인식 인공지능이다. 사람이 감지할 수 없는 아주 작은 노이즈를 이미지 데이터에 더하면 인공지능은 사람이나 물체를 잘못 예측한다. 오염된 데이터를 그대로 방치하면 미사일은 적군이 아닌 아군을 향해 날아갈 수 있다.

데이터 오염 공격을 막는 가장 중요한 방어 수단은 데이터의 신뢰 확보다. 신뢰할 수 있는 곳에서만 데이터를 가져오는 것이다. 신뢰하기 어려운 곳에 보관되어 있으며 인터넷에 연결된 데이터라면 당연히 오염되었다고 생각해야 한다. 그런데 이를 거꾸로 악용할 수도 있다. 오염된 데이터를 인터넷에 미끼처럼 연결하는 방식이다. 이렇게 하면 데이터가 오염되었다는 사실을 발견하더라도 어떤 데이터가 어떻게 오염되었는지 모르면 수정이 불가능하다.

데이터 현지화는 인터넷 분열의 원인이라는 평가도 있지만 데이터 절도와 오염을 막는 대책이기도 하다. 2013년 미국이 전 세계 인터넷을 감청한다는 사실이 폭로된 이래로 데이터 현지화는 중요한 문제가 되었다. 자국에서 생산한 네트워크 설비를 사용하고 국내 기업이나 내국인이 제공하는 인터넷 서비스만 허용한다. 만약 이런 조건을 만족하지 않으면 국내에서 생성 혹은 가공된 데이터를 해외로 반출하지 못한다. 그 나라에서 얻은 데이터는 그 나라에 있는 서버에 저장하고 가공해야 한다. 과거에는 기업들이 제3국의 서버를 사용해 외국에 진출했지만 이제는 진출하려는 해당 국가에 반드시 데이터 센터를 설치해야 한다.

대부분의 국가는 데이터 현지화를 요구한다. 데이터 국외 이전을 제한하고 국내에 데이터 센터를 설치하게 하는 것이다. 중국도 국내에서 생성된 데이터를 국외로 반출하지 못하도록 제한하기에, 중국에 진출한 외국 기업 역시 수집한 데이터를 보관하려면 중국 내에 데이터 센터를 만들어야 한다. 그렇지 않으면 데이터 제어 권한을 중국 기업에 양도해야 한다.

데이터 절도와 오염에 대비하려면 사이버 파워를 키워야 한다. 하버드대학교는 세계 30개국을 대상으로 '사이버 파워 인덱스Cyber Power Index'를 발표했다.[45] 평가에 사용되는 척도는 재산 축적 및 보호, 정보 제어, 국제 사이버 규범, 적대적 인프라 무력화, 정보 수집, 국가 사이버 및 기술 역량 성장, 국가 사이버 방어, 국내 감시 능력 등 8가지다. 2022년 사이버 파워 1위는 미국, 2위는 중국이었으며 러시아, 영국, 호주, 네덜란드가 뒤를 이었다. 한국은 7위를 차지했고 베트남, 프랑스, 이란이 10위권에 들었다. 북한은 14위, 일본은 16위였다.

사이버 파워를 키우기 위해 미국은 사이버사령부를 중심으로 사이버 보안 훈련을 정기적으로 실시한다.[46] 2022년에는 한국도 처음 참가해 총 참여국이 25개국으로 늘었다. 사이버 훈련에는 공격, 방어, 작전 활동이 있다. 가장 많은 부분을 차지하는 영역은 작전 활동인데 합법과 위법의 경계선에 있는 경우가 많다. 사이버 공격은 타깃의 컴퓨터에 침입해 데이터를 훔치거나 기능을 마비시키는데 대부분 공격과 실행에 시차를 둔다. 공격한 뒤 일정 기간 잠복해 있다 실행하는 방식은 시차가 클수록 공격 주체를 특정하기가 어렵다.

중국은 한국의 사이버 보안 훈련 참가를 비난했다. 북한을 자극해 한반도에 긴장감을 높인다는 이유에서였다. 이런 중국의 비난을 다르게 해석할 수도 있다. 사이버 보안 훈련은 결국 군사 훈련의 일환이라는 의미다. 실제로 러시아는 우크라이나를 침공하기에 앞서 사이버 공격을 먼저 실행, 우크라이나 정부 네트워크에 악성코드를 심고 정부 사이트를 해킹했다. 해킹에 취약한 전력망을 사이버 공격하면 대규모 정전을 일으키는 등 엄청난 피해를 준다. 사이버 전쟁은 인프라나 주요 시설을 파괴해서 실제 전쟁과 같은 효과를 낸다.

사이버 공격에는 국가를 무너뜨릴 만한 힘이 있다. 냉전시대인 1982년 로널드 레이건Ronald Reagan 미국 대통령은 중앙정보국CIA의 계획을 승인했다.[47] 소련은 KGB 스파이에게 미국의 천연가스 파이프 자동제어 소프트웨어를 입수하라고 지시했는데, 이를 눈치챈 CIA가 사이버 공격용 소프트웨어를 정품이라고 속여 소련 스파이에게 전달하는 계획이었다. CIA는 소프트웨어상에서 펌프와 밸브 운전 조건을 의도적으로 변경, 허용 압력보다 훨씬 더 큰 압력을 생성하게끔 설정해두었다. 당시 소련은 미국에서 레이더, 컴퓨터, 공작기계, 반도체 기술을 훔쳤던 터라 소프트웨어 역시 아무 의심도 하지 않고 사용했다.

소련이 시베리아 천연가스 파이프 수송관을 제작한 후인 1982년, 파이프라인에서 거대한 폭발사고가 발생했다. CIA가 바꿔둔 소프트웨어의 작동에 따른 사고였다. 폭발로 인한 사망자는 없었지만 소련의 경제에는 막대한 피해를 가했다. 이 사고로 소련은 천연가스 수출이 막히고 경제가 추락했으며, 1991년에 붕괴했다.

2004년 미국은 이 폭발사고의 원인이 트로이 목마 바이러스라고 공개했다. 소련이 소프트웨어를 불법으로 유출하려 한다는 사실을 알고 미국이 바이러스를 몰래 심어두었다는 내용이었다. 미국이 건넨 소프트웨어는 소련 측 컴퓨터에 악성코드를 침투시킨 후 일정 시간이 지난 뒤 마비시켰다. 사상 최초로 물리적 파괴를 동반한 사이버 공격이었다.

국가가 기업에 사이버 공격을 하는 경우도 있다. 2019년 홍콩에서는 범죄인 인도 법안에 반대하는 대규모 시위가 있었다. 그런데 엉뚱하게도 미국의 텔레그램Telegram이 디도스 공격을 받았다.[48] 홍콩 시위 참가자들이 주로 텔레그램을 통해 연락했다는 이유에서였다. 텔레그램은 이 공격의 배후에 중국이 있다고 비난했다.

사이버 공격은 개인이나 집단도 가능하다. 2015년 미국의 한 해커 집단은 폭스뉴스 사이트를 해킹하고 내용을 변경했다.[49] 이처럼 정치 목적으로 해킹하는 행동을 '핵티비즘hacktivism'이라 한다. 해커hacker와 액티비즘activism의 합성어로 '해커의 정치 행동'이라는 의미다. 2022년 해커 집단인 어나니머스Anonymous는 러시아에 사이버 전쟁을 선포하고 러시아 정부 사이트를 공격했다.[50] 미국에서는 정의로운 해커를 '사이버 로빈후드' 혹은 '디지털 로빈후드'라고 부른다. 해커는 경계의 대상이지만 내 편을 드는 해커는 정의라고 판단한다.

사이버 공격은 정치가를 향하기도 한다. 정치가의 음성은 공개되어 있기 때문에 음성을 학습하면 모방할 수 있다. 가짜 정치가는 전쟁을 명령하거나 여론을 조작한다. 트위터는 미국 대통령 선거에 개입했다는 의혹이 있다.[51] 2020년 트위터는 〈뉴욕 포스트New

York Post〉의 계정을 일시 차단했다. 바이든 후보에게 불리한 뉴스 때문이었다. 선거를 앞두고 미국의 양대 정당 모두는 트위터 측에 자신들에게 불리한 트윗을 삭제해달라고 요청했다. 기술이 진화하면 진짜와 가짜를 구분하기가 사실상 불가능해서, 가짜인 줄 알면서 뉴스나 영상을 봐도 진짜처럼 여겨지곤 한다.

국가는 개인정보를
수집하고 감시해도 괜찮아?

"숨길 게 없기 때문에 프라이버시에 관심이 없다는 사람은 할 말이 없기 때문에 언론 자유에 관심이 없다는 사람과 같다."

에드워드 스노든Edward Snowden의 충고다. 2013년 미국 국가안보국NSA 요원인 스노든은 미국이 전 세계의 개인정보를 수집한다고 폭로했다.[52] 미국이 다른 국가를 감시한다는 건 이미 알고 있었지만 설마 개인까지 감시하고 정보를 수집할 줄은 몰랐던 세계는 충격에 빠졌다. 미국은 1956년부터 영국, 호주, 캐나다, 뉴질랜드와 함께 '파이브 아이즈Five Eyes'라는 이름으로 감시 시스템을 운영하고 있다.[53] 명분은 공산국가들에 대한 정보 교환이다. 중국은 파이브 아이즈가 냉전시대의 산물이라며 반발한다. 파이브 아이즈의 타깃이 소련에서 중국으로 바뀌었다는 반증이다.

미국은 케이블을 이용하는 데이터뿐 아니라 앱을 사용하는 개인정보도 모은다. 미국이 각국 지도자와 시민의 메일, 메시지, 휴대전화 위치 등 개인정보를 수집한다는 스노든의 폭로를 계기로 미국과 유럽연합은 '프라이버시 실드' 합의를 했다.[54] 미국이 불법으로 수집한 개인정보를 이용해 유럽 시민의 권리를 침해하지 않겠다는 내용이다. 하지만 2020년 유럽 사법재판소는 더욱 강력한 조치가 필요하다는 이유로 이 협의를 무효라 판단했다.

국가는 내로남불 정책을 쉽게 펼친다. 국가가 안보를 위해 개인정보를 수집하는 것은 괜찮지만 기업이 이익을 위해 개인정보를 수집하면 안 된다고 규제하는 것이 한 예다. 트럼프 대통령이 미국에서 동영상 공유 앱인 틱톡을 금지한 것도 개인정보를 수집한다는 이유에서였다. 미국 법원은 트럼프의 판단이 자의적이며 불합리하다 판단했고 바이든 대통령은 틱톡 이용 금지 조치를 철회했다. 중국 기업인 BGI가 미국에 코로나 검사 기관을 만들겠다고 제안하자 미국이 즉각 반대한 것 또한 역시 개인정보 보호 때문이다.[55] 더군다나 이 기업은 코로나 검사에서 얻은 개인정보를 군사용으로 사용한다는 의혹까지 받고 있다.[56]

미국은 중국의 데이터 절도에 여러 번 당했다. 미국 성인의 80%는 중국에 개인정보를 모두, 20%는 거의 모두 도난당했다는 주장도 있을 정도다.[57] 실제로 중국은 2015년 미국 연방인사관리국 직원 400만 명의 데이터를,[58] 2017년과 2018년엔 각각 신용조사기관 에퀴팩스Equifax에서 1억 4800만 명,[59] 매리어트 호텔에서 고객 5억 명의 데이터를 훔쳤다.[60] 중국은 한국인 개인정보도 거리낌 없이 거래하는 터라 중국 내에선 한국인의 이름, 주민등록번호, ID를 쉽게 구입할 수 있다.[61] 이런 데이터를 합법적으로 입수했을 리는 없다.

중국은 개인정보 수집에 그치지 않고 한술 더 떠 아예 국가 차원에서 개인을 대상으로 국가신용관리체계 혹은 국가신용체계로도 불리는 사회신용 시스템을 2014년부터 운영하고 있다. 이 시스템은 모든 개인의 신용을 숫자로 나타내고, 개인의 금융거래와 범죄 이력은 물론 사회활동 데이터까지 수집한다. 데이터 출처는 주로 금융기관, 경찰, 정부기관이다. 중국은 자국에서 생활하는 이들의 개인정보를 한곳에 모으고 국가가 개인의 신용점수를 관리한다. 이 시스템에 등록된 사람은 2019년 기준 10억 명을 넘었다. 앞으로 중국에서 신용불량자는 고속열차나 비행기를 타지 못할 가능성이 있고, 신용점수에 따라 대출, 교육, 의료 혜택을 차별하는 수준을 초월해 개인을 처벌할 가능성 또한 크다. 중국에서 생활하려면 정부가 원하는 행동만 해야 한다는 의미다.

중국의 사회신용 시스템은 거래 데이터와 감시 데이터를 사용한다. 거래 데이터는 개인이 인터넷에서 결제한 데이터다. 중국의 인터넷 시장은 2021년 2조 8000억 달러로 전 세계의 53%를 차지했는데 이는 7000억 달러를 기록한 미국의 3배를 넘는 규모다. 중국의 스마트폰 사용자는 미국보다 3배 많지만 온라인 결제 횟수는 50배가 더 많다.[62] 중국은 2021년 전국 소매 매출의 52%가 온라인에서 이루어지면서 세계 최초로 50%를 넘었다.[63] 인터넷 거래 비중이 높은 국가 2위는 한국으로 2021년에 29%를 기록했고 미국은 15%, 유럽은 평균 13% 수준이다.

감시 데이터는 주로 감시카메라에서 수집한다. 전 세계에 있는 감시카메라는 2019년 8억 대 가량이었으나 2021년에는 10억 대를 넘었다. 샌프란시스코처럼 안면인식 기술을 사용하지 않기로 결정한 도시도 있지만 감시카메라는 거의 모든 도시에서 늘어나는 중이다.[64] 감시카메라 수와 범죄 지수를 비교해보면 거의 상관관계가 없다. 감시카메라가 많다고 범죄율이 낮아지는 건 아니라는 의미다.[65] 중국은 향후 300억 달러를 투자해 감시카메라 27억 대 이상을 설치할 예정이다. 국민 1인당 2대의 카메라로 감시하는 꼴이다. 안면인식 기술이 진화하고 카메라 가격이 낮아지면서 감시카메라 수도 늘어나고 있다.

코로나로 인해 중국에서는 건강코드도 필수다. 스마트폰에 나온 건강코드 색깔이 초록이면 정상이지만, 빨간색이면 아무 곳에도 갈 수 없고 버스나 지하철의 이용도 불가능하다. 중국 시민들은 거의 모두가 건강코드를 등록했다. 거래 데이터와 감시 데이터에 개인의 행동 이력과 휴대전화 GPS 위치 데이터도 연결했는데 여기에 감염 데이터까지 더해진 셈이다. 이런 데이터를 인공지능으로 분석하면 모든 시민의 생활을 파악하고 감시할 수 있다.

국가는 개인정보를 마음대로 수집하지만 기업은 그렇게 하지 못한다. 중국은 개인이 자기 데이터를 기업에 제공할지의 여부를 스스로 결정하게끔 해 기업이 개인정보를 수집·활용하는 범위를 제한한다. 중국에서는 2023년부터 기업이 딥러닝 알고리즘이나 가상현실을 사용해 문장, 음성, 화상, 동영상을 수정하고 편집하려면 개인의 허가를 받아야 한다.[66] 사용자가 개인정보 제공에 동의하면 기업은 해당 개인이 생성한 데이터를 수집한다. 기업은 개인

마다 최대 7만 5000개에 달하는 데이터를 수집·판매한다는 보고도 있다.[67]

국가에 정책이 있다면 기업에는 대책이 있다. 기업이 모든 항목에 개인 동의를 받는 것은 아니다. 일례로 스마트폰에 들어 있는 가속도계는 개인정보 보호 대상에서 제외된다.[68] 가속도계는 사용자가 누워 있는지, 앉아 있는지, 걷는지, 뛰는지를 알려준다. 이에 더해 고도계와 기압계까지 사용하면 사용자가 버스, 기차, 비행기 중 무엇을 타고 어디로 가는지까지 알 수 있다. 가속도계 데이터로 분당 심박수와 호흡수를 파악하면 어떤 질병이 있는지도 파악이 가능하다. "도대체 어떤 기업이 가속도계 데이터를 수집하나?"라고 물어본다면 모든 기업이라고 대답할 수밖에 없다. 가속도계 데이터를 수집하는 기업은 애플, 구글, 메타, 슬랙Slack, 텔레그램, 틱톡, 트위터, 위챗 등이다.

기업이 개인정보를 이용하여 이익을 추구하는 경제를 하버드대학교 쇼사나 주보프Shoshana Zuboff 교수는 '감시 자본주의'라고 일컫는다.[69] 주보프 교수는 감시 자본주의를 없애는 유일한 방법이 법률 규제라고 주장한다. 중국 역시 데이터 보안과 개인정보 보호를 명분으로 데이터 관련법을 제정하고 벌칙을 강화한다.[70] 이를 어길 시엔 최고 100억 원이나 전년도 매출의 5% 이하에 해당하는 벌금이 부과된다. 데이터 보호는 국제표준으로 정해져 있기 때문에 각국은 이에 맞춰 국내법을 제정해야 한다. 중국의 개인정보 보호법은 유럽연합의 일반데이터보호규칙GDPR과 비슷하다.[71] 사이버보안법은 국제표준 ISO/IEC 27000을,[72] 데이터 보안법은 국제표준 ISO/IEC 38505를 따른다.[73] 중국은 데이터에 관한 법을 바탕으로 국가가 데이터의 모든 권한을 가진다.

미래에는 개인정보를 기술로 보호할 수 있을지 모른다. '데이터 망각 기술'이 그런 기술이다. 인공지능은 데이터를 학습하여 개인을 기억하고, 개인을 잊으려면 데이터를 망각해야 한다. 데이터를 학습하는 기술은 머신러닝machine Learning, 기계학습이고 데이터를 망각하는 기술은 머신언러닝machine Unlearning이다.[74] 머신언러닝은 기계학습에 영향을 주지 않으면서 특정 데이터를 지운다. 현실에서는 데이터 삭제를 요청해도 기업이 쉽게 지워주지 않는다. 또는 지워주고 싶어도 어떤 데이터를 삭제해야 할지 몰라 그렇게 하지 못하는 경우도 있다.

데이터를 망각하려면 인공지능은 어떤 데이터를 그렇게 해야 할지 먼저 선택해야 한다. 데이터를 선택하고 망각하면 다시금 훈련을 하지만 이미 훈련된 알고리즘을 수정하긴 어렵다.[75] 알고리즘이 어떻게 학습하고 어떻게 판단하는지 사람은 알 수 없다. 데이터를 망각하고 알고리즘을 처음부터 다시 학습한다면 이는 대학생이 다시 유치원으로 돌아가 학습을 시작하는 셈과 같다. 펜실베이니아대학교의 에런 로스Aaron Roth 교수는 대학생을 유치원이 아닌 중학교나 고등학교 수준으로 되돌리는 정도에서 타협해야 한다고 제안한다.[76]

머신언러닝의 실현을 위해 차등 프라이버시differential privacy 기술도 등장했다.[77] 데이터에 일부러 노이즈를 추가해 수학적으로 한계를 주는 기술이다. 데이터의 정확도에 한계를 부여하기 때문에 개인의 프라이버시는 어느 정도 보호된다.

데이터에서 이익을 얻는 기업 입장에선 데이터 망각에 소극적이기 마련인데, 이런 기업에게 국가는 데이터 망각을 명령할 수 있다. 어떤 개인이 사이트에서 상품을 구입하기 위해 개인정보 제공에 동의했다고 가정하자. 그런데 상품을 받아 보니 마음에 들지 않아 반품을 했고, 동시에 개인정보 제공에 대한 동의도 철회했다. 하지만 만약 개인이 동의한 즉시 기업이 기계학습을 했다면 그 동의가 철회된 시점까지의 기계학습 결과로 인해 알고리즘은 이미 변해 있는 상태다. 이런 경우 유럽연합은 개인의 편을 들고, 기업에게 데이터를 망각하라고 요청할 수 있다. 기업이 개인정보를 불법으로 사용한다면 이는 GDPR의 대상이 되기 때문이다.[78]

기업이 불법으로 수집한 데이터를 이용하여 학습한 인공지능에 대해 국가는 데이터 망각이 아니라 전체 알고리즘 삭제를 강제할 가능성이 있다. 실제로 2021년 미국 연방거래위원회는 안면인식 알고리즘을 개발하는 한 기업에게 부적절한 방법으로 취득한 데이터 및 훈련된 알고리즘을 삭제하라고 명령한 바 있다.[79]

디지털 혁명을 꿈꾸는
양자암호통신

"암호 붕괴에 대비하라."

바이든 대통령은 국가안보회의에서 암호 시스템이 붕괴할 위험에 대비하라고 지시했다.[80] 이에 따라 2022년 양자컴퓨터 협의체가 출범했고, NSA, CIA, 국립표준기술연구소에 더해 IBM이나 구글 같은 양자컴퓨터 개발 기업이 회원으로 모였다.[81] 양자컴퓨터는 2030년대에 실용화될 것으로 기대되는데 가장 먼저 사용될 기술은 양자암호통신이다. 양자컴퓨터를 사용하면 소인수분해 문제를 쉽게 풀 수 있어 현재의 암호를 해독할 수 있다. 양자암호통신 때문에 현재의 암호를 사용하지 못하면 데이터 공급망이 끊어질 가능성이 있다.

암호는 어디에서나 사용되므로 양자암호통신에는 군사용과 민간용의 구분이 없다. 양자암호통신은 현재의 암호 방식을 완전히 바꿀 전망이다. 암호가 한 번 뚫리면 그 피해는 회복하기 어렵다. 금융거래는 대부분 인터넷을 통해 이루어지고 있기에, 그 데이터는 암호화됨으로써 통신 과정에서 해독이 불가능해야 한다. 이런 이유로 양자암호통신은 이동통신사가 주도하고 있다. SK텔레콤이 양자암호통신 기업인 IDQ를 인수하고 기술을 개발하고 있는 것이 한 예다.[82]

양자암호 기술은 1989년 IBM 연구원인 찰스 베넷Charles Bennet이 발명했다. 베넷은 한국 언론과의 인터뷰에서 "양자암호는 현재의 암호 체계에 당장 큰 영향을 주진 못한다"고 말했다.[83] 현재의 암호체계에 문제가 없다는 뜻이 아니라, 양자 암호키 개발 속도가 상당히 느린 것에 대한 불만이다.

공개키 암호는 양자컴퓨터를 사용해도 해독하기 어려운 문제를 이용하여 설계되는데, 이를 양자내성암호라고 한다. 미국은 2017년부터 전 세계에서 양자내성암호 기술을 공모했고,[84] 그 결과 80개의 알고리즘을 접수했다. 2021년에는 7개의 암호 방식과 8개의 후보 암호 방식을 선정했는데, 그중 새로운 방식을 택해 2024년까지 규격을 정할 예정이다. 양자내성암호를 공모 중인 한국도 최우수 알고리즘을 2024년에 선정할 예정이다.[85]

과거 수십 년을 되돌아보면 미국과 중국의 기술 개발과 시장 확장에는 일정한 패턴이 있었음을 알 수 있다. 미국이 먼저 기술을 개발하면 중국이 뒤를 따라 모방했다. 미국은 기술로 중국을 견제하고 중국은 시장으로 미국에 대항했다. 중국은 제조업에서 세계 시장을 석권했고 인터넷 분야에서도 국내 시장을 확장시켰다.

그런데 양자 기술에서는 지금까지 보지 못했던 패턴이 나타나고 있다. 중국이 미국과 기술로 대등하게 경쟁하고 있는 것이다. 중국은 양자 기술과 시장을 모두 석권하려 하고, 미국은 기술에서 중국에 뒤지면 패권을 빼앗긴다는 초조함을 느낀다. 2021년 미국은 12개 중국 기업을 엔티티 리스트에 추가했다.[86] 미국의 양자컴퓨터 기술을 훔치려 했다는 이유에서였다. 그러나 엔티티 리스트에 등록하고 규제한다 해서 미국이 중국의 양자컴퓨터 기술을 막을 수는 없다. 미국과 중국은 양자통신 채널에 양자컴퓨터를 연결하는 인터넷을 구축하고 있다. 미국은 중국의 기술 수준이 미국과 비슷해질 때까지 걸리는 시간을 최대한 늦추기 위해 중국을 규제하려 한다.

양자통신은 멀리 떨어져 있어도 서로 연결된 듯 동작하는 양자 얽힘 현상을 이용한다. 1997년 오스트리아 빈대학교의 안톤 차일링거Anton Zeilinger 교수는 세계 최초로 양자통신에, 또 2021년에는 600킬로미터 양자암호통신에 성공했다.[87] 양자암호통신 분야에선 중국이 미국을 앞선다는 평가를 받는다. 중국은 무선 양자암호통신과 유선 양자암호통신, 대륙 간 무선 양자암호통신에 성공한 바 있고, 위성과 양자통신망을 연계하기 위해 2016년 세계 최초로 양자통신 위성을 쏘아 올리기도 했다. 위성을 활용한 무선 양자통신은 지상에서 광섬유 케이블을 사용하는 유선 양자통신보다 효율이 높다. 양자암호통신은 유선으로도 사용 가능하지만 전쟁이나 돌발상황으로 인해 활용하지 못하는 경우가 있기 때문이다.

2017년 중국은 세계에서 가장 긴 유선 양자통신망을 구축했다. 베이징에서 상하이를 연결하는 2000킬로미터짜리 이 통신망은 32

개 도시를 유선으로, 또 거점 도시에서 각각 뻗어 나온 도시별 유선망까지 포함하면 700개 노드로 연결했다.

2018년에 중국은 자국과 오스트리아 사이의 통신위성을 통해 양자암호통신에도 성공했다. 이 개발의 주인공인 중국과학기술대학교 판젠웨이潘建偉 교수는 차일링거 교수의 제자다. 통신위성은 베이징 근처의 싱룽 지상 기지국과 7600킬로미터 떨어진 오스트리아 빈 근처의 그라츠 기지국에 양자암호키를 분배했다.[88] 이로써 싱룽 기지국과 위성 사이의 양자암호, 그리고 위성과 그라츠 기지국 사이의 양자암호가 연동되었다. 싱룽 기지국의 명령에 따라 위성은 그라츠 기지국으로 암호화된 양자정보를 전송했다. 위성은 양자암호키를 1초마다 랜덤하게 바꾸는 방식으로 75분 동안 싱룽 기지국과 그라츠 기지국 간의 화상회의를 중계하면서 2GB의 데이터를 주고받았다. 양자암호는 난수로 생성되고, 암호화된 정보는 송신자와 수신자만 읽을 수 있다.

이어 중국은 2020년엔 위성을 이용해 1120킬로미터 떨어진 두 지상 기지국 사이의 무선 양자암호통신에, 2021년에는 하늘과 육지를 잇는 4600킬로미터를 유선과 무선으로 연결한 양자암호통신에 성공했다.[89] 베이징에서 상하이에 이르는 2000킬로미터가 유선 구간, 싱룽과 난산을 이어주는 2600킬로미터가 무선 구간이다. 무선 구간은 양자통신위성을 이용해서 양자암호통신에 성공했다.

유선 양자통신에는 양자신호의 유무를 확인하는 양자중계기가 필요한데, 해킹이 불가능한 양자중계기는 아직 개발되지 않았다. 양자암호통신은 여러 상태가 중첩돼 얽혀 있는 양자 상태의 광자에 정보를 담아 전송한다. 이때 송신자와 수신자가 안전하게 정보를 주고받을 수 있도록 암호키를 사용하고, 암호키를 나눠 갖게 하는 데는 양자키 분배 방식이 이용된다. 양자키 분배는 양자암호통신의 핵심이다. 양자키 분배를 위해 먼저 얽힌 양자를 만들어야 한다. 큐비트 상태로 저장된 정보는 먼 거리까지 즉시 전송할 수 있다. 얽힘 상태에 있는 두 양자가 하나의 정보를 실시간으로 공유하는 현상 덕이다. 양자는 멀리 떨어져 있어도 서로 즉시 영향을 준다. 양자전송은 한 위치에서 다른 위치로 양자의 상태를 전송한다.

중국은 성과를 공개하고 미국은 입을 다문다. 세계 최고의 양자 컴퓨터 원천기술을 갖고 있는 미국은 2015년 100킬로미터 길이의 광섬유 케이블을 이용해 유선 양자통신에 성공했지만 구체적 성과를 공개하지 않았고, 수천 킬로미터 거리의 유무선 통신에 성공했는지조차도 발표하지 않고 있다. 하지만 관련 특허는 가장 많이 출원 중이며, 특허는 공개되기 때문에 완전히 비밀에 부친다고 할 수는 없다.

2010~2019년에 출원된 양자 국제특허는 6777건에 이른다.[90] 미국이 가장 많은 2223건을, 그 뒤를 이어 중국이 1978건을 출원했다. 기술별로 보면 양자컴퓨터 2572건, 양자암호통신 2711건, 양자센서 1494건이다. 양자 특허는 매년 30% 이상 증가하고 있다. 특허를 가장 많이 출원하는 곳은 IBM, 구글, 마이크로소프트, 인텔 등 미국 기업이고 캐나다의 디웨이브퀀텀D-Wave Quantum처럼 양자 컴퓨터 원천기술을 개발하는 기업도 있다. 양자암호통신 특허를 많이 출원하는 기업은 도시바, 화웨이, SK텔레콤, 알리바바다. 양

자컴퓨터 특허는 미국 기업이, 양자암호통신 특허는 중국 기업과 연구소가 많은 비중을 차지한다. 양자센서 특허를 가장 많이 출원 중인 곳은 대만의 TSMC다. 외국 기업을 포함해 한국에서 특허가 출원된 수치를 보면 2021년까지 양자컴퓨터 202건, 양자암호통신 307건, 양자센서 106건이다. 외국 기업이 한국에 출원한 수가 적은 이유는 한국 시장이 크지 않기 때문이다.

한국은 양자컴퓨터 기술이 미국에 비해 크게 뒤처진다. 2020년 기준으로 한국의 양자정보통신 기술은 미국의 63% 수준이며 기술 격차는 4.5년이다. 유럽연합의 기술은 미국의 97%, 중국은 90%, 일본은 85% 수준이다.[91] 한국은 2021년 양자기술 전략을 공개했다.[92] 양자프로세서 등 양자컴퓨팅의 원천기술을 개발하고, 2024년까지 50큐비트급 양자컴퓨터를 개발한다는 계획이다. 양자 연구자는 2021년 150명 수준에서 2030년 1000명 수준으로 확대할 예정이다.

2021년 한국은 양자기술 연구에 대한 투자를 326억 원으로 늘렸다. 2019년의 106억 원보다는 증가했으나 미국이나 중국과 비교하면 매우 적은 금액이다. 미국은 2018년에 양자법을 제정하고 4년간 12억 달러를, 중국은 2018~2020년에 17조 원을 투자했다.[93]

3장
스페이스 배틀필드

▶▶▶ 우주로 영토를 확장하라 ◀◀◀

스페이스 배틀은 발사체에서 시작된다. 미국은 기업이 주도해서 인공위성 수만 기를 올리며 우주 인터넷을 비롯한 뉴스페이스를 주도한다. 미국은 자국의 우주정거장을 급히 개발 중이지만 당분간 중국만 유일하게 우주정거장을 보유할 가능성이 있다. 미국과 중국은 달기지 개발을 시작으로 화성을 향하고 있다. 우주 영토를 확장하려는 경쟁이 치열하다.

한국 발사체에
찾아온 행운

"모형이 아니라 실제 엔진이더라고요."

한국항공우주연구원장을 역임한 조광래는 언론 인터뷰에서 봉인된 역사를 개봉했다.[1] 한국은 2013년 러시아 기술을 이전받아 나로호를 발사했다. 이때 러시아는 한국에 모형 엔진을 제공하기로 했는데 막상 받고 보니 실제 엔진이었다. 당시 러시아는 국가 채무 불이행 상태에 빠져 경제가 어렵고 사회가 혼란스러울 때라 이런 일이 가능했을 거라고 짐작할 뿐이다. 발사체 기술은 어느 나라에서든 최고 기밀이고, 특히나 엔진 기술은 절대로 이전하지 않는다. 그런 점에서 한국에는 행운이 따랐다. 러시아가 보낸 실제 엔진은 그 후 누리호의 개발에도 큰 도움을 주었다.

스페이스 배틀의 시작점은 발사체다. 지구에서 우주를 향하는 목적지는 궤도를 기준으로 구분한다. 궤도까지 올라가지 않거나, 궤도에 머물거나, 궤도를 벗어난다. 지상을 관측하는 정도라면 궤도까지 올라가지 않지만 위성은 지구 궤도에 올려야 하고, 화성까지 가려면 궤도를 벗어나야 한다.

위성이나 우주선을 쏘아 올리는 수단을 발사체 혹은 운반 로켓이라고 부른다. 1950년대에는 발사체 2대 중 1대만 발사에 성공했으나, 계속된 기술 진화 덕에 2010~2020년 전 세계에서는 발사체가 948회 발사되었고 94%의 성공률을 기록했다. 발사체 기술을 갖춘 나라는 11개국이다.[2] 가장 먼저 발사한 나라는 1957년에 성공한 러시아였다. 뒤를 이어 미국이 1958년, 프랑스가 1965년, 일본과 중국이 1970년, 영국이 1971년에 발사했다. 이후 인도가 1980년, 이스라엘이 1988년, 이란이 2009년, 북한이 2012년에 발사했고 한국이 2022년에 합류했다.

한국은 누리호 발사에 성공하면서 본격적으로 스페이스 배틀에 참전했다. 누리호 개발에는 2조 원의 예산이 들었고 엔진, 추진기관, 제어기관, 발사대 제작에 국내 약 300개 기업이 참여했다. 누리호는 3단 발사체로 1.5톤짜리 위성을 탑재할 수 있다. 누리호는 등유와 액체산소를 결합한 액체 연료를 연소시킨다. 액체 엔진을 사용하는 발사체에는 액체로 된 연료와 산화제를 발사 예정 시각보다 며칠 앞서 미리 주입해야 한다.

고체 엔진과 액체 엔진을 혼합한 발사체도 있다. 고체 엔진에는 다이너마이트 원료로 쓰이는 니트로글리세린이 주로 사용된다. 액체 연료와 달리 고체 연료는 연료를 넣은 상태로 발사체를 보관하다가 언제든지 원하는 시점에 발사가 가능하다. 구조가 간단하고 비용이 저렴하므로 기업도 쉽게 발사할 수 있다. 인도는 1단과 3단에는 고체 엔진을, 2단과 4단에는 액체 엔진을 사용한다. 유럽과 일본도 일부 발사체에 고체 엔진을 사용하고 있다.

미국은 1979년 설정된 한미 미사일 지침을 통해 한국의 미사일 최대 사거리를 제한했다. 미사일과 로켓은 모두 추진체를 이용하기 때문에 기술의 차이가 크지 않다. 미사일은 무기를, 로켓은 주로 위성을 운반하는 발사체를 가리키는 표현이다. 중국은 탄도미사일 개발 기업이 발사체를 개발한다. 미국이 안보를 이유로 한국의 기술을 통제하던 한미 미사일 지침은 2021년에 종료됐다.[3]

한국은 1톤 이상의 인공위성을 발사할 수 있는 국가가 되었다. 그렇다면 한국의 발사체 기술은 과연 어느 정도 수준일까? 한국과학기술기획평가원에서 공개한 기술수준 평가보고서를 보면 한국은 후발주자로 미국과의 기술 격차가 매우 크다. 미국의 발사체 기술 수준이 100이라면 한국은 미국의 60%이며 기술 격차는 18년이다.[4] 요즘 시대에 18년 격차라고 하면 따라잡기 불가능한 정도라할 수 있다.

중국의 경우엔 미국 기술의 85% 수준이며, 미국과의 기술 격차는 8년이다. 중국은 정부 주도의 개발하에 발사체의 크기를 키우는 중이다. 또한 2020년 기준 발사체 관련 논문 점유율이 35%, 특허 점유율이 36%로 가장 높은 국가다. 미국의 논문 점유율은 31%, 특허 점유율은 25%다. 2013년까지는 미국이 가장 많았으나 2014년부터는 그 자리가 중국으로 대체되었다. 논문을 많이 내는 상위 10개 기관들을 봐도 중국 기관은 7개, 미국 기관은 3개다. 중국과 미국의 발사체 논문과 특허 수를 합하면 전체의 절반을 넘는다.

일본의 발사체 기술은 미국의 85% 수준이고 기술 격차는 8년이다. 일본 또한 정부가 개발을 주도하고 있지만 기업의 참여가 저조하고 발사체 수요가 적어 시장을 키우지 못하고 있다. 유럽은 기술이 미국의 92% 수준, 기술 격차는 4.5년이며 발사체의 가격 경쟁력이 낮다.

미국은 발사체 기술뿐 아니라 시장에서도 가장 앞서 있다. 미국 정부는 자신들이 주도했던 지금까지의 우주 기술 개발 방식을 버리고 기업에 발주하는 방식으로 바꾸는 중이다. 기상 위성 발사를 1억 5250만 달러에 스페이스X와 계약한 것이 한 예다.[5] 스페이스X는 블루오리진Blue Origin과 경쟁해서 29억 달러의 유인 달 착륙 프로젝트 계약도 따냈으며, 목성 위성을 발사하는 프로젝트 또한 손에 넣었다. 이렇게 정부가 기업 측에 발주하는 이유는 비용절감 때문이다. 정부는 명분을, 기업은 영리를 추구한다. 정부가 주도하면 성공 여부가 가장 중요하고 비용은 그다음 문제가 된다.

미국은 여러 기업이 본격적으로 경쟁하면서 스페이스 배틀에서 독주하고 있다. 기술 격차를 보면 미국의 독주는 당분간 지속될 전망이다. 2018년과 2020년을 비교하면 미국은 7년이었던 중국과의 기술 격차를 8년으로, 3년이었던 유럽과는 4.5년으로 늘렸다. 한국과 일본 역시 미국과 1년 더 벌어졌다.

미국이 경쟁국과 기술 격차를 벌린 이유는 시장에 있다. 미국은 과거 인터넷 분야에서 구글이나 아마존 같은 기업을 앞장 세워 시장을 개척한 뒤 승리를 독점했던 예를 우주 기술 분야에서도 반복하려 한다. 중국이 자국 기업을 육성해 미국을 추격할 때까지 인터넷 시장은 오랫동안 미국 기업의 지배하에 있었다. 그리고 지금 미국은 스페이스X나 블루오리진 같은 기업을 앞세워 시장을 개척하고 있다.

미국의 시장 개척 방식은 다른 국가에도 기준이 된다. 첫 번째 방식은 비용절감이다. 미국은 비용을 낮추기 위해 발사체를 재사용한다. 2018년 스페이스X는 발사체 재사용에 성공했고 2021년에는 같은 발사체를 10회 재사용했으며, 해를 거듭할수록 재사용 횟수가 늘어나고 있다. 미국의 뒤는 인도가 추격하고 있으며 중국도 관련 기술을 개발 중이다. 로켓 발사 목적의 96%는 위성 발사다. 기업은 인공위성을 궤도에 올리는 원가를 계속 낮추고 있다.

두 번째 방식은 소형위성이다. 지금까지의 위성은 대형인 데다 설계수명 15년에 1기당 평균 5억 달러로 비싼 물체였지만, 기업들이 시장에 대거 참가하면서 소형위성이 늘었다. 소형위성을 많이 제조하면 위성 1기당 제조비용이 낮아지고, 학습효과로 인해 생산성도 올라간다. 소형위성을 대량 제조하면 하나하나는 중요도가 낮아진다. 무게 500킬로그램 이하인 소형위성은 설계수명 5년에 50만 달러다. 100킬로그램 이하는 마이크로 위성, 10킬로그램 이하는 나노 위성, 1킬로그램 이하는 피코 위성이라 부른다. 나노 위성은 대학교에서도 만든다.

1957년 소련이 인류 최초의 인공위성 스푸트니크Sputnik 1호를 발사한 이래 세계에서는 7600기 이상의 위성이 발사되었다. 2013년 이후 발사된 위성은 연간 200기 이상이다. 2021년 기준 지구 궤도에는 4400기 이상의 위성이 돌고 있다.[6] 기업이 소형위성을 대량으로 제조, 발사하기 시작하면서 궤도에는 위성이 급격히 늘어나고 있다. 위성은 일단 우주로 발사되면 정비가 불가능하다는 특징이 있다. 제조 과정에서 붙은 작은 먼지도 오작동의 원인이 되니 위성 제조는 클린룸을 필요로 한다.[7] 소형위성은 비교적 가격이 저렴하고 설계수명도 5년에 불과하지만 그래도 가능한 오랫동안 기능해야 한다.

바야흐로
인공위성 전성시대

"인공위성을 파괴하라."

러시아의 푸틴 대통령은 미국 기업인 스페이스X가 운용하는 인공위성을 공격하라고 공개적으로 명령했다.[8] 우크라이나에 우주 인터넷을 제공한다는 이유에서였다.[9]

스페이스X는 2020년부터 스타링크Starlink 사업을 하고 있다. 지구상에서 인터넷에 연결되지 않는 30억 명에게 인터넷 서비스를 제공하겠다는 명분에서다. 스타링크가 있으면 인터넷이 차단된 국가에서 정부가 통제하는 통신망을 우회해 인터넷에 접속할 수 있고, 브라질처럼 아마존의 열대우림이 소실되는 상황을 감시할 수도 있다.[10] 스타링크 인공위성은 고도 500킬로미터 내외의 궤도를 선회한다. 낮은 궤도에 많은 인공위성이 있으면 넓은 지역에서 통신이 가능하다.

스페이스X는 2022년 기준으로 스타링크 위성을 3000기 이상 운용하여 인터넷 서비스를 제공한다.[11] 앞으로 위성 4만 2000기를 운용할 예정인데 시장 상황에 따라 이 숫자는 변할 수 있다.

인공위성을 운용하는 국가는 80개 이상이다. 중국은 500기가 넘는 인공위성을 운용 중인데 그중 절반은 감시정찰 위성이다.[12] 한국이 운용 중인 인공위성은 20기 이하다. 숫자를 보면 스페이스X가 얼마나 많은 인공위성을 운용하고 있는지 알 수 있다. 그 수가 워낙 많다 보니 스타링크 사업에는 100억 달러 이상의 투자가 필요하다. 이에 대해 일론 머스크Elon Musk는 2021년 강연에서 "파산하지 않는 게 목표"라 말하기도 했다.[13]

비용절감을 위해 스페이스X는 많은 위성을 한 번에 발사하는 대형 우주선인 스타십Starship을 개발 중이다. 스타십은 화성 이주를 위한 우주선이라 적재량이 많다. 대폭 늘어난 적재량을 활용하면 1회 발사에 위성 400기를 실을 수 있다. 많은 위성에는 큰 시장이 필요하고, 시장을 확장하려면 가격이 중요하다. 스타링크는 데이터 전송 속도가 느려도 되는 사물인터넷이나 문자 메시지를 보내는 수준부터 시작해서 가격을 낮추었다. 아무리 낮은 가격이라도 개발도상국 시장부터 만들긴 어렵기에 스페이스X는 선진국을 중심으로 시장을 형성해나가고 있다. 2021년 기준으로 미국, 영국, 독일, 뉴질랜드, 호주 등 18개국에서 50만 명이 스타링크 서비스를 이용 중이고, 여기에 멕시코, 일본, 인도를 포함한 여러 국가가 계속 추가되고 있다.

스페이스X를 선두로 미국은 기업이 앞장서고 국가가 지원하는 뉴 스페이스New Space 시대를 열고 있으며, 미국 외의 국가들은 우주 경쟁에 국가가 직접 나서는 올드 스페이스Old Space 시대에서 벗어나려 노력하는 단계에 있다. 우주 경쟁은 국가 경쟁과 기업 경쟁이 혼합된 양상이다.

우주 시장을 노리는 미국 기업은 스페이스X만이 아니다. 2012년 설립된 원웹OneWeb은 2019년에 6기의 위성을 발사했다. 그러나 계획한 위성 650기 중 74기를 쏘아 올렸던 시점의 자금 부족이 원인이 되어 2020년에 파산하고 말았다. 그 후 인도와 영국의 컨소시엄이 원웹을 인수해 사업을 재개했고, 2021년까지 322기의 위성을 발사했다. 원웹도 스타링크처럼 위성 궤도와 사용 주파수 대역을 바꿔가면서 위성을 쏘아 올린다.

아마존은 카이퍼Kuiper 프로젝트를 진행하고 있다. 천왕성의 위성 미란다와 해왕성의 위성 네레이드를 발견한 천문학자 제러드 카이퍼Gerard Kuiper의 이름을 붙인 이 프로젝트는 2030년까지 3236기의 위성을 발사할 계획이다.[14] 시장에 뛰어든 보잉 또한 위성 147기를,[15] 캐나다의 텔레샛Telesat은 위성 298기를 궤도에 올릴 예정이다.[16] 바야흐로 인공위성 전성시대다.

선두 기업은 신규 참가자를 견제하기 마련이다. 스페이스X는 노골적으로 경쟁자를 견제한다. 안전은 가장 좋은 이유다. 저궤도에는 이미 많은 인공위성이 있기에 그 수가 늘어나면 충돌 위험도 커진다. 인공위성끼리 충돌할 뻔한 사고는 이미 여러 번 발생했다. 이러한 충돌 리스크와 전파 간섭을 이유로 스페이스X는 보잉의 계획에 반대하며 미국 연방통신위원회에 이의신청을 제출했고, 아마존의 계획에 대해서도 전파 간섭이 우려된다며 반대를 표했다. 그러나 선두 기업인 스페이스X가 이렇게 견제했음에도 아마존과 보잉의 위성 발사 계획은 승인되었다. 시장을 확장하는 데는 독점보다 경쟁이 훨씬 좋기 때문이다.

스타링크에선 인공위성과 지상의 안테나가 통신을 한다. 일반적으로 위성과 통신하려면 지상에 휴대전화 기지국처럼 철탑이나 빌딩에 설치하는 무선 기지국인 게이트웨이gate way를 두어야 한다. 지금은 스타링크를 이용하기 위해 먼저 안테나와 무선 라우터를 구입해야 하지만, 향후 스타링크 인공위성에 안테나가 장착되면 지상 기지국 없이 스마트폰과 같은 단말기를 통해 지상에서 위성으로 직접 접속하는 것이 가능해진다. 미국 기업인 링크글로벌LINK Global은 2020년 위성과 휴대전화를 연결해서 문자 메시지를 보냈다. 서비스를 이용하기 위해 전용 앱이나 소프트웨어를 설치할 필요도 없었다.

사용에 제한이 있기는 하지만 지금도 지상 기지국 없이 지상에서 위성으로 직접 연결하는 이리듐iridium 서비스가 있다. 1997년부터 시작된 이 위성통신 서비스에선 통화나 데이터 통신에 전용 휴대전화기를 사용하고, 일반 휴대전화기나 스마트폰은 사용이 불가능하다.[17]

지상에서 단말기를 사용해 위성과 연결하려면 위성통신 전용의 주파수를 사용해야 한다. 현재는 위성이 전파를 이용해 지상에 설치한 안테나로 데이터를 보낸다. 그런데 전파를 이용하려면 주파수 대역이 필요하다. 우주에서 하는 활동이 점점 복잡해지고 수집하는 데이터도 늘어나면서 전파는 한계에 부딪쳤다. 위성이 너무 많으면 전파로 대응하지 못한다.

그 대안으로 나온 것이 레이저 통신, 즉 위성이 레이저를 쏘아 지상과 데이터를 주고받는 기술이다. 레이저 통신의 데이터 전송 속도는 현재의 무선 주파수 통신보다 100만 배 빠르다. 레이저는 다른 어떤 입자보다 빠르고 정교하며 간섭이 없을 뿐 아니라 정밀 계측과 인식에서도 탁월한 성능을 발휘한다.

미국과 중국은 세계 최초의 우주 레이저 통신망 구축을 둘러싸고 경쟁 중이다. 미국은 레이저를 이용해 초당 2.8기가바이트 데이터를 보낼 수 있는 인공위성을 발사하고 실험을 시작했다.[18] 중국은 위성과 지상을 잇는 레이저 통신 실험을 한 바 있으며, 2025년에는 위성 레이저 통신망을 설치할 전망이다. 우주 레이저 통신에서 중국은 미국을 앞서간다고 평가받는다.

레이저는 지상에서도 사용한다. 유선으로 인터넷에 연결해 데이터를 송수신하려면 케이블을 설치해야 하는데, 지구에는 산악 지대처럼 케이블을 설치하기 어려운 지역이 많다. 구글은 케이블을 설치하지 않고 레이저로 인터넷에 연결하는 사업을 하고 있다. 케이블 설치가 어려운 지역에 초고속 인터넷을 공급하는 타라Taara 프로젝트다.[19]

타라 프로젝트는 2011년 구글이 진행했던 룬Loon 프로젝트에서 시작되었다. 전 세계 어디에서나 인터넷에 연결되도록 구글은 고도 20킬로미터에 열기구를 띄웠다. 수십 개 이상의 열기구에 통신 중계기를 갖추면 지상으로 인터넷을 제공할 수 있다. 구글은 케냐에서 서비스를 시작했지만 이내 사업을 중단했다. 룬의 경영자인

앨러스테어 웨스트가스Alastair Westgarth는 실패 원인을 시장에서 찾았다.[20] 10억 명을 인터넷에 연결시키려 했으나 비용이 너무 많이 든다는 것이었다. 구글은 시장 확장을 가능케 해줄 사업 파트너를 충분히 찾지 못했다.

룬 프로젝트를 중단하면서 구글은 기술을 변경, 지상에서 레이저를 이용한 무선 광통신망을 구축하기로 했다. 이 기술을 사용하면 케이블처럼 고용량 데이터를 고속으로 전송할 수 있다.

기업은 시장을 확장하고 정부는 기업을 돕는다. 한 국가의 기업이 수만 기에 달하는 위성을 쏘아 올리면 정부가 해야 할 일은 정해져 있다. 자국 위성의 보호다. 자국 기업이 운용하는 위성에 위험이 닥치면 정부가 나서서 위험을 제거하고, 필요하면 타국의 위성을 공격하고 파괴한다. 적국이 아닌 타국이라는 점에 유의해야 한다.

타국의 위성을 공격하는 이유는 자국 기업을 보호하기 위해서만이 아니라, 위성 그 자체가 위험한 무기라서다. 위성이 위력을 과시한 계기가 된 것은 1991년의 걸프전쟁이었다. 이라크 사상자는 10만 명 이상 발생한 데 반해 미국 전사자는 300명 미만이었는데, 이는 우주에서 전장을 내려다보는 능력의 차이가 워낙 크기 때문이었다. 높은 곳에서 내려다보기 위해 제1차 세계대전에서는 정찰용 기구를, 제2차 세계대전에서는 정찰기를 사용했다. 그 후 고고도 정찰기를 거쳐 지금은 위성이 그 역할을 한다. 미사일을 발사하면 그 순간에 파악이 가능하지만 위성을 공격하면 미리 알아채기 어렵다. 공격이 끝난 후에 위성이 더 이상 기능하지 않는다는 결과를 통해서만 알 수 있기 때문이다.

위성은 미래 전쟁의 플랫폼이다. 위성을 공격 또는 방어하는 과정에서는 일부 위성이 기능을 상실할 수 있는데, 이런 위험을 방지하기 위해 소형위성을 여러 개 모아 함께 운용하는 군집위성은 이 플랫폼의 중심이 된다. 일부 위성을 잃어도 전체로는 전쟁의 플랫폼 기능을 유지할 수 있기 때문이다. 전시동원령을 내리면 기업의 위성은 즉시 국가의 무기로 변한다. 우주에서는 방어보다 공격이 압도적으로 유리하므로 우주 전쟁은 쉽게 시작될 수 있다.

우주 전쟁을 염두에 두는 만큼 위성 공격 무기도 다양하게 개발되고 있는데, 그중에는 미사일도 있다. 지상에서 미사일을 발사해서 위성을 공격하는 것이다. 2021년 러시아는 자국의 위성을 미사일로 격추했다.[21] 위성을 향해 10초 정도 계속해서 레이저를 쏘면 위성 기능이 마비되는 레이저 공격도 있다. 2007년 중국은 위성에 레이저를 투사해서 파괴하는 실험을 했다.

지상에서 위성을 향해 방해 전파를 발사하는 공격 방법도 있다. 음성, 화상, 영상 데이터를 중계하는 위성통신 및 위성항법 시스템은 지구와 위성이 전파를 송수신해야만 기능하기에, 전파 송수신을 방해하고 전파를 차단하면 위성의 기능도 중단된다. 공격을 받은 위성은 통신이 단절되고 위성항법 시스템 사용도 불가능해지기 때문에 지상과 교신을 할 수 없다. 위성 전파를 방해한 사례는 2018년에도 있었다. 북대서양조약기구NATO가 군사 훈련을 하는 동안 미국이 운용하는 시스템이 전파방해를 받았던 일이다. 그렇다 해서 미국이 피해자라는 말은 아니다. 미국도 이동식 방해 장치를 지상에 배치해서 운용하고 있기 때문이다.

위성 공격용 무기를 우주에 배치하는 형태도 있다. 타깃 위성을 향해 공격 위성이 부딪쳐 충격을 주는 방식이다. 중국은 인공위성끼리 접근시키는 실험을 했고, 러시아도 자국 위성을 미국 위성에 접근시키고 있다. 원하는 위치까지 다가가거나 도킹하는 것이 가능해지면 타깃 위성을 공격할 수 있다. 위성을 수리하는 로봇도 무기가 된다. 타깃 위성을 로봇팔로 또는 그물을 씌워서 잡은 뒤 고출력 마이크로파나 방해 전파를 쏘아 지상과의 통신을 두절시키는 것이다.

위성보다 큰 타깃도 있다. 미국은 2022년 지구에서 1100만 킬로미터 떨어진 곳까지 다가온 직경 160미터짜리 소행성에 시속 2만 4000킬로미터로 우주선을 충돌시켰다.[22] 지구를 향하는 소행성에 우주선을 부딪히게 해 접근 속도를 초당 1센티미터 늦추는 실험이었다. 이 정도만 늦춰도 소행성의 궤도와 진로를 충분히 바꿀 수 있다. 6500만 년 전에 공룡을 멸종시킨 소행성의 직경은 9.6킬로미터였다.

위성이 공격당하고 기능을 상실하면 가장 먼저 피해를 실감하는 부분은 '위성항법 시스템GPS'이다. GPS는 1950년대에 미국의 잠수함을 지원할 목적으로 존스홉킨스대학교의 리처드 커시너Richard Kirschner 교수가 개발했다.[23] 이 아이디어를 실현하기 위한 첫 번째 위성은 1959년에 발사되었다. GPS는 미국 공군이 관리하는 위성 24기를 배치, 전 세계에 군사용과 민간용으로 구분해서 신호를 보낸다. 1983년에는 소련이 대한항공 007편을 격추하는 사건이 일어났는데, 이를 계기로 미국은 GPS를 민간용으로 제공하기로 했다. 냉전 시대에 민간인이 희생당하는 비극을 막기 위해서였다. GPS를 민간용으로 제공하자 가장 먼저 측량 시장이 생겼다.

미국의 GPS를 위협으로 보는 국가는 여럿 있다. 러시아는 위성 항법 시스템 '글로나스Glonass'를 1976년에 시작했지만 소련이 붕괴하면서 개발도 한동안 진행되지 못했다. 그러다 2000년대부터 운용을 시작해 2011년부터는 전 세계에서 사용되고 있다. 유럽연합 역시 미국이 GPS를 전쟁에서 활용하는 모습을 보고 불안을 느끼다 민간용으로 '갈릴레오Galileo' 개발을 시작, 2004년엔 미국과 협정을 맺어 GPS와 갈릴레오를 결합하여 사용할 수 있게 했다.

중국에게도 비슷한 사연이 있다. 1996년 중국은 미사일을 발사했으나 미국의 GPS 정보 차단으로 인해 미사일이 목표 지점을 벗어났다. 이 사건을 계기로 중국은 자체 시스템인 '베이더우北斗'를 개발하기 시작했고, 베이더우는 2018년부터 전 세계에서 이용 가능해졌다.

일본은 2018년부터 '미치비키みちびき' 시스템을 운용 중이다.[24] 미치비키는 일본 주변 지역에서 미국의 GPS를 보완한다. 스마트폰이 GPS를 사용하려면 최소 4기의 위성으로부터 신호를 받아야 하는데, 도시에서는 위성이 보낸 신호를 빌딩들이 차단 혹은 반사시켜 받지 못하는 경우가 있다. 위치 정보를 안정적으로 받고 정밀도를 높이기 위해 미치비키는 위성을 4기에서 7기로 늘릴 계획이

다. 7기 체제가 실현되면 일본 주변에선 GPS에 상관없이 독자적으로 운용할 수 있다.

인도는 파키스탄과의 전쟁이 일어나면 미국이 GPS를 통제할지 모른다는 불안을 느낀다. 때문에 2006년 IRNSS 개발에 착수했고 2018년부터 운용을 시작했다. 다만 그 범위는 인도 주변 지역에 한정되어 좁은 편이다.

한국은 2035년까지 KPS 시스템을 개발할 예정이다. 위성 8기로 구성되고 투자비가 4조 원 수준인 KPS는 2027년에 첫 번째 위성을 발사하고 2034년부터 시범 서비스를 시작할 계획이다. 미국은 한국을 지원하고 상호 보완하면서 운용하기로 했다.[25] KPS가 구축되면 한반도 지역에서는 미국의 GPS에 의존하지 않아도 된다. 한국은 국제연합의 국제위성항법위원회ICG에 회원국으로 가입했다.[26] 위성항법 시스템과 위성항법 보강 시스템을 보유 혹은 개발하는 국가 및 단체가 ICG의 회원이다.[27] KPS를 운용하려면 개발 단계에서부터 위성항법 시스템 보유국과 신호, 주파수, 서비스 기술 개발과 관련해 협력해야 한다.

KPS에 대해선 찬반양론이 있다. 찬성파는 기술을 강조한다. 우주개발에 필수적인 기술이므로 반드시 개발해야 한다는 의견이다. 반대파는 시장을 강조한다. KPS 시장이 국내에 한정되므로 개발비를 회수하지 못한다는 의견이다. 미국, 러시아, 중국, 일본의 시스템에 한반도가 이미 포함되어 있고 한국에서는 이들 시스템을 모두 사용할 수 있으니 KPS 개발은 이중 투자라는 게 반대파의 주장이다.

우주 전쟁과 우주 사업은 경계가 모호하다. 예를 들어 우주쓰레기 제거는 기업이 추진하는 사업이지만 쓰레기 제거를 이유로 언제든 타깃 위성을 공격할 수 있다. 세계 최초의 우주쓰레기 청소기업은 일본의 애스트로스케일Astroscale로 2013년에 탄생했다.[28] 2030년에 우주쓰레기 청소 서비스를 개시할 계획인 이 기업은 이 기술을 실증할 위성을 이미 발사한 바 있다. 스티브 잡스Steve Jobs와 함께 애플을 창업했던 스티브 워즈니악Steve Wozniak도 우주쓰레기 청소 기업인 프라이버티어Privateer를 설립했으며,[29] 최초로 우주용 시계를 개발한 오메가Omega도 우주쓰레기 청소에 참여한다.[30] 오메가는 같은 스위스 기업인 클리어스페이스ClearSpace와 제휴를 맺었다. 클리어스페이스는 유럽우주국과 8600만 유로의 계약을 체결, 2025년부터 우주쓰레기 청소를 시작한다.

우주쓰레기는 대부분 인공위성이나 로켓의 조각이다. 모든 위성은 고장 나거나 수명을 다해 언젠가는 쓰레기가 된다. 지구 궤도를 돌고 있는 우주 물체 중 쓰레기가 95% 이상이라고 하니 타국의 위성을 제거하고선 쓰레기를 치웠다고 할 수도 있다. 우주쓰레기는 사용이 끝난 위성이나 로켓 상단 부분처럼 대형인 것도 있고 나사와 같은 소형도 있다. 지름이 10센티미터 이상으로 큰 쓰레기는 3만 4000개, 1~10센티미터의 것들은 90만 개다. 모든 우주쓰레기를 합친 무게는 9000톤에 달한다. 지구 궤도에 있는 위성은 2021년 기준으로 7600기 이상이다. 기업이 우주 시장에 뛰어들고 소형 위성을 계속 올리고 있기 때문에 2030년이 되면 그 수는 10만 기로 증가할 전망이다. 모든 위성은 언젠가는 쓰레기가 된다.

우주쓰레기가 계속 늘어나면 위성을 더 이상 올리지 못한다. 미국 과학자 도널드 케슬러Donald Kessler는 쓰레기가 파편층을 형성하면 로켓을 발사하지 못하고 지구는 갇힐 거라 경고했다.[31] 쓰레기로 위성이 파괴되면 일상생활에 혼란이 온다. 위성항법 시스템과 인터넷의 사용도 불가능해지기 때문이다. 지구 궤도를 도는 쓰레기는 운동에너지가 커서 위성이나 우주정거장과 충돌할 시엔 장비를 심각하게 훼손시킨다. 지금도 국제우주정거장은 파편과의 충돌을 피하기 위해 궤도를 정기적으로 변경하고 있다.

우주쓰레기를 청소하려면 쓰레기에 접근해 그것을 붙잡고 대기권에서 태우는 기술이 필요하다. 빠르게 움직이는 쓰레기를 제거하는 기술로는 여러 가지가 제안된 상태인데, 그중에는 그물로 쓰레기를 담거나 낚시로 하나씩 수거하는 기술도 있다.

그물 방식은 2018년 실험에서 가능성을 보였다. 그물을 발사해 7미터 떨어져 있는 작은 풍선을 포획하는 실험이었다. 미국 기업 에어로스페이스Aerospace는 우주쓰레기를 제거하는 보자기 기술을 발표했다.[32] 종이 같은 박막을 보자기처럼 사용해 쓰레기를 감싸고 함께 대기권에 돌입해서 태워버리는 이 기술은 재료 수송 비용과 쓰레기 처리 비용이 저렴하다. 보자기 구조에 다른 모듈을 추가하면 새로운 기술을 개발할 수도 있다.

쓰레기를 제거하는 여러 기술 중 가장 좋은 방법은 아예 쓰레기가 생기지 않게 하는 것이다. 퍼듀대학교 연구팀이 제안한 '드래그세일drag sail' 방식도 그중 하나다.[33] 수명을 다해 쓰레기가 된 위성은 저지구 궤도를 총알보다 빠른 속도로 돌고 있는데, 대기권에 빨리 진입시키려면 그 속도를 늦춰줘야 한다. 드래그 세일은 이런 위성에 낙하산처럼 작용해 속도를 줄이고, 즉시 대기권으로 진입해 불타서 사라지게 하는 방식이다.

우주주유소 역시 군사용인지 민간용인지 애매하다. 우주에 올린 인공위성을 오래 사용하려면 우주에서 위성에 연료를 공급할 수 있어야 한다. 우주주유소는 연료 탱크와 연료 공급 셔틀로 구성된다. 미국 기업인 오비트팹Orbit Fab은 적재 용량 15리터인 우주주유소를 만들고 있다.[34]

위성에는 수명이 있다. 수명은 궤도 수명, 탑재기기 수명, 연료 탑재량에 따라 달라진다. 궤도 수명은 위성이 날고 있는 고도로 정해진다. 정지 궤도 위성은 10~15년 정도의 설계수명을 가지는데 고장만 나지 않으면 더 오래 사용한다. 탑재기기의 설계수명도 10~15년 정도이나, 실제 수명은 열화현상이나 고장이 발생할 확률로 결정된다.

위성의 수명을 정하는 가장 큰 요인은 연료다. 위성이 연료를 모두 소모하고 자세를 제어할 수 없으면 폐기한다. 위성이 궤도와 자세를 자주 바꿀수록 연료 소비량도 늘어난다. 그렇다고 위성을 우주로 올릴 때 내부에 주입하는 연료량을 크게 늘릴 수도 없다. 미국 기업인 스페이스로지스틱스SpaceLogistics는 2019년에 위성을 발사, 2001년에 발사했던 통신위성과 결합시켰다. 연료가 고갈된 위성에 추진력을 제공해 자세를 바꾸기 위해서였다.[35] 이런 기술을 사용하면 위성에 연료를 공급할 수 있다.

우주청소 기업인 애스트로스케일과 우주주유소 기업인 오비트 팹은 연료 보급계약을 맺었다.[36] 이 계약에는 우주 시장에서 최초로 의무인수계약 조항이 들어 있다.[37] 우주 시장이 불안정하고 리스크가 크기 때문에 구매자는 어떤 경우라도 최소 구매량에 해당하는 금액을 지급한다는 조항이다.

우주 시장은 민간용과 군사용으로 구분하기가 어렵다. 우주청소든 우주주유소든 시간이 지나면 민간용 시장으로 확대되겠지만 처음에는 군사용 시장이 중요하다. 오비트팹의 주요 고객으로는 미국 우주군이 있다. 우주군이 작전을 펼치는 중에 가동 위성의 연료가 바닥난다면 작전은 즉시 중지될 수밖에 없다. 때문에 우주군으로서는 비용이 많이 들더라도 연료를 공급받으려 할 텐데, 군사용 시장에서는 가장 앞선 기술을 가장 비싼 가격으로 판매할 수 있다. 이런 이유로 세계 최대의 방산기업인 노스롭그루먼Northrop Grumman도 위성에 연료를 공급하는 실험을 한다.

새로운 불씨가 된
우주정거장

이곳은 호텔일까, 기지일까? 민간인이 머무르면 호텔이고 군인이 머무르면 군사기지다. 우주정거장 이야기다.

세계 최초의 우주정거장은 1971년에 러시아가 만든 살류트Salyut 1호다. 1994년 러시아의 우주정거장에 머물던 발레리 폴랴코프 Valeri Polyako는 437일 18시간이라는 연속 체류 기록을 세웠다. 비연속으로 가장 오래 체류한 사람은 879일을 기록한 러시아의 겐나디 파달카Gennady Padalka다. 현재의 국제우주정거장은 1999년부터 미국, 러시아, 일본, 캐나다, 유럽연합이 협력하고 10년 동안 1000억 달러를 투자해 만들었다. 미국은 현 국제우주정거장의 운용을 주도하면서 연간 40억 달러를 지출한다.

사용한 지 20년이 지나다 보니 국제우주정거장도 너무 낡아서 문제가 많이 발생한다. 2020년에는 선내 온도가 갑자기 올라갔고 변기와 산소 공급장치도 고장 났다. 2021년 러시아 구역에선 배터리 충전 중에 화재경보기가 작동하고 경보가 울렸다.[38] 선내 공기를 정화시키니 정상으로 돌아왔고 공기 조성에도 문제가 없었기에 무엇이 원인인지 특정하기란 불가능했다. 이 구역은 1980년대에 생산된 모듈이라 균열된 틈새로 공기가 누출되기도 한다.

국제우주정거장의 수명은 공식적으로 2024년 12월까지다. 미국은 이를 2030년까지 연장할 예정이지만 러시아와의 대립 탓에 현재로선 불명확하다. 국제우주정거장 이용 기한이 연장되더라도 러시아는 독자적인 우주정거장을 건설할 계획이다. 이미 러시아는 2021년 국제우주정거장으로 민간인 2명을 보낸 바 있다.[39] 우주에서 최초로 영화를 촬영하기 위해서였다. 우주공간에서 의식을 잃은 우주비행사를 의사가 구출한다는 내용인데 배우와 감독은 국제우주정거장에서 12일간 머물며 촬영을 했다.

언젠가 국제우주정거장이 운용을 종료한다면 내부는 비워지고 폐기된다. 지구 대기권에 돌입시켜 추락시킬 장소는 뉴질랜드의 동해안과 남극 대륙 사이에 있는 공해다. 쥘 베른Jules Verne의 소설 《해저 2만리》에 나오는 선장의 이름을 따 '포인트 네모Point Nemo'라는 별칭으로도 불리는 이곳은 1971년부터 여러 국가가 폐기한 위성이 모여 있는 위성 묘지다.

국제우주정거장은 무게가 400톤을 넘어 대기권에서 완전히 타지 않는다. 안전하게 폐기하지 못한다면 재활용하는 방법도 있다. 미국 기업인 액시엄스페이스Axiom Space는 정거장 내부를 일부 교체하거나 제거하여 상업용으로 사용하겠다는 계획을 발표했다.[40]

국제우주정거장 운용이 종료되면 미국은 기업이 건설한 우주정거장을 활용할 계획이다. 이유는 비용이 때문이다. 기업이 만든 시설을 구입하면 연간 10억 달러 이상을 절약할 수 있다.[41] 미국은 우주정거장을 건설하는 기업에게 최대 4억 달러를 제공할 계획이다. 스페이스X, 블루오리진, 보잉, 록히드마틴, 에어버스Airbus 등 50개 이상의 기업이 상업용 우주정거장에 관심을 보이고 있다. 향후 우주정거장을 중심으로 우주 시장이 성장할 가능성이 크기 때문이다.

상업용 우주정거장은 우주 시장의 인프라로 활용이 가능하다. 기업이 개발 운영하는 우주정거장을 고객 기업에 빌려주면 고객 기업은 이곳을 과학 실험이나 상품 개발 공간, 혹은 우주여행의 거점으로 활용할 수 있다.

이런 우주 시장을 선점하기 위해 많은 기업이 속도를 내기 시작했다. 록히드마틴은 2027년부터 우주정거장의 첫 모듈을 운용하고, 블루오리진은 2020년대 후반까지 10명이 거주할 수 있는 우주정거장을 건설할 계획이다. 보잉은 시에라스페이스Sierra Space와 협력한다. 액시엄스페이스는 미항공우주국과 계약을 맺고 민간 모듈을 개발 중이며, 2028년에 민간 우주정거장을 건설할 계획을 갖고 있다.

우주 활동은 연안해군이란 뜻의 브라운 워터Brown Water와 대양해군이란 뜻의 블루 워터Blue Water라는 용어로 각각 나누어 비유할 수 있다. 브라운 워터는 말하자면 '지구파 우주 활동'으로, 지상에서의 활동을 지원하기 위해 우주를 활용하는 방식이다. 활동 범위는 지구에서 가까운 우주에 한정되고, 활동 내용은 일상생활에서의 방송위성이나 통신위성 사용 등의 수준이다. 이와 달리 블루 워터는 '우주파 우주 활동'이라 할 수 있다. 달에 기지를 건설하고 자원을 탐사하며, 달에서 출발해서 화성을 지나 목성으로 향하는 등 기술이 허락하는 범위에서 최대한 멀리까지 우주 개척을 시도한다. 브라운 워터든 블루 워터든 우주정거장을 필요로 한다는 점은 같다.

미국 기업이 우주 시장에 뛰어들고 상업용 우주정거장 건설 계획을 세우고 있지만 문제는 시간이다. 미국 입장에서 가장 좋은 시나리오는 자국 기업이 우주정거장을 더 빨리 더 많이 건설하는 것이다. 우주정거장을 활용한 우주 시장에 미국 기업들이 많은 관심을 보이고 있으니 충분히 실현 가능한 일이다.

하지만 만약 미국 뜻대로 진행되지 않는다면 2025년부터 중국은 세계에서 유일하게 독자적 우주정거장을 보유한 국가가 될 수 있다. 이렇게 될 경우 미국은 어떤 수를 써서라도 중국의 우주정거장 운영을 방해할 가능성이 있다. 과거에 경험했던 소련의 스푸트니크 충격이 반복될 수 있기 때문이다. 소련이 세계 최초로 올린 인공위성 스푸트니크는 매일 미국 상공을 7회 통과했다. 미국은 소련이 핵미사일을 미국으로 발사할 수 있다는 불안에 휩싸였다. 우주정거장은 스페이스 배틀필드의 새로운 불씨로, 경우에 따라서는 기술전쟁의 판도를 바꿀 정도의 큰불이 될 수 있다.

시진핑 주석은 "우주정거장은 중국의 우주개발에 중요한 고비"라면서 우주정거장 건설에 속도를 내고 있다. 2022년에 중국은 독자적으로 건설하는 우주정거장 '톈궁天宮'에 마지막 핵심 모듈을 도킹시켰고, 이에 따라 우주비행사가 체류하는 모듈과 2개의 실험

모듈로 구성된 우주정거장의 기본 구조가 완성되었다. 톈궁은 국제우주정거장보다 20킬로미터 아래인 380킬로미터 고도에 위치하고, 무게는 70톤이며, 크기는 국제우주정거장의 20% 수준이다. 국제우주정거장은 완성까지 13년이 걸린 데 반해 톈궁은 1년 7개월이 걸렸다. 또한 국제우주정거장에는 7명이 장기간 체류할 수 있는데 톈궁은 3명이 6개월 체류할 수 있다.[42] 도킹 포트는 5개가 있다.

중국은 작고 가벼운 우주정거장을 신속하게 만들어 우주정거장 운용의 노하우를 얻으려 한다. 그리고 이 과정에 사용되는 군사용 우주기술을 숨기지 않는다. 실제로 중국의 우주개발에는 중국군이 깊이 관여하고 있다. 중국 우주인은 모두 인민해방군 공군 소속이다. 중국은 톈궁을 10년 동안 연구기지로 사용할 예정이지만 언제든 군사기지로도 사용할 수 있다.

중국은 기술 개발이 늦고 예산이 부족한 국가의 우주 시장 참여를 지원한다. 우주개발을 혼자 힘만으로는 할 수 없으니 파트너 국가를 필요로 하는 것이다. 단, 미국과 중국은 협력하지 않는다. 미국은 안보를 이유로 중국과 우주 기술을 공유하지 않으며 중국의 국제우주정거장 이용과 우주개발 협력을 금지했다. 2021년 1월에 규제한 44개 중국 기업 중 8개가, 또 같은 해 6월에 추가된 27개 중국 기업 중 9개가 우주 기업이다. 미국은 중국의 우주 기술에 위기감을 느끼며, 우주에는 아직 세밀한 규범이 없으니 자국을 중심으로 우주 규범을 만들려 한다.

피, 땀, 눈물, 소변으로
만드는 달 기지

"쉽기 때문이 아니라 어렵기 때문이다."

미국의 존 F. 케네디John F. Kennedy 대통령은 1962년 연설에서 달 착륙을 제안했다. 1969년 인류 최초로 달에 내린 닐 암스트롱Neil Armstrong은 유명한 문장으로 사람들에게 깊은 인상을 남겼다.

"한 사람에겐 작은 걸음이지만 인류에겐 커다란 도약이다."

아폴로Apollo 계획으로 인간이 달에 착륙한 때로부터 50년 이상이 지났다. 우주개발에는 막대한 자금이 투자되지만 생활에 와닿는 성과를 당장 만들어내긴 어렵다. 암스트롱이 말한 커다란 도약은 50년이 지나서야 실감할 수 있었다.

이런 대형 프로젝트를 실행함에 있어 '나를 믿고 따르라'며 앞장서는 카리스마 넘치는 지도자를 찾긴 어려운 데다, 설사 있다 해도 지금은 한 사람의 말만 믿고 대규모 투자를 하는 시대가 아닌 탓이다. 아무리 빨라도 수십 년 후에야 성과가 나타나는 우주개발에 천문학적 세금을 사용하는 이유를 국민은 이해하지 못한다. 우주는 인류가 나아가야 하는 방향이라고 믿더라도 실현에는 한계가 있다.

　지금까지 달 표면에 착륙한 국가는 미국, 소련, 중국뿐이다. 달은 지구 밖에서 인류가 발을 디딘 유일한 곳이다. 달을 여행한 24명 가운데 12명이 달의 표면을 걸었다. 사람이 마지막으로 달을 밟은 시기는 1972년이다. 이후 지금까지 달에 가지 않은 것은 비용 때문이다. 1962년 케네디 대통령이 유인 달 탐사 계획을 발표 당시 미국의 국가 예산은 1000억 달러였다. 미국이 아폴로 계획에 투입한 비용은 250억 달러인데 현재 가치로는 1400억 달러를 넘는다. 이렇게 많은 돈을 들인 이유는 공포 때문이다. 소련이 우주에서 자국을 공격할지 모른다는 미국의 공포가 너무 컸기 때문에 돈이 많이 든다는 의견은 무시당했다.

　이제 미국은 다시 달을 향한다. 달 탐사 프로젝트인 '아르테미스Artemis 프로그램'을 통해 2025년에 사람을 달에 보낼 계획이다. 미국이 연합체를 구성한 것 역시 비용의 이유가 크다. 미국에겐 단독으로 달을 탐사할 수 있는 기술이 있지만 그것을 단독으로 수행할 수 있는 경제력은 없다. 때문에 지구에서의 패권을 유지하기 위해 안보 동맹이나 파트너십을 맺은 국가와 처음부터 비용을 분담하고 기술도 나누어 개발하는 방식이 미국에 유리하다.

　아르테미스 프로그램 참여국은 미국을 중심으로 한국, 호주, 캐나다, 일본, 룩셈부르크, 이탈리아, 영국, 아랍에미리트, 우크라이나, 브라질인데 앞으로 더 늘어날 전망이다. 아르테미스 프로그램이라는 명칭은 달의 여신인 아르테미스에서 따온 것이다. 과거의 아폴로 계획은 그리스 로마신화의 태양신인 아폴로에서 따왔다.

중국은 아르테미스 프로그램에 참여할 수 없다. 미국이 중국과의 우주 협력을 금지하면서 미국의 아르테미스 연합과 중국-러시아 연합의 스페이스 배틀이 시작되었다. 중국은 러시아와 함께 달 기지를 짓기로 합의, 2025년까지 장소를 정하고 2036년 이전에 완공한다는 로드맵도 발표했다.[43] 또한 자원과 에너지 개발, 달과 지구를 오가는 운반수단, 건설계획도 공개했으며 관심을 보이는 국가는 모두 참여할 수 있다고 밝혔다.

중국의 우주개발에는 행운이 따랐다. 1988년 미국의 챌린저호 Challenger가 발사에 실패한 후에 중국으로 위성 발사 의뢰가 몰렸기 때문이다. 국내에 시장이 먼저 생기는 바람에 여유롭게 기술을 개발할 수 있었던 중국은 2003년에 첫 우주비행사를 배출했고, 2007년에는 달에 탐사선을 보내 3차원 지도와 광물 지도를 완성했다.[44] 이어 2018년에는 달의 남극에 도착했으며 2020년에는 달에 1미터 깊이의 구멍을 파고 암석 1.7킬로그램을 가지고 왔다.

한국은 2022년 달 탐사선을 발사했다. 달 탐사는 달 기지, 달 우주정거장, 화성 유인 탐사로 이어지는 우주 진출의 첫 단계다. 달 탐사선은 먼지와 강렬한 태양풍 등 위험 요소로부터 우주비행사와 장비를 보호할 방법을 찾는다. 화성에서 사용할 기술을 달에서 시험하려는 목적도 있다.

달에 사람을 보내고 기지를 만들려는 목적 중에는 자원 채취도 있다. 미국과 소련은 지금까지 달에서 380킬로그램의 암석을 가지고 왔는데 그중에는 핵융합 발전의 원료로 쓸 수 있는 헬륨3He3도 있다. 달에는 헬륨3가 100만 톤 있다고 추정된다. 1그램의 헬륨3는 석탄 40톤과 비슷한 에너지를 내니 100만 톤이면 인류가 수백 년 동안 사용할 수 있는 양이다. 또한 달에서 채취한 희토류를 지구로 가져오면 지구의 희토류 공급망을 바꿀 수 있다.

미국은 달에 로봇 탐사 차량을 보낼 예정이다. 달에 물이 있는지 확인하기 위해서다. 물은 현지에서 조달하는 게 가장 좋다. 지구에서 국제우주정거장까지 물을 가져가려면 리터당 대략 2000만 원이 들고 달까지는 20억 원이 든다고 한다. 달의 남극에는 태양광이 전혀 들지 않는 지역이 있는데 이곳은 매우 추워 물이 얼음 상태로 존재할 가능성이 있다.

행성에 도착하는 우주비행사는 가장 먼저 물이 있는지를 확인한다. 물은 지구에서 생명체가 탄생하는 데 가장 큰 역할을 했다. 사람은 신체의 60%가 물이라서 체온이 급격하게 변하지 않고, 음식을 먹으면 영양분이 물에 녹아 몸 전체로 퍼진다. 사람이 우주에 나가면 물을 먼저 찾는 이유다.

달에서 물과 산소를 조달할 수 있다면 달 기지 건설도 가능하다. 기지 건설에 필요한 장비는 기업이 수송한다. 미국 기업인 애스트로보틱Astrobotic과 인튜이티브머신스Intuitive Machines는 필요 장비를 달까지 수송하는 조건으로 2019년에 미국 정부와 26억 달러짜리 계약에 서명했다. 두 기업은 무인 달 착륙선을 발사하고 연간 최소 두 번은 장비를 달까지 수송할 계획이다.

달에 기지를 만들 때의 문제는 소재다. 콘크리트로 기지를 건설하면 좋겠지만 지구에서 달까지 수송하기가 어려우니 현지에서 소재를 만들거나 채취해야 한다. 기지 건설에 필요한 콘크리트를 만들기 위해 맨체스터대학교 연구팀은 우주 콘크리트 기술을 개발했다.[45] 우주에서 조달 가능한 재료에 사람이 배출하는 분비물을 섞어 콘크리트를 만드는 기술이다. 이것을 우주에서 구할 수 있는 자원을 사용하는 우주 현지자원 활용 기술이라고 한다. 달에서는 암석의 퇴적층인 레골리스regolith, 암석, 물 퇴적물을 주로 활용하며 여기에 사람이 배출하는 피, 땀, 눈물, 소변을 더해서 우주 콘크리트를 만든다. 우주비행사에서 채취한 물질과 콘크리트를 융합한 물질이라 애스트로크리트AstroCrete라는 이름으로 불린다.[46] 땀이나 소변으로 배출되는 요소를 애스트로크리트의 생성 단계에 넣으면 40메가파스칼의 강도를 얻을 수 있다. 화성에서 6명이 2년간 임무를 수행하는 동안 500킬로그램 이상의 애스트로크리트를 제조할 수 있을 것으로 예상된다.

달에 기지를 건설하고 상주하는 우주인이 생기면 인터넷도 필요해지기 때문에 지구와 달을 연결하는 우주 인터넷도 개발 중이다. 미국이 개발하고 있는 것은 루나넷LunaNet이다.[47] 현재는 우주선이 지구를 바라보는 시간에만 지구로 직접 데이터를 보낼 수 있는데, 이렇게 전송 가능한 시간이 정해져 있다 보니 여러 임무를 동시에 수행하면 통신하기가 어렵거나 효율이 떨어진다. 하지만 루나넷은 위성과 지상 기지국을 네트워크의 노드로 사용하므로 우주선이 달에 가려 지구를 직접 바라보지 못하는 시간에도 네트워크를 이용한 통신이 가능하다. 통신이 어려워지면 노드는 네트워크가 복구될 때까지 데이터를 저장한다. 루나넷이 완성되면 달 기지에서 활동하는 우주인은 우주 인터넷으로 자신의 위치를 파악하고 임무를 수행할 수 있다.

그런데 인간이 달에 가는 방법은 우주선밖에 없는 걸까? 우주에는 공상과학이 필요하다. 지금은 공상처럼 들리는 것도 과학이 더욱 발전할 미래에는 상식이 될지 모른다. 케임브리지대학교 제퍼 페노이어Zephyr Penoyre 교수와 컬럼비아대학교 에밀리 스탠퍼드Emily Sandford 교수는 현재의 기술로 달과 정지위성 사이를 이동하는 엘리베이터인 스페이스 라인The Spaceline을 만들 수 있다고 주장한다.[48]

이러한 엘리베이터를 만드는 목적은 달에 있는 자원을 저렴하게 지구로 가져오기 위해서이고, 그러려면 달과 지구를 이어주는 케이블이 있어야 한다. 아직 마땅한 소재는 없으나 그래핀, 탄소나노튜브, 다이아몬드 나노섬유가 후보 소재로 거론된다. 비록 지구에서 시작해 달까지 케이블을 이어주는 기술은 아직 개발되지 않았지만, 반대로 달에서 지구 정지궤도에 있는 위성까지 케이블을 늘어뜨리는 방법은 실현 가능성이 크기에 희망을 가져볼 만하다.

달로 가는 엘리베이터의 아이디어는 러시아 연구자인 콘스탄틴 치올코프스키Konstantin Tsiolkovsky가 제안한 우주 엘리베이터에서 출발했다.[49] 우주 엘리베이터는 지상에서 정지궤도까지 연결하는 거대한 탑인데 공상과학 소설가인 아서 클라크Arthur Clarke가 소설에서 묘사하면서 널리 알려졌다.[50] 그의 아이디어에 따르면, 지구 정지궤도에 있는 위성과 적도에 위치한 타워를 케이블로 연결해서 엘리베이터처럼 사람이나 물건을 운송한다. 위성이 공전할 때 생기는 원심력과 균형을 이루면 케이블은 지구로 추락하지 않는다.

화성으로 가는
100만 명

"화성으로 이주할 사람을 모집합니다. 안전은 보장할 수 없습니다."

화성으로 가는 편도 티켓은 끊을 수 있지만 지구로 돌아오는 티켓은 없다. 2013년 네덜란드 기업인 마스원Mars One이 낸 화성 이주자 모집 공고에 세계 100개 국가에서 8만 명이 지원했다.[51] 그로부터 3년이 지난 2016년, 이번에는 일론 머스크가 화성 이주 계획을 밝혔다.[52]

"2060년대에는 100만 명이 화성에서 살 수 있습니다."

다시 4년이 지난 2020년의 인터뷰에서 머스크는 화성 이주 시기를 2050년으로 앞당겼다.[53] 기술이 빠른 속도로 개발되고 있다는 이유에서였다. 또한 그는 화성으로의 이주 비용이 "언젠가는 인당 1억 원 이하로 내려갈 수 있다"고 전망했다.

달에서 출발해 화성으로 가는 경쟁이 시작되었다. 달 궤도를 도는 우주정거장은 2028년 완성되어 화성으로 향하는 중계 기지로 사용된다. 유인 화성 착륙은 2030년대에 가능할 것으로 전망된다. 미국은 화성 생활에 대비해 건강을 연구하고 있다.[54] 지금까지 화성에 탐사선을 보낸 국가는 미국, 러시아, 유럽연합, 인도, 아랍에미레이트, 중국이다.

탐사선이 지구를 출발해 화성으로 갈 때는 태양의 중력에 이끌려 타원형으로 진행한다. 모든 행성은 태양을 중심으로 같은 방향으로 공전하므로, 탐사선을 지구의 공전 방향으로 날리면 연료가 적게 든다. 연료 효율이 가장 좋은 시점은 태양과 지구의 거리가 가장 가깝고 태양과 화성의 거리는 가장 멀면서 이 세 행성 모두가 일직선으로 늘어선 때다. 태양, 지구, 화성이 일직선으로 늘어섰던 최근 시기는 2020년 8월이었다. 미국, 중국, 아랍에미레이트는 이때 탐사기를 발사했다. 일본은 1998년에 화성 탐사기를 발사했으나 화성주회궤도에 투입할 수 없었기에, 2024년 10월 타이밍에 맞춰 화성 위성 탐사선을 발사할 예정이다.

2021년 미국의 화성 탐사선은 로봇 팔의 드릴을 사용, 연필보다 약간 굵은 정도 크기의 암석을 화성에서 채취했다. 채취된 암석 샘플 수십 개는 모두 전용 용기에 담겨 화성에 보관되다가 미국과 유럽연합이 2020년대 후반에 발사할 예정인 탐사선에 실려 2031년에 지구로 운반될 예정이다.

이 암석들에서 염분이 발견되면서 과거 화성에 물이 존재했을 가능성을 높였다. 화성에는 얼음이 있을 가능성도, 생명체가 존재할지 모른다는 기대감도 있다. 고도 265킬로미터에서 촬영한 화성 사진에선 대규모 산사태에 의해 계곡의 경사면에서 바닥 쪽으로 다양한 암석이 섞여 내려간 모습을 볼 수 있다.[55] 암석이 오랫동안 물과 접촉했다면 암석 내부에 존재하는 물의 미세한 거품 안에 원시 미생물이 갇혀 있을 수 있다.

'화성의 물은 왜 사라졌을까?'라는 의문에 대해 워싱턴대학교 연구팀은 새로운 가설을 제시했다.[56] 대량의 물을 유지하기에는 화성의 크기가 너무 작다는 가설이다. 화성의 지름은 지구의 53%, 질량은 지구의 10% 수준이다. 물을 저장할 수 있는 행성의 크기에는 임계치가 있는데 화성은 근본적으로 질량이 충분하지 않다는 것이 연구팀의 주장이다.[57]

인류의 목표는 화성을 넘어 더 멀리 있다. 소행성에 가서 암석 샘플을 채취하면서 인간은 인류가 접근 가능한 우주의 범위를 조금씩 확장시킨다. 미국이 2016년에 발사해 2018년 소행성 베누에 도착한 탐사선은 베누 표면에서 샘플을 채취했다.[58] 탐사선은 이 샘플을 가지고 2023년 지구로 귀환할 예정이다. 지름이 500미터인 베누는 6년에 한 번 지구를 스쳐 지나간다.

일본은 소행성 류구龍宮에서 샘플을 채취해 지구로 가져왔다.[59] 류구는 평균 폭이 800미터이며 지구에서 2만 8000킬로미터 떨어져 있는 소행성인데 474일 주기로 지구와 화성 사이 궤도를 돈다. 2014년 발사된 탐사선은 32억 킬로미터를 날아가 2018년 류구에 도착했고, 탑재된 기구가 소행성 표면을 살짝 칠 때 날리는 흙먼지를 용기에 담았다. 소행성은 탄소가 풍부하고 태양에서 멀리 떨어져 있어 수분과 태양계 탄생 초기의 원시 물질을 간직하고 있을 가능성이 높다. 일본은 2010년에 소행성 이토카와糸川에서도 샘플을 가져온 바 있다.

인류는 금성을 지나 수성에도 간다. 일본과 유럽연합은 2018년에 공동으로 수성 탐사선을 발사했다.[60] 탐사선은 2021년 금성에 접근해 고도 552킬로미터를 통과했으며, 금성의 중력을 이용해 초속 5.6킬로미터로 감속한 뒤 계획한 궤도를 항해하고 있다. 수성에는 2025년 12월에 도착할 예정이다. 금성이나 수성까지 가는 데는 현재의 기술로 3년이 걸린다.

미국은 2021년 목성으로 가는 탐사선 루시Lucy를 발사했다.[61] 루시는 2027년 목성에 선행하는 소행성을 통과하고, 2033년 목성에 후속하는 소행성군에 도달할 예정이니 12년 동안 64억 킬로미터를 비행한다는 계획이다. 루시라는 이름은 1974년 에티오피아에서 발견된 320만 년 전 여성 화석의 별명에서 따왔다.[62] 여성 화석 루시가 초기 인류의 역사를 알려주듯이 탐사선 루시는 태양계 역사를 알려줄 수 있다는 기대에서다.

우주는 끝이 있는지 없는지조차 모른다. 2021년에는 우주 관측 사상 지구에서 가장 멀리 위치한 퀘이사가 발견되었다. 퀘이사는 우주에서 가장 밝다고 불리는 천체인데 거리는 지구에서 약 131억 광년이다. 초속 30만 킬로미터로 가는 빛이 1년간 진행하는 거리를 1광년이라고 한다. 퀘이사는 우주가 탄생하고 나서 7억 년 후에 태어난 우주 초기의 모습이다. 당시의 빛이 131억 광년 동안 진행해서 2021년에 지구까지 왔다. 현재 시점에서 우리가 확인한 우주는 지구에서 131억 광년 거리까지이고, 그보다 더 먼 곳에 대해선 아직 알 수 없는 상태다.

인류는 우주 시대를 열고 있지만 우주의 구조는 아무도 모른다. 우주에는 수천억 개의 항성이 모인 은하, 그리고 그 은하가 수백 개 모인 은하단이 있다. 항성은 있는 곳에만 모여 있다. 항성이 모여 있는 공간과 그렇지 않아서 비어 있는 공간은 마치 뇌의 신경 세포처럼 섬세한 그물망 구조를 갖는데, 이런 모습을 우주 구조라고 한다.

우주에는 우리가 볼 수 있는 물질인 바리온baryon과 볼 수 없는 물질인 암흑물질dark matter이 있다. 우주 질량의 80%를 차지하고 있다고 여겨지는 암흑물질은 우주 구조를 만드는 주인공이기도 하다. 이 물질은 중력의 작용을 받아 헤일로halo라 불리는 덩어리 구조를 형성하고, 헤일로 중력에 끌려 바리온이 모이면 항성이 탄생한다.

태양은 500만 년 전에 우연히 국소 거품 속으로 들어가 중심부에 위치하게 되었다. 국소 거품은 성간물질로 폭이 1000광년에 이른다. 국소 거품의 존재는 1970년대에 확인되었는데 밀도는 은하계 성간물질의 10분의 1 수준으로 낮다. 미국은 국소 거품의 중심에 태양계가 있는 3차원 지도를 만들었다.[63] 국소 거품은 초속 약 6.4킬로미터로 계속 퍼지고 있다.

그런데 지금까지 설명한 내용은 어디까지나 추측에 불과하다. 우주는 암흑물질이 모여 형성한 중력 구조에 따라 성장해 현재에 이르렀다고 추측될 뿐이다. 이 추측이 맞는지 알기 위해 일본, 스페인, 미국, 아르헨티나, 호주, 칠레, 프랑스, 이탈리아의 연구팀은 우주 구조를 시뮬레이션한 뒤 모의 우주인 '우추우Uchuu'를 만들었다.[64] 우추우는 헤일로에 초점을 맞추고 우주가 탄생한 시기를 138억 년 전이라고 추측하며, 빅뱅에서 현재까지 138억 년 동안 우주가 어떻게 진화해서 우주 구조를 만들었는지를 시뮬레이션했다. 그 결과물은 100테라바이트로 압축된 뒤 누구나 사용할 수 있도록 인터넷에 공개되었다.[65]

우주에서의 가장 큰 제약은 이동 속도다. 아무리 빨리 이동해도 우주 이동에는 지나치게 긴 시간이 걸린다. 상대성 이론에 따르면 시간은 상대적이다. 우리는 시간이 과거에서 미래로 일정한 속도를 유지하며 흐른다고 생각하지만 아인슈타인의 생각은 달랐다. 그는 빠르게 움직일수록 시간의 흐름이 느려지거나 공간이 줄어드는 현상을 1905년에 특수 상대성 이론으로 발표했고, 중력이 시간의 흐름을 느리게 하는 일반 상대성 이론도 정립했다.

상대성 이론은 현실에 이용되고 있다. 위성항법 시스템에 사용하는 위성은 고도 2만 킬로미터에서 초속 4킬로미터로 궤도를 돌고 있다. 이 위치에서의 시간은 지상보다 하루에 100만 분의 7초 늦게 흐름과 동시에, 지상보다 낮은 중력 때문에 지상의 시간보다 하루에 100만 분의 45초 빨리 흐른다. 이 둘을 합쳐 계산하면 하루에 100만 분의 38초만큼 시간이 빨리 흐른다는 것이기에, 이를 보정하기 위해 위성 시계는 그만큼의 시간을 늦게 움직인다. 이렇게 보정하지 않으면 하루에 1킬로미터 이상 위치가 어긋나버린다.

우주를 이동하는 속도는 지금보다 더 빨라질 가능성이 있다. 우주 고속도로를 찾았기 때문이다. 캘리포니아대학교-샌디에이고 연구팀과 세르비아 벨그라드 천문대는 관측과 시뮬레이션으로 태양계 행성들이 서로 영향을 주고받는 중력 범위를 분석했는데, 그 과정에서 물체가 태양계를 고속으로 이동할 수 있는 우주 고속도로를 발견했다.[66]

중력은 우주를 채우는 모든 물질 사이에 작용한다. 태양계의 행성들은 중력의 영향을 서로 주고받고, 우주선에도 중력이 작용한다. 이런 상호작용은 보이지 않는 구조를 형성하는데 이는 마치 우주 고속도로와 같다. 우주 중력과 우주선이 발생시킨 중력이 간섭해서 밀고 당기는 힘을 이용할 수 있다면 우주선은 태양계 안을 빠르게 이동할 수 있다.

연구팀은 태양계의 수백만 개 궤도를 이용해 어느 행성의 궤도가 정상적인 타원을 벗어나는지 현상을 분석했다. 결과를 보니 태양이나 행성의 중력에 의해 대부분 아치형 구조가 형성되었는데, 목성만큼은 특이했다. 시뮬레이션으로 입자를 날려 경로를 살펴보니 목성에서 출발한 입자가 해왕성에 도착할 때까지 걸린 시간은 평균 46년이었지만, 입자가 우주 고속도로를 이용하면 가장 빠른 경우 10년밖에 걸리지 않았다.

속도 문제는 타임머신이 있으면 해결할 수 있다. 너무 빠르면 되돌아가고 너무 늦을 경우엔 앞서가면 된다. 뉴욕시립대학교 미치오 카쿠Michio Kaku 교수는 타임머신을 '불가능 레벨Ⅱ'로 분류한다.[67] 우리가 알고 있는 물리법칙에 위배되지 않는다면 수천 년이나 수백만 년 후에 실행이 가능한 기술이라는 의미다.

현실적으로는 타임머신보다 웜홀worm hole이 더 빨리 실현될 듯하다. 웜홀은 2017년 노벨 물리학상을 수상한 캘리포니아공과대학교 킵 손Kip Thorne 교수가 제안한 이론이다.[68] 이에 따르면 웜홀은 멀리 떨어진 곳으로 순식간에 이동할 수 있는 시간과 공간의 터널이다. 엄청난 고밀도에 강한 중력이 생기면 모든 물체가 빨려 들어가는 블랙홀이 되는데, 여기에 모든 물체를 뱉어내는 화이트홀을 연결하면 사람이 지나갈 수 있는 웜홀이 된다. 가운데는 강한 중력 때문에 시간의 속도가 느리니 이동하는 데는 거의 시간이 걸리지 않는다. 사람이 지나갈 수 있는 크기의 웜홀을 만들려면 목성 10개분의 천체를 반경 30미터 정도로 압축해야 한다. 앞으로 100년 후에는 이런 기술이 나올지 모른다.

속도를 올리기 어렵다면 속도를 느끼지 못하게 하는 방법도 있다. 만약 사람이 우주에서 동면할 수 있다면 이동 방식이 완전히 바뀔 수 있다.[69] 지금도 복잡한 수술을 오랜 시간 해야 할 경우엔 환자에게 가해질 위험을 줄이기 위한 목적으로 동면 치료가 시행된다. 환자의 몸이 저체온을 유지하고 대사를 억제하게끔 하는 것이다. 화성까지 왕복하려면 2년분의 식량과 물을 준비해야 하는데, 우주비행사 1인당 하루에 30킬로그램의 물자가 필요하다. 동면에 든 사람의 대사율을 25%까지 낮추면 필요한 물자의 양도 그만큼 적어지기 때문에 우주선 크기를 3분의 1로 줄일 수 있다.

TECH-
NOLOGY
WAR

2부

절대
패배해선
안 되는 전장

4장
글로벌 특허 배틀필드

▶▶▶ 지식재산권을 대량으로 선점하라 ◀◀◀

중국은 미국보다 강력한 특허 보호 법률을 제정했다. 국제특허 출원
건수와 과학기술 논문 수에서 세계 1위가 되면서 중국은 미국과 정면
승부를 벌이기 시작했다. 미국에 이어 두 번째 세계 특허법원이 되려
는 중국과 이를 막으려는 미국의 대립이 치열하다. 한편 특허에는 오
래되고 본질적인 미해결 문제도 있다.

코로나 백신
특허권을 어찌할까

"코로나 백신 특허를 유예하겠습니다."

2021년 세계보건정상회의 연설에서 시진핑 주석은 코로나 백신 특허를 일시 유예하겠다고 선언했다.[1] 그보다 앞선 2020년의 세계보건기구WHO 연례총회에서는 자국의 백신을 세계 공공재로 만들어 원하는 모든 국가에 지원하겠다고 밝혔다.

특허를 유예하거나 자국 백신을 지원하겠다는 중국의 이런 태도는 지금까지 중국이 지식재산권 보호에 대해 갖고 있던 정책에 큰 변화가 일어나고 있다는 증거다. 미국의 지식재산을 절도한다는 비난을 받던 중국이 이제는 자국의 지식재산을 무기로 미국과 정면승부를 벌이겠다고 나선 셈이다. 중국이 특허를 유예하겠다고 밝힌 배경에는 미국이 있다. 미국이 중국에 앞서 선수를 치고 나갔기 때문이다. 2021년 바이든 대통령은 코로나 종식을 위해 일시적으로 특허를 유예하자고 제안했다.[2]

2020년부터 2021년 9월까지 코로나에 관련된 특허는 모두

5293건이 출원되었다. 치료제 관련 특허가 1465건, 백신 관련 특허가 417건이다.[3] 치료제 특허를 가장 많이 출원한 나라는 887건의 중국이었는데, 이는 2위에 오른 미국의 292건보다 3배가 많은 수치다. 여기에 인도의 60건, 한국의 35건, 러시아의 26건을 더해 상위 5개국이 치료제 특허 출원의 90%를 차지한다. 치료제 특허는 '신약 재창출'에 의한 발명이 많다. 기존 약물을 임상시험을 거쳐 재평가해 개발하는 방법이다. 백신 특허 출원을 가장 많이 한 나라 역시 313건의 중국이고, 미국은 89건으로 2위에 올랐으며 23건의 러시아, 11건의 영국, 6건의 독일, 6건의 인도와 5건의 한국이 뒤를 잇는다.

코로나 백신은 2020년 말부터 보급되기 시작했다. 부자 국가는 미리 주문해 많은 양을 확보했지만 가난한 국가는 백신을 구할 수 없었다. 백신 가격이 비싸고 유통기한이 한정된다는 이유도 있었다. 이 과정을 2020년 〈네이처Nature〉는 '코로나 백신의 불평등한 쟁탈전'이라 표현했다.[4] 부자 국가의 국민들만 백신을 맞는다 해서 전 세계적 규모의 팬데믹이 끝나진 않는다. 때문에 가난한 국가의 사람들도 백신을 맞아야 하고, 그러려면 백신 특허를 인권 관점에서 일정 기간 유예하고 제너릭 백신, 즉 복제 백신을 제조해야 한다는 주장이 거세게 일어났다. 이 주장에는 인권단체들뿐 아니라 미중 양국도 찬성을 표했고 유럽연합도 마찬가지였지만 독일은 반대했다. 물론 제약기업들도 반대하고 나섰다.

WTO에서는 코로나 백신 특허를 일정 기간 유예하는 방안을 논의했다. 이들은 제약기업이 투자한 연구비를 대부분 해당 국가에서 부담했다는 근거를 댔다. 미국은 화이자Pfizer와 바이오엔테크 BioNTech 및 모더나Moderna에 공적 자금을 지원했고, 영국은 옥스퍼드대학교와 아스트라제네카AstraZeneca에 백신 연구비의 97%를 역시 공적 자금으로 지원했다. 기업이 연구비 모두를 투자한 것이 아니고 이익도 이미 많이 거두었으니 일시적으로 특허를 유예해도 큰 무리가 없지 않겠냐는 것이 WTO의 주장이었다.

실제로 특허를 포기한 사례도 있다 미국 베일러의과대학과 텍사스 아동병원 연구팀은 코르베백스Corbevax 백신을 개발했지만 특허 출원을 하지 않고 인도, 인도네시아, 방글라데시, 보츠와나에 기술을 이전했다.[5]

이에 비해 특허 유예 반대파는 연구비 회수가 어렵다고 주장했다. 반대파는 주로 기업인데, 특허야말로 연구개발의 동기가 되기에 없애면 안 된다는 게 이들의 주장이다. 또한 이들은 특허를 유지하는 대신 소위 '짝퉁' 백신의 등장에 대한 우려를 막기 위해 글로벌 공급망과 유통 구조를 개선해야 한다는 주장을 폈다. 더불어 백신 특허를 보호하지 않으면 지식재산이 중국과 러시아로 넘어갈 거란 위협도 덧붙였다.[6]

화이자는 특허 유예에는 반대하지만 다른 방식으로 공헌을 하고 있다. 국제의약품특허풀MPP에 참여한 기업들과 경구용 치료제의 라이선스 계약을 맺고 제너릭 약품을 생산하는 것이다.[7] 2022년 기준으로 MPP 참여 주체는 12개국 35개 기업이 있다. 한국의 셀트리온과 동방에프티엘, 중국의 5개사와 인도의 19개사, 그리고 방글라데시, 베트남, 브라질, 도미니카공화국, 멕시코, 요르단,

이스라엘, 세르비아, 파키스탄의 각 1개사다. 이들 기업은 제너릭 의약품을 제조, 95개 저소득 국가에 저렴하게 판매한다. 화이자는 WHO가 2020년 만든 C-TAP에는 참여하지 않는다.[8] C-TAP은 코로나에 관한 임상 데이터 등을 공유하는 특허풀이다.

코로나 백신 특허뿐 아니라 모든 특허에 대해선 항상 개방파와 독점파의 의견이 대립한다. 발명자의 권한을 20년간 독점적으로 보호해주는 방식은 카피라이트copy right, 발명을 공유하는 방식은 카피레프트copy left라고 한다. 프로그램을 공유하는 오픈소스Open Source 소프트웨어가 카피레프트의 대표적 예다. 자국 기업을 보호하려는 국가는 선례를 남기지 않기 위해 카피레프트에 반대하고, 인권이나 경제를 이유로 독점을 인정하지 않는다면 기업이 뭐 하러 굳이 돈을 들여 기술을 개발하겠냐고 반문한다. 기업들은 특허로 인한 매출이 오래가지 않는다고 주장한다. 시장이 형성되는 초기에는 매출이 가장 높고 영업이익률도 높다. 하지만 시간이 흘러 시장에 많은 기업이 참여하면 상품 가격 하락에 따라 매출은 줄어들고 영업이익률은 낮아지며, 시장은 레드오션으로 변하기 마련이다.

코로나 백신을 개발한 기업이라면 2021년에 최대한 많은 매출을 올리고 영업이익률을 높이려는 것이 자연스러운 일이었다. 화이자의 전체 매출은 2019년에 477억 달러였으나 2021년에는 820억 달러였고, 그중 백신 매출은 360억 달러로 44%를 차지했다. 이렇듯 매출이 가장 많은 시기에 특허를 포기하라면 경영자 입장에선 쉽게 응할 수 없다. 증시에 상장된 기업의 경영자는 어떤 판단이 주가 부양에 가장 유리할지 계산한다. 특허를 공유하고 권리를 일시적으로 포기할 때 얻을 이익, 그리고 특허를 독점하고 백신을 최대한 많이 판매할 때 얻을 이익 중 어느 것이 더 클지 비교하는 것이다. 기업이 영리집단인 것은 이렇듯 더 큰 이익을 추구하기 때문이다.

점점 강해지는
징벌적 손해배상

"중국에서는 특허를 훔치지 마십시오."

중국 시장에 뛰어드는 기업에게 꼭 하고 싶은 나의 충고다. 의외라고 생각하는 이도 있겠지만 중국은 특허를 미국보다 강력하게 보호한다. 적어도 표면상으로는 그렇다. 중국은 2021년 지식재산권을 보호하는 특허법을 미국보다 높은 수준으로 개정했다.[9] 개정된 특허법은 특허 보호 강도가 전 세계에서 가장 높다고 평가받는다.

이는 '징벌적 손해배상 제도' 때문이다. 중국에서 특허를 고의로 침해하면 침해 금액의 최대 5배까지 배상해야 하고, 배상액에는 소송 비용과 변호사 선임비도 포함된다. 징벌적 손해배상 제도가 발달한 미국에서는 3배 보상이고 한국에서는 2019년부터 3배 보상이 되었으며, 일본에는 징벌적 손해배상 제도가 없다. 중국도 상표에 관해서는 이미 징벌적 손해배상 제도를 도입하고 있었다. 배상액이 적으면 약간의 금전적 손해를 부담하고서라도 고의로 특허를 침해하는 사례가 생긴다.

소송이 걸리더라도 특허 침해 여부는 판단하기 어렵고, 침해가 인정되더라도 손해액을 산정하기가 어렵다. 이런 사정을 감안해 중국은 판사가 판단하는 법정 배상 제도를 도입했다. 이는 미국에도 없는 제도인데, 판결의 90% 이상이 법정 배상 제도를 따른다고 한다.

또한 미국의 지식재산 전문 법정이 고등법원 수준인 것과 달리 중국에선 2019년 세계 최초로 대법원에 해당하는 최고인민법원에 지식재산 전문 법정이 설치되었다.[10] 중국은 지식재산 재판을 인터넷으로 공개하고 판례를 보급한다. 재판은 주로 구두심리로 이루어지니 인터넷으로 중계해 투명성을 높이려는 의도다. 인터넷 법원은 당사자는 법원에 출석하지 않고 인터넷 동영상 중계로 사법 절차를 진행한다.

특허를 포함한 지식재산을 중국이 이토록 강력하게 보호하는 이유는 무엇일까? 가장 크게는 미국의 요구에 부응하기 위해서다. 지금까지 중국은 미국의 지식재산을 훔친다고 비난받아왔고, 자국 시장에서는 지식재산 보호가 미흡하다는 평가도 받은 바 있다. 지식재산은 특허에 더해 상표, 저작권, 영업 기밀, 기술 노하우, 데이터 등 해당 범위가 넓다. 미국은 특허와 상표 등 외국 지식재산의 모방·침해로 악명 높은 중국에게 맹렬히 항의하며 강도 높은 조사를 벌여왔다. 중국 기업에 대해 미국이 기술 이전 및 부품 수출을 규제하는 것도 이런 이유가 크다.

미국이 지식재산을 중시하는 데는 이유가 있다. 지식재산은 무역전쟁에서 미국이 사용하는 강력한 무기다. 또한 1980년대 무역적자와 재정적자에 시달리던 미국을 재건시킨 원동력이기도 하다. 당시 로널드 레이건 대통령은 미국이 경쟁력을 되찾으려면 특허를 중시해야 한다며 특허 중시 정책을 펼쳤다. 공정거래를 앞세운 정책에서 특허에 기반을 두는 경쟁으로 방향을 바꾼 것이다.

특허는 발명을 장려하고 기술 진화를 촉진한다. 미국은 특허 전략을 기업이 탄력적으로 운용하고, 정부 연구비로 연구한 결과를 특허 등록하면 그 소유권은 발명자가 가질 수 있게 했다. 발명자에게 기술사용의 독점권을 주고 발명자나 기업의 확장을 돕겠다는 것이었다.

1929년 세계 대공황이 오자 미국의 프랭클린 루스벨트Franklin Roosevelt 대통령은 특허에 기초하는 독점과 카르텔이 경제에 악영향을 준다고 생각해 강력한 독점금지 정책을 펼쳤다. 그는 특허풀과 같은 국제 카르텔을 규제했고, 이 정책은 50년간 유지되었다. 그랬던 미국의 정책은 1980년대에 일본이 급속히 경제성장을 하며 바뀌었다. 경제발전 속도가 워낙 빨라 하버드대학교 교수 에즈라 보겔Ezra Vogel은 자신의 책에서 "일본이 세계 최고"라고 표현하기도 했다.[11] '이코노믹 애니멀economic animal'이라는 이야기를 들으면서까지 외국 기술을 적극적으로 수입하는 일본이 미국을 제치고 세계 1위 경제대국으로 올라설 수 있다는 경고였다. 보겔은 또 승자를 집중적으로 지원하는 일본의 산업 정책도 소개했다.

일본을 보면서 미국은 자국 경쟁력의 후퇴 원인을 독점금지법에서 찾았다. 지식재산을 독점금지법으로 너무 과도하게 규제했다는 반성이었다. 그리고 레이건 대통령이 정책을 완전히 바꾸면서 미국 기업의 경쟁력을 좌우하는 원천은 유형자산에서 무형자산으로 바뀌었다. 미국은 2002년에 처음으로 유형자산보다 무형자산 투자가 더 많아졌고 이 양상은 그 이후에도 계속 이어졌다. 스탠퍼드대학교의 에프라트 카스즈니크Efrat Kasznik 교수에 따르면 무형자산이 만드는 가치가 기업의 시가총액에서 차지하는 비율은 1980년 17%에서 2020년 84%로 늘어났다.[12] 아칸소대학교의 도냐 코 교수Dongya Koh는 유형자산의 가치는 1년에 20% 감소하지만 무형자산의 경우 1년에 4% 감소하는 데 그친다고 말한다.[13]

중국 공산당은 미국과의 지식재산 분쟁을 직접 담당한다. 본래는 공산당 아래에 위치하는 행정기관인 국무원이 담당했으나 미국과 무역마찰을 빚으면서 바뀌었다. 중국은 2020년 미국과 무역협상 1단계에 합의했다. 합의문에는 가장 먼저 지식재산이 포함되었고,[14] 중국은 합의에 맞춰 지식재산 관련 법안을 개정했다. 개정법안의 특징은 배상과 규제 강화다. 지식재산권은 산업재산권, 저작권, 신지식재산권으로 분류되고 산업재산권에는 특허권, 실용신안권, 디자인권, 상표권이 포함된다.

개정된 특허법을 계기로 중국은 특허의 양보다 질을 중시하려 한다. 자국의 특허들이 충분히 늘었으니 미국과 정면승부를 펼쳐도 패하지 않을 거란 자신감의 표출이다. 다음 페이지의 [표 1]은 국제특허 출원 수를 나타낸다.[15]

[표1] 국제특허 출원 수

국제특허 출원	2000년	2010년	2020년
중국	579	12,295	68,923
미국	38,174	44,890	58,477
일본	9,402	32,180	50,578
한국	1,514	9,668	20,045
독일	12,039	17,558	18,499
나머지 국가	29,240	47,709	58,367
총 출원 수(건)	90,948	164,300	274,889

국제특허는 국가의 기술 능력을 나타내는 지표다. IP5라 불리는 중국, 미국, 일본, 한국, 유럽연합은 전 세계 특허 출원의 80% 이상을 차지한다. 중국의 경우 2000년에 579건이었으나 2020년엔 6만 8923건으로 20년 만에 120배가 늘면서 처음으로 미국을 제쳤다. 중국은 여전히 짝퉁 천국이지만 아이러니하게도 국제 특허 출원 수에서는 세계 1위다.

지금까지 중국은 보조금을 지급하면서 특허 출원을 장려하고 출원 건수를 늘렸다. 매출이 저조한 기업도 특허 출원 50개 이상이면 중국판 나스닥인 커촹반科創板에 상장할 수 있다.[16] 특허 출원이 5개 이상이면 기술 기업으로 평가한다. 중국은 특허 양 증가란 목표는 달성했다고 자평하고, 특허 출원에 지급하는 보조금을 2021년에 없앴다. 특허 등록에 지급하는 보조금은 2025년까지 없앨 예정이다.

중국의 특허가 늘어난 배경에는 논문도 있다. 연구자는 연구성과를 논문으로 발표함과 동시에 특허 출원을 한다. 요즘은 논문 발표 전에 특허 출원을 먼저 하는 연구자가 많다. 특허를 연구자의 실적으로 간주하면 연구를 진행할수록 특허 건수가 늘어난다. 연구비를 받기 위해 필요한 실적으로 특허를 양산한다는 비난도 있지만 그만큼 논문과 특허는 관련이 깊다는 의미다.

'유네스코 사이언스 리포트UNESCO Science Report'에 따르면 중국의 과학논문 수는 2000년의 6535건에서 2019년의 64만 4655건으로 20년간 100배가 늘었다.[17] 같은 기간, 미국은 5만 1272건에서 60만 9538건으로 12배 증가했으나 중국에 추월당했다. 일본은 1만 2717건에서 11만 9347건으로 9배, 독일은 2만 3905건에서 15만 2348건으로 6배, 그리고 한국은 2957건에서 8만 1327건으로 28배가 늘었다.

중국은 논문의 양이 늘었을 뿐 아니라 질도 높아졌다. 2020년 논문 피인용 상위 1%에서 중국이 차지하는 비율은 27%를 기록해 처음으로 미국을 역전했다. 당시 미국의 기록은 25%였다.[18]

특허의 양에서 세계 1위가 되면서 중국의 특허 전략은 크게 바뀔 전망이다. 바탕이 되는 정책은 '지식재산강국 건설강요'에 드러난다.[19] 중국은 2021~2035년의 15년 계획으로 미국을 추월하고 세계 최고의 지식재산 강국이 되겠다는 목표를 내걸었다. 이를 위해 제14차 5개년 계획의 마지막 해인 2025년까지 지식재산 관련 산업이 GDP에서 차지하는 비율을 20.5%까지 높일 계획이다.[20] 특허 집약형 산업 13%에 영화나 TV 등 저작권 산업 7.5%를 합친 수치다. 지식재산에서 미국을 추월하겠다는 목표는 명실상부하게 과학기술 세계 1위가 되겠다는 의미다. 중국은 앞으로 집중적으로 특허 출원할 분야를 정했다.[21] 인공지능, 장비, 소재, 바이오, 전기차, 에너지, 환경보호, 디지털 저작, 뇌과학, 양자컴퓨터, 블록체인, 창업 관련 서비스가 그에 해당한다.

이런 중국의 움직임을 미국이 그냥 지켜보고만 있는 것은 아니다. 2021년 미국 특허청은 중국이 미국에 등록한 1만 4000건 이상의 상표를 강제로 취소했다.[22] 중국의 출원인이 명의를 무단으로 사용했으니 사기에 가까운 내용이라는 이유에서였다. 중국이 미국에 상표 등록하는 출원 건수는 계속 늘어나고 있다. 미국 특허청이 2020년에 수리한 중국의 상표 등록 출원은 17만 1000건인데, 이는 2015년 출원 건수의 7.5배에 달함과 동시에 2020년 전체 신규 출원 건수 중 25%를 차지하는 수치다.

유일한 혹은 두 개의
세계 특허법원

모든 일에는 이유가 있다. 중국이 미국을 능가하는 수준으로 특허를 강력하게 보호하는 첫 번째 이유는 앞서 설명한 대로 미국의 요구에 대응하기 위해서다. 사실은 두 번째 이유가 더 큰데, 세계 특허법원이 되고자 하는 게 그것이다. 중국은 지식재산의 국제질서를 스스로 만들려 한다. 물론 미국은 강력히 반발하고 제지한다.

기업이 특허 침해 소송을 하면 그 소송은 대부분 여러 나라에서 진행된다. 특허는 보통 여러 나라에 등록되기 때문이다. 하지만 가장 중요한 소송은 미국에서 하는데, 이는 미국 법원의 판결이 다른 나라의 판결에 영향을 끼치기 때문이다. 일례로 2011년에 시작된 삼성전자와 애플의 소송전은 한국을 비롯한 독일, 일본, 이탈리아, 영국, 네덜란드, 프랑스, 스페인, 호주에서 진행되었지만 소송의 종착점이 된 것은 2018년에 나온 캘리포니아주 산호세 연방지방법원의 배심원 평결이었다.

이처럼 가장 중요한 지식재산 소송 재판은 미국 법원에서 이뤄지고 세계는 미국의 판단을 최종 결론으로 받아들인다. 유일한 세계 특허법원 역할을 미국이 하는 셈이다. 미국은 지식재산을 통제하는 조약을 만들고 개정하는 과정을 이끈다. 세계의 지식재산 질서는 미국이 주도하며 지식재산 소송은 기본적으로 미국 법률에 근거하는 것이 현실이다.

만약 중국이 미국에 더해 또 하나의 세계 특허법원이 된다면 앞으로 중요한 특허 소송은 미국과 중국에서 동시에, 혹은 한 곳을 선택해 진행해야 한다. 사건에 따라서는 미국이 아닌 중국에서 소송을 거는 편이 유리할 수 있다. 중국의 판결이 세계에 통용되면 미국과 중국은 관할권 경쟁을 하게 된다. 중국은 국제 소송의 재판국이 되어 영향력을 강화할 것이고, 중국이 세계 특허법원이 되면 중국의 판결은 다른 나라의 지식재산 재판에 영향을 끼칠 터다. 이럴 경우 중국의 국내법을 따르는 국가들이 생겨날 테고 중국은 그 국가들에 자국의 법률과 재판 시스템을 수출할 것이다. 사실상 중국의 속국이 늘어나는 셈이다.

중국은 세계 특허법원이 되어 지식재산 국제질서를 주도할 수 있을까? 미래는 알 수 없지만 현재 어떤 일이 벌어지고 있는지는 알 수 있다. 중국의 노력에 미국이 과도하게 반발한 사례가 있다.

2020년 세계지식재산권기구wipo 사무총장 선거에서는 중국인 후보가 당선될 가능성이 높았다. WIPO는 국제연합 산하기관으로 지식재산권에 관련된 24개 국제조약을 관리한다. 2020년의 중국인 후보는 28년 동안 WIPO에서 일한 전문가로, 당시 WIPO 사무차장이었다.

그의 당선을 저지하기 위해 미국은 다른 국가에 압력을 가하면서 중국을 저격했다. 중국에 지식재산 통제권을 주면 안 된다는 주장을 공개적으로 퍼뜨린 것이다. 미국은 중국이 지식재산을 훔치는 바람에 최대 6000억 달러의 경제적 손실을 입었다고 주장했다.

미국 국무부 차관은 "기술 절도와 사이버 해킹 범죄의 90%를 저지르는 중국에서 사무총장이 나오면 큰 문제"라고 했다. 지식재산을 훔쳐가는 국가의 인물이 지식재산 통제 기구의 수장으로 선출되면 지식재산의 중요 정보가 중국으로 흘러 들어갈지 모른다는 위기감을 퍼뜨리는 발언이었다. 미국의 백악관 정책국장인 피터 나바로Peter Navarro는 언론에 '중국이 지식재산을 통제하면 안 된다'는 글을 싣기도 했다.[23]

이에 반발한 중국은 미국이 WIPO 사무총장 선거를 정치 게임으로 변질시키고 있다고 비난하면서 선거 방해를 그만두라고 촉구했다.[24] 덧붙여 "일부 회원국이 미국의 압박에 분개하고 있다"며 미국이 "중국 후보를 지지하면 미국과의 관계가 안 좋아질 수 있다"는 식으로 타국을 협박하고 있다고 주장했다. 미국과 중국의 대립은 치열하고도 노골적이었다.

2020년 WIPO 사무총장 선거는 막대한 자금과 인력을 동원해 지식재산의 국제질서를 주도하려는 중국, 그리고 이를 저지하는 미국이 맞대결하는 링과도 같았다. 이 선거에서는 미국이 후보로 밀었던 싱가포르 특허청장이 55표를 얻어 사무총장 자리에 올랐고, 중국인 후보는 28표를 얻는 데 그쳤다. 중국이 지원한 후보의 득표 수가 미국이 지원한 후보의 절반이라는 결과를 어떻게 해석할지에 따라 미래 예측도 달라진다. 미국이 적극적으로 방해했음에도 중국이 그만큼이나 표를 얻었다고 해석할 수도 있지만, 중국은 아직 미국의 적수가 아니라는 해석도 가능하다. 그러나 한 가지만큼은 분명하다. 중국이 이대로 포기하고 물러날 리는 없다는 사실이다.

급증하는
특허 침해 소송

"300억 원을 보상하라."

중국 역사상 최고 금액이 나왔다. 2021년 중국 최고인민법원은 바닐린vanillin 영업 비밀 침해 사건에서 침해자에게 300억 원을 손해배상하라고 판결했다.[25] 바닐린은 식품 산업에서 많이 사용하는 향신료다. 판결은 2017년 말까지 입은 피해액을 대상으로 했기 때문에 권리권자는 추가로 손해배상을 청구할 수 있다.

같은 해, 닝보중급인민법원도 비슷한 판결을 했다. 중국의 에어컨 메이커인 그리Gree는 지식재산권을 보유한 옥스AUX에게 300억 원을 손해배상해야 한다는 명령을 내렸다.[26] 옥스는 도시바에서 압축기 특허를 구입해 권리를 가진 기업이다. 2000년대에 중국에서 손해배상 소송을 제기하면 증거가 불충분하고 소송 경험이 부족한 탓에 손해배상금이 2만 달러를 넘기 어려웠다.[27] 그런데 20년 만에 배상금이 150배로 뛰었다. 앞으로 특허 침해 소송은 계속 늘어나고 손해배상 금액 또한 지속적으로 높아질 전망이다.

중국이 지식재산을 강하게 보호하면 중국에서 사업을 하는 외국 기업은 변화를 실감하게 되었다. 지금까지 외국 기업은 중국에서 자사의 지식재산 보호를 고민했지만 앞으로는 오히려 중국 기업의 지식재산을 침해했다고 소송당할 가능성이 크다. 이는 무엇보다 중국 기업이 국내에 등록한 특허가 워낙 많기 때문이다. 2020년만 해도 중국에선 국내 특허 150만 건이 출원되고 상표 576만 개가 등록되었다.

실제로 중국에선 특허 침해 소송 건수가 계속 늘어나고 있다. 2011년에 6만 건 이하였던 것이 2020년엔 7배 이상 증가해 44만 건을 넘어섰다. 가장 많이 증가한 소송은 9배가 늘어난 저작권 소송이다. 미국은 지식재산을 침해하는 종류를 특허 위반, 저작권 침해, 상표권 침해, 기술계약 위반의 네 가지로 구분한다.[28] 아래의 [표 2]는 중국에서 제기된 특허 침해 소송을 종류별로 나타낸다.[29]

한편 미국에선 경쟁기업이 제소한 사례는 감소하고 NPE가 제소한 사례가 늘었다. 특허자산관리회사Non-Practicing Entity의 약칭인

[표 2] 중국에서 제기된 특허 침해 소송의 종류

특허 침해 소송	2011년	2014년	2017년	2020년
특허, 실용신안	7,819	9,648	16,010	28,528
저작권	35,185	59,493	137,267	313,497
상표권	12,991	21,362	37,946	78,157
기술계약	557	1,071	2,098	3,277
부정 경쟁 및 기타	3,330	3,948	7,718	15,867
총 건수(건)	59,882	95,522	201,039	443,326

NPE는 특허괴물이라 불리기도 한다. NPE는 다양한 특허를 매입한 뒤 기업을 상대로 특허 침해 소송을 건다. 미국에선 특허 침해 소송을 제기하면 수십억 원 이상의 비용이 발생하고, 소송에서 이겨도 소송비용을 부담해야 한다. 미국은 특허권자가 원하는 지역에서 특허 침해 소송을 제기하는 포럼쇼핑forum shopping이 가능하다. NPE는 소송을 피하려는 기업에게 배상금을 요구하며 라이선스를 부여해서 수익을 창출한다.

2021년 미국 연방지방법원의 특허 소송 건수는 3798건인데 그중 NPE가 관련된 소송이 2343건으로 62%를 차지한다.[30] 텍사스주 서부지구 연방지방법원이 가장 많은 949건을 담당했으며 델라웨어주 연방지방법원이 858건을 담당했다. NPE는 텍사스주 서부지구를 선호한다. 판결까지 빨리 진행되고 배상금이 많기 때문이다. 전체 특허 소송 중 가장 큰 비중을 차지하는 것은 70%의 하이테크 소송인데, 그중 87%가 NPE와 관련되어 있다. 2021년에 소송을 가장 많이 제기당한 피고 1위는 68건의 삼성전자였고, 2위는 37건의 애플, 3위는 36건의 구글이었다. 소송을 제기한 건수 기준으로 원고를 나열하면 톱10 모두 NPE였다.

2021년 국제특허 출원 상위 10대 기업은 중국(3개), 일본(3개), 한국(2개), 미국(1개), 스웨덴(1개)인데, 대부분 전기통신과 반도체 기술에 강한 기업이다. 주요한 기술이 변하면 새로운 기업이 특허 강자로 등장한다. 특허는 기술전쟁의 중요한 배틀필드라서 기업들은 이미 오래전부터 특허를 중요 전략으로 구사해왔다.

하지만 한계가 있다. 아무리 특허를 많이 보유한 기업이라도

NPE가 마음만 먹으면 특허 침해 소송을 걸 수 있기 때문이다.

삼성전자가 특허 21만 건 이상을 보유하고 세계 기업 중에서 특허 출원 수 10위권 내에 항상 든다 해도 여전히 부족한 특허는 있기 마련이다. 지금은 스마트폰 하나에 특허 25만 개 이상이 필요한 시대다.[31] 또한 스마트폰은 1000개, 내연기관 자동차는 3만 개, 전기 자동차는 1만 개 수준의 부품들로 구성된다. 상품에 필요한 모든 특허를 단일 기업이 보유할 순 없다는 뜻이다. 그리고 그중 어느 한 가지라도 없다면 기업은 특허 침해 소송에서 자유롭지 못하다.

하나의 국가나 기업에서 모든 기술을 개발하는 것은 리스크가 너무 큰 일이다. 미국이든 중국이든 자국이 보유한 특허만으로는 제품을 만들기 어렵기에 특허를 보유하고 있는 타국과 협상해야만 한다. 원천기술을 특허로 보호해도 마찬가지다. 주변 기술 역시 권리권자가 있기 때문이다.

이런 사정이니 기업끼리 서로 특허를 사용할 수 있도록 특허풀을 만들거나 크로스 라이선스cross license 계약을 할 수밖에 없다. 그렇지 않으면 특허 침해 소송에 걸린다. 삼성전자는 최근 5년간 미국에서만 300건이 넘는 소송에 휘말렸다. 1주일에 1번 꼴로 소송을 당한 셈이다.[32]

변화도 있다. 지금까지 주로 미국에서 활동하던 NPE는 중국 시장을 노리고 있다. 미국 기업인 ACT는 2019년 중국에서 중국 기업을 상대로 비디오 압축 특허 침해 소송을 제기했다. 중국 기업은 합의금을 내고 합의했는데 이는 미국계 NPE가 중국에서 중국 기업을 상대로 합의금을 받은 최초의 사례다.[33]

특허의 오래되고
본질적인 미해결 문제

글로벌 특허 배틀필드는 진영 대 진영 대결로 갈등이 확산되고 있지만 사실 특허 자체에 오래되고 본질적인 미해결 문제가 있다. 이를 해결하는 국가는 기술전쟁에서 반드시 승리한다고 여겨질 정도로 중요한 문제다.

1. 대학교가 보유한 특허를 이전하지 못함

2022년 과학기술정보통신부 장관으로 임용된 서울대학교 이종호 교수는 특허 수입이라며 160억 원에 이르는 재산을 신고했다. 한국에서는 워낙 희귀한 사례라 상세한 내막이 언론에 여러 차례 보도된 바 있지만 여기서도 간략하게 소개한다.[34]

이종호는 원광대학교 교수였던 2001년에 카이스트와 공동연구를 하고 벌크 핀펫Bulk-FinFET이라는 반도체 기술을 발명했다. 카이스트는 이 기술을 국내에 특허 출원하고 등록했으며, 국외 특허에 대한 권리는 예산이 없다는 이유로 발명자에게 넘겼다. 발명자는 개인 비용으로 미국에 특허를 출원했고 이는 2005년에 등록되었다. 인텔은 2012년 기술 사용료 100억 원을 이종호에게 지불하고 특허 사용을 계약했다. 이종호는 삼성전자에 공동연구를 제안했으나 삼성전자는 제안을 거절했고, 대신 자체 개발한 기술이라며 이종호가 발명한 것과 똑같은 기술을 사용했다. 이종호는 미국에서 특허 침해 소송을 걸어 승소했으며, 삼성전자는 수백억 원 규모의 특허 사용료를 그에게 지급하는 데 합의했다.

합의금 일부는 카이스트로 들어왔다. 한국의 대학교가 1년에 50억 원 정도의 기술 이전 수입을 얻으면 매우 우수한 편인데 카이스트는 2019년 한국 대학교로선 처음으로 100억 원을 달성했다.[35] 기술 이전 건수는 총 56건이지만 실제로는 이종호의 특허 1건이 전체 수입의 70% 이상을 차지했다. 2016~2018년에 한국의 대학교 중 가장 많은 기술 이전 수입을 얻은 곳은 서울대학교였다.[36] 기술 이전 320건에 132억 원을 받았으니 1건당 4000만 원이 조금 넘는 금액이다. 같은 기간 상위 10개 대학교의 실적을 합하면 2394건에 920억 원이고, 평균을 내면 1건당 3842만 원이다.

특허는 유지비도 들기 때문에 대학은 가끔 할인행사를 열어 1000만 원에 특허를 양도하기도 한다. 대학교는 기초 연구에 해당하는 특허에, 기업은 응용 연구에 해당하는 특허에 집중하기 쉽다. 기업 특허가 제품 개발에 즉시 사용된다면 대학 특허는 10년 후의 경쟁력을 결정짓는다.

세계에서 국제특허를 가장 많이 출원한 상위 10개 대학교 리스트를 보면 미국이 4개, 중국이 4개, 일본과 싱가포르가 각각 1개다. 2021년 한 해 동안 등록한 특허 수 상위 20개 대학교 중 17개가 미국 대학교였다.[37] 1위는 589건을 기록한 캘리포니아대학교, 2위는 335건의 MIT, 3위는 203건의 텍사스대학교였다. 그 뒤를 압둘아지즈국왕대학교(187건), 스탠퍼드대학교(181건), 퍼듀대학교(169건), 하버드대학교(167건), 애리조나주립대학교(153건), 그리고 캘리포니아공과대학교와 칭화대학교(각각 146건)가 이었다. 한국에서는 카이스트가 102건으로 19위에 올랐다.

특허를 기업에 이전해 수입을 얻는 과정은 어느 대학교나 힘들어한다. 2019년 대학교가 기업으로 특허를 이전하고 얻은 1건당 수입은 미국 40만 달러, 독일 20만 달러, 일본 8만 달러, 중국 5만 달러, 한국 3만 달러 수준이라는 보고서가 있는가 하면[38] 컬럼비아대학교가 1년간 얻는 수입이 1700억 원이라는 보도도 있다.[39] 스탠퍼드대학교는 2019년 한 해 동안 1274억 원의 기술 이전 수입을 얻었지만 같은 해에 한국 대학교들의 총수입은 854억 원에 불과하다는 보고서도 나왔다.[40]

이런 보고서들만 보면 미국의 대학교는 특허 수입이 많은 듯 보이지만 사실은 그렇지 않다. 미국에서는 2012년 전체 수입의 50%를 상위 8개 대학교가, 또 70%를 상위 16개 대학교가 차지했다.[41] 큰 수입은 주로 블록버스터 제약이나 생명공학에서 발생했다.

한국에서는 대학 특허를 '장롱 특허'라며 비아냥거리기도 하지만 미국에서 역시 대학 특허의 95%는 전혀 활용되지 않는다. 미국의 대학교는 특허 출원을 많이 하고 기술 이전 사무소를 운영하지만 대부분 특허 탓에 오히려 손실을 보고 있다.[42] 미국 대학교의

84%는 기술 이전 관련 비용을 지불하고 담당 인력을 고용할 만큼의 수입도 얻지 못한다.

이런 문제를 해결하기 위해 2021년 미국에서는 가장 연구 능력이 뛰어나고 보유 특허가 많은 15개 대학교가 모여 '대학 기술 이전 프로그램UTLP'을 시작했다.[43] 가입한 곳은 하버드대학교, 코넬대학교, 컬럼비아대학교, 캘리포니아공과대학교, 예일대학교 등이다. UTLP는 이들 대학의 특허를 공동으로 관리하고 기업에 이전한다.

일본도 사정은 비슷하다. 2020년 일본 대학교들의 기술 이전 수입 순위를 보면 67억 원으로 1위에 오른 교토대학교에 이어 66억 원의 도쿄대학교, 46억 원의 오사카대학교가 2위와 3위를 기록했다.[44] 일본의 대학들도 특허로 얻는 수익은 적은 것이다.

2. 특허에 정당한 가격을 지불하지 않음

2018년 노벨 생리의학상을 수상한 교토대학교 혼조 다스쿠本庶佑 교수는 2020년 일본 기업인 오노약품小野藥品을 상대로 암 면역 치료제 특허 사용료를 요구하는 소송을 걸었다. 그리고 오노약품은 2021년 혼조에게 500억 원을 지급하고 그와 별도로 교토대학교에 2300억 원을 기부하는 조건으로 소송을 중단하고 화해했다.

경위는 이러했다. 혼조의 기술을 이용해 암 치료제를 개발한 오노약품은 이 약의 특허를 미국 기업인 머크Merck가 침해했다는 이유로 2014년에 소송을 제기했다. 오노약품은 혼조에게 소송에 협력해달라고 요청했다. 승소해서 특허 사용료를 받으면 40%를 지급하겠다는 조건을 붙여서였다. 그런데 이후 오노약품과 머크는 화해한 뒤 소송을 중단했지만 오노약품은 혼조에게 40%가 아닌 1%만 지급했다. 이에 화가 난 혼조가 오노약품 측에 소송을 걸었던 것이다.

기업은 정당한 가격을 지불하고 특허를 구입하길 꺼려한다. 미국 기업도 마찬가지다. 이와 관련해선 레이저LASER의 사례가 유명하다.

컬럼비아대학교 찰스 타운스Charles Townes 교수는 1953년 레이저의 기본이 되는 메이저MASER를 발명해 1964년 노벨 물리학상을 받았다. 학생은 교수를 잘 만나면 복이고 교수는 학생을 잘 만나면 복이다. 타운스의 제자로 박사과정 학생이었던 고든 굴드Gordon Gould는 메이저 실험을 하면서 마이크로파 대신 빛을 사용할 수 있겠다고 생각했다. 굴드는 1959년 논문 제목으로 레이저라는 용어를 처음 사용했다.[45] 영어 '메이저'의 첫 글자인 M은 마이크로파를 뜻하는데, 빛을 의미하는 L로 이를 바꿔 '레이저'라 일컬은 것이다. 메이저는 마이크로파를, 레이저는 광을 증폭하는 기술이니 지도교수가 연구한 기술을 제자가 한 걸음 더 진화시킨 모양새였다. 굴드는 레이저를 1959년에 특허 출원했다.

하지만 미국 특허청은 1960년에 벨연구소에 특허를 주었다. 굴드보다 더 빨리 특허를 신청했다는 이유에서였다. 이에 굴드는 소송을 걸었고, 법원은 굴드가 제출한 연구노트를 증거로 채택하며 그가 최초 발명자임을 인정했다. 소송을 걸고 17년이 지난 1977년부터야 굴드의 레이저는 미국 특허로 등록되었다.

굴드의 특허가 등록되자 이번에는 여러 기업이 반발, 특허 사용료를 지불하지 않으려고 함께 소송에 나섰다. 가장 좋은 방법은 특허를 무효로 만드는 것이었다. 굴드는 특허청과 기업을 상대로 소송을 이어갔고 1987년에 승리했다. 연방재판소는 특허청에 굴드의 특허를 등록하라고 명령했고, 이를 계기로 굴드와 기업들이 화해하면서 오랜 소송도 끝이 났다.

굴드는 28년 동안 소송을 진행했고 48건의 특허를 등록했다. 그가 받은 특허 사용료는 수백만 달러 수준이다. 그동안 레이저는 공학, 의학, 통신, 예술 등의 분야에 광범위하게 사용되면서 시장이 크게 확장되었다.

3. 특허의 미래 가치를 모름

기업은 특허를 상품에 즉시 적용하고 싶어하기 마련이다. 하지만 특허는 발명의 초기 상태이므로 상품에 적용하려면 더 높은 수준으로 진화해야 한다. 아무리 서둘러도 이 과정에는 몇 년이 걸린다. 상품에 즉각 활용할 수 있는 특허는 드물다는 뜻이다.

특허는 상품으로 연결되어야 한다는 비판도 있지만 이는 나중 이야기다. 특허의 미래 가치는 평가하는 시점에 따라 다르다. 특허를 출원하는 시점에는 해당 기술이 앞으로 얼마나 많은 가치를 만들지 모르기에 특허의 미래 가치를 알기가 어렵다. 흔히들 "특허 보는 눈을 기르라"고 말하지만 그런 눈은 없다. 이 사실을 알려주는 것이 구글의 사례다.

구글의 창업자인 세르게이 브린Sergey Brin은 49건의 미국 특허를 보유하고 있다.[46] 기념할 만한 제1호 특허는 히타치아메리카에서 아르바이트를 하면서 사원들과 공동 출원한 것으로, 1997년에 출원해 2001년에 등록되었다.[47] 전자 진료카드를 검색하는 이 기술은 미국 특허청 사이트에서 검색하면 누구나 열람할 수 있다. 특허 출원 당시 스탠퍼드대학교 박사과정 학생이었던 브린은 아르바이트를 마치고 대학교로 돌아갔으며 그 후 구글을 창업했다. 히타치아메리카는 권리권자이지만 이 특허로 인한 수입은 없으며 구글과도 무관하다.

특허의 미래 가치를 알아보기는 어렵다. 구글 창업 뒤 브린은 투자 유치를 위해 노력했는데 350회의 투자 설명회를 연 뒤에야 비로소 첫 투자자가 나타났다고 한다. 히타치아메리카를 포함해 적어도 350명은 브린이 가진 특허의 미래 가치를 알아채지 못했다는 의미다. 350번의 투자 설명회 이후 투자 유치에 성공했으니 성공 확률을 계산하면 0.3% 이하다. 특허의 미래 가치를 제대로 알아볼 확률은 그만큼 제로에 가깝다.

4. 특허를 사업으로 연결하기 어려움

기술을 발명하고 특허를 출원한 뒤 상품을 개발해 시장에서 성공하는 과정은 매우 어렵다. 비유하자면 죽음의 계곡을 무사히 건너고 이어지는 다윈의 바다에서 생존해야 하는 일이라 할 수 있다. 죽음의 계곡은 기술 발명에서 특허 출원을 거쳐 제품 개발까지의 과정, 다윈의 바다는 시장에 진입해서 경쟁에 이기고 이익을 내기까지의 과정이다. 기업들이 모든 특허를 사업으로 연결하진 않는 것도 이 때문이다.

일례로 날개 없는 선풍기는 2008년 다이슨Dyson이 특허 출원한 대표 상품이지만 이 특허의 원조는 도시바다. 사실 도시바는 1981년 특허를 등록하고도 제품을 개발하지 않았는데, 그 이유는 많았다. 팬이 본체 안에 숨어 있어 불편하다, 팬이 돌면서 공기를 흡입해 내보내는 바람은 너무 약하다, 풍량을 높이면 너무 시끄럽다, 본체가 더러워져도 청소를 할 수 없다 등 이런저런 이유로 도시바는 특허를 방치했다.[48]

2019년 테슬라는 '레이저 와이퍼laser wiper' 기술을 특허 등록했다.[49] 자동차 유리에 오염 물질이 쌓이면 이를 감지하고 레이저로 구워 없애버리는 기술이다. 유리창이 깨지지 않도록 얼룩의 위치나 크기에 따라 레이저의 출력 강도를 조정할 수도 있다. 그러나 테슬라가 레이저 와이퍼를 상품으로 개발할지는 아직 모른다. 만약 개발된다면 100년 만에 와이퍼 기술이 교체되는 셈이다.

현재 우리가 사용하는 자동차 와이퍼는 1903년 미국인 메리 앤더슨Mary Anderson이 발명했고,[50] 그 기술은 지금까지 100년 이상 변하지 않았다. 그녀가 출원한 특허는 1903년부터 17년간 유효한 특허로 등록되었다.[51] 특허 등록 뒤 앤더슨은 기술을 팔기 위해 여러 자동차 기업과 상담을 했으나 어느 한 곳에서도 사겠다고 나서지 않았다. 와이퍼가 바삐 움직이면 운전사가 정신이 산만해져 사고를 일으킬 수 있다는 이유에서였다. 앤더슨이 등록한 특허는 결국 1920년에 기한이 만료되어 상품으로 나오지 못했다.

와이퍼는 1922년 캐딜락이 처음 사용했다.[52] 당시의 와이퍼는 운전사가 실내에서 수동으로 조작하는 방식이었다. 1926년에는 독일의 보쉬Bosch가 전기 모터를 사용한 와이퍼를 개발했고, 1950년대에는 워셔액을 사용하는 와이퍼가 개발되었으며, 1960년대에는 일정한 시간 간격을 두고 움직이는 간헐식 와이퍼가 등장했다. 블레이드blade 대신 초음파로 물을 튕겨내는 기술도 있었지만 상품으로 나오진 않았다. 비가 오는지, 또 강수량은 얼마인지를 감지하는 센서도 개발되었다. 와이퍼로 인해 자동차 시장은 확장되었고 그에 따라 와이퍼 시장도 커졌다. 시장 확장은 이처럼 주변 상품이 주력 상품의 가치를 올려준 데서 비롯된 결과일 때가 종종 있다.

5장
글로벌 스탠더드 배틀필드

▶▶▶ 표준을 장기간 독점하라 ◀◀◀

미국과 유럽은 국제표준을 앞세워 외국 시장에 진출하고 오랫동안 시장을 독점했다. 중국은 선진국에서 배운 교훈을 살려 일대일로 참여국을 중심으로 자국 표준을 보급한다. 세계에는 국제표준을 제정하는 조직이 많은데 미국에만 비영리조직이 600개를 넘는다. 중국은 표준화 조직에 주니어 회원을 많이 보내고 한국은 표준인증 시장에서 핵심 역할을 지향한다.

이 문서는 kimchi에
적용되지 않는다

"진심으로 사과드립니다."

2022년 4월 14일 식품의약품안전처는 보도자료를 발표, 홍보영상에서 김치를 '파오차이泡菜'로 표기했다는 점을 인정하고 "김치를 잘못 표기해 국민 여러분께 심려를 끼쳐드렸다"며 사과했다.[1] 더불어 그에 대한 조치로 "즉시 해당 동영상을 삭제했으며, 홍보자료 등에 올바른 외국어 표기법이 적용될 수 있도록 최선을 다하겠다"고 밝혔다. 이보다 앞선 2021년 9월에 문화체육관광부는 '공공 용어의 외국어 번역 및 표기 지침'을 개정해 김치의 중국어 표기를 '파오차이'에서 '신치辛奇'로 교체했다.[2]

중국인들이 많이 먹는 파오차이는 채소를 소금에 절인 뒤 바로, 혹은 끓인 뒤 발효시킨 식품이다. 한국의 김치와는 제조 방법이 다르다. 그러나 중국에서는 김치와 파오차이 모두를 파오차이로 부른다.

파오차이에는 파오차이의 표준이 있다. 국제표준화기구ISO는

2020년 '파오차이paocai 표준'을 제정했다.[3] 표준의 요약문에선 다음과 같은 설명이 보인다. "이 문서는 파오차이(소금에 절인 발효 야채)의 범주와 관능(감각), 물리적·화학적 성질, 안전, 라벨링, 운송 및 보관에 필요한 사항을 지정한다. 또한 파오차이에 해당하는 테스트 방법을 설명한다." 여기까지는 요약문에서 흔히 보는 문구인데 파오차이 표준 문서에는 다른 점이 있다. 문단을 바꾸고 한 줄 비운 후에 문장 하나가 추가된 것이다.

"이 문서는 kimchi에 적용되지 않는다."

만약 "이 문서는 kimchi에도 적용된다"고 하면 어떤 일이 벌어질까? 우선 지금까지 우리가 김치라 부르던 식품을 그렇게 일컫지 못하고, 또 파오차이를 김치라 불러야 하는 사태가 일어난다. 한국의 김치는 파오차이에게 그 이름을 뺏기고 다른 명칭으로 불려야 한다. "원래는 이게 김치인데 표준이 잘못되어 파오차이를 김치라 부른다"며 하소연해봐야 국제사회에서는 통하지 않는다.

WTO 가맹국은 국내표준을 정할 때 반드시 국제표준을 따라야 하는 의무가 있다. 1995년 지식재산권 제도 정비가 의무화되면서 기술을 무역장벽으로 사용하지 못하도록 TBTTechnical Barriers to Trade 협정도 발효되었다.[4] 만약 이 협정을 따르지 않고 국가별로 독자적 표준을 운용한다면 외국에서 기술을 조달해도 그대로 사용할 수 없다. 다시 말해 표준이 무역장벽으로 작용하게 되는 셈이기에, 이를 방지하기 위해 무역에서 국제표준을 따르는 것이다.

만약 김치라는 국제표준을 만들었다면 한국표준인 KS에도 이를 반영해야 한다. 한국은 김치류 표준을 표준번호 KS H 2169로 제정했으며 가장 최신판은 2021년 개정판이다.[5] 채소류를 주원료로 염수 또는 식염으로 절인 후 세척, 탈수, 양념 혼합 및 숙성하여 만든 김치류에 대한 표준이다. 만약 파오차이를 김치의 국제표준으로 제정한다면 한국의 국내 표준도 그에 맞춰 개정해야 한다.

파오차이에게 김치라는 이름을 뺏기지 않았던 이유는 이미 김치에 대한 국제표준이 있었기 때문이다. 김치는 2001년 국제식량농업기구FAO 산하의 국제식품규격위원회CODEX에서 kimchi라는 이름으로 국제표준으로 제정되었다.[6] KS에서도 김치를 영어로 표기할 때 kimchi라고 해야 하는 이유다. 만약 한국 기업이 외국에 김치를 수출하려면 국제표준에 따라 kimchi로 표기해야 한다. 참고로 국립국어원은 gimchi를 김치에 대한 로마자 표기의 원칙으로 삼지만, 관용 표기인 kimchi도 인정한다.[7] 한글 단어를 로마자로 어떻게 표현할지가 중요한 경우에는 국제표준을 제안하기 전에 국립국어원과 먼저 상의할 필요가 있다.

파오차이 사태를 보면서 한국 언론은 김치가 이미 국제표준으로 제정되었고 내용 또한 한국이 원하는 대로라며 안심했다. 하지만 여기서 반드시 짚어야 할 문제가 있다. 김치는 약 3000년 전부터 존재했다고 하는데 한국표준으로 제정한 시기는 1991년, 국제표준으로 제정한 시기는 2001년이었다는 게 그것이다. 중요한 내용이라면 서둘러 국제표준으로 제정해야 한다. 우리가 흔히 말하는 '표준'은 국제표준을 뜻하는데, 우리 것이라 해도 국제표준으로 제정되지 않으면 한국에서조차 그 명칭을 부르지 못할 정도로 아무 소용이 없다. 김치는 한국 식품이니 당연히 그 자체로 표준이 된다고들 생각하지만 사실은 그렇지 않다.

모든 선진국은 자국 기술을 표준으로 만들기 위해 노력한다. 표준의 위력을 너무 잘 알기 때문이다. 표준으로 제정되면 시장을 지배할 권한이 생기지만, 그 반대일 경우엔 시장에서 퇴출당한다. 중국은 김치에 대한 표준 역시 자국의 시장 지배를 위해 스스로 주도해서 만들려 했다.

중국의 이러한 의도는 쌍순환双循环 구조에 맞춰 이해할 수 있다. 2020년 중국은 '쌍순환 전략'을 경제발전 구조로 제시했다.[8] 국내 순환과 국제 순환을 동시에 이루겠다는 것이 그 내용이었다.[9] 2021~2025년의 제14차 5개년 계획과 '2035년 장기 목표 요강'에 들어 있는 쌍순환 개념은 중국이 향후 10년간 추진할 정책의 기본 사고방식이다. 그리고 이러한 쌍순환 전략의 핵심에는 특허와 표준이 있다.

국내 순환은 중국 국내 시장을 키운다는 개념이다. 민간 소비를 늘리고 소비 시장을 확대하며, 기술 혁신과 공급망 강화로 수요와 공급 확대를 노리고, 이를 실현하기 위해 기술을 개발하고 특허를 출원한다. 중국은 2015년에 발표한 '중국 제조 2025'에서 10대 중점 분야를 지정하고, 해당 기업에는 보조금과 세제 우대 혜택을 주었다.

외국 기업이 중국 시장에 진출하려면 중국 정부의 규제를 받는다. 규제 대상은 외상투자산업지도목록에 정해져 있는데 외국 기업이 투자하는 안건에 따라 장려, 허가, 제한, 금지로 분류한다. 투자가 금지되는 분야로는 인터넷 뉴스 정보 서비스 및 온라인 방송 시청 서비스가 있다.

국제 순환은 중국 기업이 해외로 진출하고 투자를 회수한다는 개념이다. 중국 기업의 해외 진출에 필요한 무기는 표준이다. 중국은 자국의 상품, 서비스, 기술, 브랜드에 더해 자국 표준도 타국에 강요한다. 고부가가치 상품을 수출하고 경제성장을 촉진하면 외환보유고가 증가해서 위안화 환율이 안정되고, 그에 따라 자본이 축적되고 원자재와 기계 부품 수입이 원활해진다. 그리고 이는 다시 경제성장으로 선순환한다. 중국의 정부 금융기관인 국가개발은행과 중국수출입은행은 자국 기업들이 해외로 쉽게 진출할 수 있도록 자금을 지원한다.

표준은 전 세계의 국가와 기업이 제안한 여러 방식에 대해 합의를 하여 제정된다. 정보통신 표준이라면 데이터 형식이나 통신 방법의 표준을 정해야 서로 다른 국가의 다양한 시스템이 호환될 수 있다. 해외로 진출하려면 필요한 표준을 획득해야 한다. 자국 기술을 공개하는 단점도 있지만 시장 진입에는 반드시 필요하다. 가장 좋은 경우는 기업이 보유한 특허가 국제표준이 되는 것이다. 이런 특허를 표준특허라고 한다. 중국 역시 자국 기업이 보유한 특허를 국제표준으로 만들어 표준특허를 취득하려고 노력하는데 특히 정보통신 분야에서 많은 표준을 제안하고 있다. 모든 선진국과 마찬가지로 지금은 중국 역시 표준이 아직 존재하지 않는 분야라면 표준을 선점하려고 노력한다. 가장 먼저 제정된 표준은 뒤를 이어 제정되는 표준의 기준이 되기 때문이다.

중국이 원하는 국제 순환은 이미 시작되었다. 이동통신 기지국을 건설하거나 관련 제품을 제조하는 기업은 표준특허를 가진 기업에 로열티를 지불해야 한다. 화웨이는 5G 표준으로 제정된 자사 보유 특허를 삼성전자와 애플 같은 스마트폰 제조기업에 제공하고 1대당 2.5달러의 로열티를 받는다.[10] 경쟁기업인 퀄컴(7.5달러), 에릭슨(최대 5달러), 노키아(3.58달러)보다 낮은 수준이다. 화웨이가 예상하는 수익은 최대 13억 달러다.

중국의 롤모델은 미국이다. 화웨이는 5G의 퀄컴이 되려고 한다. 퀄컴은 한국에 특허를 제공하고 한국은 1996년 디지털통신방식CDMA을 세계 최초로 상용화했다. 노키아와 모토롤라를 선두로 유럽과 미국 기업이 시장을 장악한 시대였다. 한국이 퀄컴에 지불한 특허 사용료는 매출의 3~5%로 매우 비쌌지만 퀄컴과의 협업을 계기로 한국 휴대전화 산업은 성장을 시작했다.

표준은
진영 대 진영의 싸움

표준은 많은 사람이 기술을 사용할 수 있도록 관계자들이 모여 작성한 문서다. 여기에서의 관계자는 반드시 기술자만을 지칭하는 것이 아니다. 표준은 문서로 작성되므로 저작권의 보호를 받는다. 고객은 비용을 지불하고 표준문서를 구입한다. 표준은 많은 사람이 사용하기에 경쟁을 촉진시키고, 결과적으로 시장도 키운다.

PC나 자동차 산업을 보면 표준의 효과가 명확하다. PC는 모듈을 구입해서 조립하면 완성되고 자동차는 단위 시스템을 모듈로 하여 만들어지는데, 이때 PC나 자동차의 인터페이스가 표준으로 정해진다. PC, 자동차, 공작기계, 반도체, 스마트폰과 같은 시장이 확장된 것도 표준 덕분이다. 표준을 사용하는 기간은 정해져 있지 않고, 개정판이 나올 때까지 기존 것이 사용된다.

표준의 효과를 보여주는 좋은 사례는 QR코드다. 일본 기업인 덴소가 발명해 특허로 등록한 QR코드 기술은 2015년에 국제표준이 되었다.[11] 구체적으로는 QR코드의 기호 특성, 데이터 문자 인코딩 방법, 기호 형식, 치수 특성, 오류 수정 규칙, 참조 디코딩 알고리즘, 생산 품질 요구 사항, 사용자가 선택할 수 있는 애플리케이션 매개변수가 포함된다.

덴소는 누구나 표준특허를 사용할 수 있도록 공개하는 대신 QR코드를 해독하는 카드 리더를 상품으로 개발했다. QR코드는 일본 산업규격JIS이나 ISO 규격을 준수하는 한 누구나 자유롭게 사용할 수 있다.[12] 특허를 표준으로 제정하면 해당 특허를 보유한 기업은 시장에서 유리한 입장에 선다. 다른 기업에 라이선스를 제공하고 수익을 얻을 수 있는 덕분이다.

표준은 아니지만 사실상 표준으로 사용되는 경우도 있다. 인터넷의 원형인 아파넷ARPAnet은 1969년 미국 국방성 고등연구계획국 ARPA이 개발한 컴퓨터 네트워킹 기술이다. 현재의 인터넷은 아파넷 기술을 외부에 공개하자 사용자들이 새로운 기술을 제안하면서 완성되었다. 그 의견들을 수렴하면서 사용자들이 원하는 기능을 개선한 결과 1983년 TCP/IP 방식은 사실상의 표준이 되었다.

표준경쟁에선 승리한 기업이 모두 다 가진다. 1970년대부터 판매된 비디오카세트 레코더는 마쓰시타의 VHS 방식과 소니의 베타 방식이 있었다. 두 기술은 기술과 시장에서 경쟁했고 베타 방식보다 기능이 부족한 VHS가 표준이 되었다. 당시 시장점유율이 훨씬 높다는 점이 유리하게 작용했다. 2002년 소니는 공식적으로 베타 방식 기술을 포기했다. 패배한 기술을 사용해도 되지만 시장이 없으면 사용하는 의미도 없기 때문이었다.

마쓰시타와 소니의 표준전쟁은 중요한 교훈이 되었다. 단일 기업으로 싸우기보다 여러 기업이 뭉쳐 진영을 만들어 싸워야 한다는 교훈이었다. 이로써 표준은 기업 대 기업의 싸움에서 기업 진영대 기업 진영의 싸움으로 변했다. 1996년 소니, 도시바, 파나소닉, 필립스가 각자 DVD 기술을 개발했음에도 하나의 표준에 합의하고 단일 진영으로 출발한 이유도 이것이었다.

하지만 평화는 오래가지 못했다. DVD 기술이 진화하면서 2003년 소니는 블루레이디스크를, 2006년 도시바는 HD-DVD를 개발했다. 이번에는 하나의 표준에 합의하지 못하고 두 개의 진영으로 나뉘었다. 블루레이 사용 진영에는 소니, 디즈니, 20세기폭스 등이, HD-DVD 사용 진영에는 도시바, 유니버설스튜디오, 마이크로소프트 등이 있었다. 이후 유니버설스튜디오가 탈퇴하자 세력이약해진 도시바 진영은 2008년 HD-DVD 기술을 포기하고 시장에서 철수했다. 블루레이는 표준이 되었지만 시장에서 큰 성공을 거두지는 못했다. 그런데 이야기는 여기서 끝나지 않고 전혀 예상치 못했던 방향으로 흘러갔다.

2010년 한 중국 기업이 도시바에서 HD-DVD 기술을 구입했다.[13] 외국에서 사용하지 않는 기술을 사들여 국내에서 제품을 대량생산한 뒤 저렴한 가격으로 판매하기 위해서였다. 만약 중국 시장에서 판매에 성공한다면 국내 표준으로 만들고 외국에 수출하려는 계획이었다. 국제표준이 있어도 중국 표준이 사실상의 표준이 될 수 있다는 의미다. 중국은 국내만으로도 얼마든지 시장 규모를 만들 수 있다.

　일본의 정보통신 산업이 무너진 이유는 일본이 갈라파고스가
되어 세계 시장을 외면했기 때문이다. 일본은 국내 시장의 규모가
너무 작아 그것만으로는 산업을 유지시킬 수 없다. 중국 역시 일종
의 갈라파고스지만 중국에는 이런 명칭이 어울리지 않는다. 인구
1억의 수준인 일본과 달리 인구 14억의 중국은 갈라파고스가 아닌
대륙이다. HD-DVD 기술은 비록 중국 시장에서 실패했지만 다음
에는 어떻게 될지 모른다. 국제표준 제정에 실패한 기술이라도 중
국이 가져가면 시장에서 성공할 수 있다.

　표준은 기업의 범위를 벗어나 국가 대 국가의 싸움으로 확대되
었다. 예를 들어 무선랜 표준과 관련해 미국과 중국은 한바탕 전쟁
을 치렀다. 2002년 중국은 와피WAPI를 중국 표준으로 채택했다. 와
피는 무선 인터넷 사용 시 개인정보를 보호하는 무선랜 보안 기술
이다. 기술 자체는 우리가 와이파이라고 부르는 IEEE 802.11 표준
과 비슷한데 와피라 불리는 보안 프로토콜을 사용한다는 점이 다
르다. 2004년 IEEE는 무선랜 표준으로 802.11i를 승인했다. IEEE
는 국제전기전자기술자협회Institute of Electrical and Electronics Engineers의
약칭이다.

　2006년 중국은 802.11i보다 더 나은 보안 기술이라며 와피를
표준으로 제안했다.[14] 이에 IEEE 802 랜 표준위원회 산하에 있는
IEEE 802.11 워킹그룹은 와피 채택의 여부를 묻는 투표를 실시했
다. 투표 제도는 표준화 조직마다 다른데 ISO의 경우엔 국가당 하

나의 표만 행사할 수 있다. IEEE 802.11 워킹그룹에서 안건이 통과되려면 전체 회원국의 4분의 3 이상이 찬성해야 하는데 와피 채택에 대해선 25개 회원국 중 8개국만이 찬성을 표했다.[15] 와피의 프로토콜에는 공개되지 않은 알고리즘이 사용되는 등 비밀이 숨어 있다고 우려했던 탓이다. 결국 중국이 제안한 기술은 국제표준으로 승인받지 못했고, 중국은 와피를 채택하지 않은 IEEE가 공개적으로 와피 기술을 비난했다며 비도덕적이라고 힐난했다.

ISO는 IEEE가 채택한 표준을 ISO 표준에 통합한다. 중국이 IEEE의 결정을 무효로 해달라고 ISO에 요청했지만 ISO는 이를 거부했다. 중국은 국내에선 와피를 사용하겠다며 자국 기업에게 와피의 의무 도입을 강요했다. 하지만 이 정책은 곧 폐기되었고, 외국에 와피 라이선스를 제공하려던 계획도 포기했다. 국제표준이 아닌 기술을 기꺼이 사용하겠다는 기업을 찾기 어려워서였다.

한편 이 과정에서 미국은 중국에 크게 반발하며 중국 부총리 우이吳儀와 쩡페이옌曾培炎에게 항의 서한을 보냈다.[16] "중국이 제시한 와피는 국제무역을 가로막는 장벽이다. 만약 중국이 와피를 표준으로 강제한다면 무역분쟁을 각오해야 한다"는 내용이었다. 서한에는 미국 국무장관 콜린 파월Colin Powell, 상무장관 도널드 에반스Donald Evans, 무역대표부 대표 로버트 졸릭Robert Zoellick이 서명했다.

미국은 중국이 표준을 국제무역의 장벽으로 사용한다고 여겼다. 일단 표준으로 정해지면 중국에서 제조·판매하는 모든 제품은 와피를 의무적으로 장착해야 하기 때문이다. 중국 시장에 진출하는 미국 기업은 중국 정부에서 와피 라이선스 권한을 부여받은 중국 기업과 파트너 계약을 맺어야만 이 라이선스를 취득할 수 있다. 그러나 그 과정에서 중국 기업은 미국 기업이 보유한 기술을 속속들이 들여다볼 수 있다.

미국에서 표준 정책을 제시하는 기관인 미국규격협회ANSI는 2000년 처음으로 미국 국가 표준 전략을 발표했고, 이후 5년마다 자국의 이익을 위해 기술, 산업, 정책을 갱신한다. 2020년에 갱신한 전략 역시 기업의 표준 전략을 조정하고 민간과 정부의 요구를 대변했다.

이 표준 전략에는 12개 세부 계획이 담겨 있다.[17] 첫 번째로 제시된 계획은 정부의 참여다. 표준 개발의 모든 수준에서 정부 참여를 강화한다는 내용인데, 표준에서 중국의 공격에 밀리지 않겠다는 의도가 읽힌다. 또 하나 눈에 띄는 것은 표준이 미국 상품과 서비스에 대한 무역장벽이 되지 않도록 노력한다는 내용의 계획이다. 여기에는 중국이 표준을 핑계 삼아 미국을 거부하지 못하게 하겠다는 의지가 들어 있다.

앞으로 표준은 국가 진영 대 국가 진영의 싸움으로 확대될 전망이다. 어느 국가 하나 빠지지 않고 자국 기술을 표준으로 만들기 위해 진영을 만들고 경쟁한다. 와피에서 쓴맛을 본 중국은 국제표준화 조직에 대거 참가하고 중요한 자리를 맡으면서 주류로 부상, 조직을 조금씩 잠식하고 있다. 진영의 힘으로 국제표준을 제정하려는 노림수다.

예를 들어 스마트 시티를 만드는 데 자율주행, 안면인식, 빅데이터, 이동통신, 센서, 모빌리티, 인공지능 등 거의 모든 기술이 사용된다. 많은 국가가 사활을 걸고 개발하는 기술들이지만 어느 한 국가에서 모두를 다 개발할 수는 없다. 설사 그렇게 했다 해도 표준으로 제정되려면 다른 국가들이 찬성해야 한다. 이런 상황을 타개하기 위해 미국 진영과 중국 진영으로 나뉘어 표준을 추진하는 것이다.

어느 국가든 미국이나 중국, 유럽연합을 끌어들여 힘을 합치지 않으면 국제표준을 제정할 수 없다. 미국과 중국이 표준에서 주도권을 잡기 위해 동맹국이나 파트너 국가를 끌어모아 진영을 형성하면 유럽연합 역시 가만히 있을 수만은 없다. 미중 양국 중 하나를 선택하는 방어적 자세에서 벗어나 자신들이 표준을 주도하겠다는 공격적인 자세로 변할 수 있다는 뜻이다. 표준에서 밀리면 시장에서 밀리고 시장에서 밀리면 경제가 침체하는데, 이는 곧 국가의 생존 문제로 이어지기 때문이다.

6G 기술 분야에서도 기업과 국가 단위의 경쟁과 동시에 진영 대결이 시작되었다. 6G 기술 개발과 시장 확장을 하나의 기업이나 국가가 모두 감당하기에는 리스크가 너무 크기 때문에 리스크 분산을 위해 컨소시엄을 만든다. 6G 기술은 현재 개발 초기 단계에 있기에 2025년 이후가 되어야 표준 제안이 활발해질 전망이다. 2022년까지 국제표준으로 제정된 6G 기술은 없었다. 지금은 기업들이 특허 출원에 집중하며 자사의 기술을 표준특허로 만들기 위해 준비하는 단계다.

우려할 점도 있다. 만약 중국이 미국과의 진영 싸움에서 진다면 국내 시장과 일대일로 참여국 진영을 평계로 국제표준에서 벗어날 수 있다. 중국은 자국 기술을 일대일로 참여국에 보급한다. 일대일로 사업에는 인프라 건설이 많은데 여기에 중국의 표준을 사용하면 국제표준과 호환되지 않는다. 미국과 중국이 이동통신, 반도체, 인공지능 등 첨단 기술에서 서로 다른 표준을 사용한다면 둘 중 어느 쪽의 표준을 따라야 할지 고민하는 국가들이 생겨날 것이다.

중국이
마이크로소프트에게서 얻은 교훈

원천봉쇄 전략. 중국은 마이크로소프트로부터 얻은 교훈을 살려 이 전략을 펴고 있다. 구글, 메타, 트위터, 아마존 등의 미국 기업이 중국 시장에 아예 들어오지 못하게 막는 것인데 한국의 카카오톡도 그 대상에 포함된다. 미국은 인터넷을 자유의 공간이라 여기지만 중국은 검열의 대상으로 간주한다. 중국 시장에 진출하는 미국 기업은 중국 정부가 제시한 검열 정책을 수용해야 한다.

중국은 인터넷을 지배하는 미국 표준을 거부했다. 그 대신 바이두, 텐센트, 알리바바와 같은 기업을 통해 중국 표준을 만들었다. PC에서 좌절했던 중국 표준은 인터넷에서 부활했다. PC 산업을 지배한 주인공은 윈텔Wintel, 즉 마이크로소프트의 윈도우와 인텔이다. PC를 구매하는 고객은 별다른 대안이 없었기에 두 기업의 제품을 계속 사용해야만 했다. 마이크로소프트는 윈도우에 기반을 두는 소프트웨어와만 호환성을 갖도록 했고, 윈도우를 채택한 IBM 호환 기종이 사실상의 표준이 되었다. 표준 경쟁에서 승리한

윈텔은 1980년대 미국의 경쟁력을 살렸다.

일본에서는 1980년대 NEC가 개발한 PC-98 시리즈가 사실상의 표준이었다. 이 시리즈는 IBM PC와 입출력 인터페이스가 달라 호환성이 없었다. 그러다 1990년대 일본 IBM이 운영체계 DOS/V를 개발한 덕에 IBM 호환 기종에서도 일본어 처리가 가능해졌다. 그 이후 미국 기업들은 일본 시장에 진출하기 시작했고, 다른 기종과 호환되지 않았던 NEC PC-98 시리즈는 표준으로서의 지위를 잃어버렸다.

그리고 마침내 1997년 NEC는 독자 표준을 버리고 IBM 호환 표준을 채택했다. 일본 시장에 들어가려면 미국 표준을 따라야 하는 상황이 된 것이다. PC에서 사용하는 응용 소프트웨어 시장에도 미국 제품이 몰려왔다. 표준을 따라야 상호호환이 가능하므로 표준은 상품 설계 시부터 이용된다. 이미 정해진 표준에 맞추면 상품을 쉽게 만들 수 있다.

결국 1990년대가 끝날 무렵 일본의 PC 산업은 미국 기업들이 지배했다. 윈도우의 문서 편집 소프트웨어인 MS워드에 대항한 이치타로一太郎가 일본 정부의 지원으로 겨우 살아남았을 정도다. 이치타로는 관공서에서만 사용되며 기업이나 개인은 대부분 워드를 사용한다. 한국에서 '아래아한글이 마이크로소프트에 팔려간다'며 큰 소동이 일었던 사례와 비슷하다.

마이크로소프트는 중국 시장도 지배했지만 그 과정은 일본에서와 달랐다. 마이크로소프트의 독점에 반발한 중국은 리눅스에 기반한 중국 표준을 모색했다. 중국은 1990년대 말부터 리눅스 기술과 사업을 지원했다.

이를 본 마이크로소프트는 중국에서 사업 전략을 변경했다. 윈도우의 소스코드를 개방하고 가격을 크게 내린 것이다. 선진국에서 수백 달러에 파는 제품이 중국에서는 10달러에 팔렸고, 그에 따라 불법복제가 크게 줄었다. 정품 가격이 너무 낮아 불법으로 복제할 동기가 사라졌기 때문이다. 그전까지 중국에서는 마이크로소프트 제품을 불법 복제해서 배포하는 사람을 영웅처럼 취급했지만 시간이 지나자 윈도우 정품을 사용하는 중국인이 늘어났다. 그리고 중국은 중국 표준을 포기했다.

인터넷 시대에 중국이 원천봉쇄한 대표적인 기업은 구글이다. 구글은 2006년 중국 시장에 진출했지만 중국 정부와의 마찰로 2010년 중국 본토의 사이트를 폐쇄하고 홍콩에 사이트를 개설했다. 구글의 홍콩 서비스는 중국이 차단하지 않았다. 구글은 2017년 중국에서 번역 서비스를 재개했다가 2022년 중단하기도 했다. 중국은 구글이 개인정보를 독점한다며 우려한다. 실제로 구글은 전 세계 사용자의 개인정보를 독점하려는 시도를 한다.

2021년 구글은 크롬 브라우저의 쿠키 정책을 공개했다.[18] 쿠키는 사용자의 인터넷 사용 흔적이라 가장 중요한 개인정보라 할 수 있다. 크롬 브라우저에선 연합학습을 이용해 사용자를 분석하는 인공지능이 가동된다. 연합학습은 분산된 데이터를 모아서 학습하는 분산형 기계학습이다.[19] 데이터가 여러 곳에 분산되어 있어도 여러 기업이 협력해서 데이터를 모으면 학습이 가능하다.

구글은 타사의 쿠키가 크롬에서 사용되지 못하게 할 계획이다. 그 대신 구글의 인공지능이 사용자의 개인정보를 분석한다. 구글은 전 세계의 크롬 사용자를 사이트 열람 이력에 따라 그룹으로 나누고 코호트cohort ID를 부여한다. 각 코호트에는 사용자 수천 명이 포함되고, 사용자가 특정 사이트에 접속하면 광고 사업자는 코호트 ID에 맞춰 광고를 보여준다. 구글은 이 방법으로 사용자의 익명성을 유지할 수 있다고 주장한다. 그래서 이 방법은 프라이버시 샌드박스Privacy Sandbox라고 불리기도 한다.[20]

구글의 알고리즘에 반대하는 의견은 많다.[21] 쿠키는 그것이 설치된 사이트에서만 사용자가 어떤 행동을 하는지 분석한다. 모든 사이트가 쿠키를 분석하는 것은 아니고, 따라서 쿠키 설치 사이트를 벗어난 사용자가 어떤 행동을 하는지는 알 길이 없다. 이에 비해 구글은 사용자가 하는 모든 행동을 분석한다. 구글은 검색에 이메일이나 유튜브, 캘린더까지 연결해 데이터를 수집한다.

미국에서 표준을 만드는
600개 이상의 비영리조직

표준부품은 군사용 기술로 시작되었다. 1785년 프랑스에서는 모든 총에 호환되는 표준부품을 사용했다.[22] 프랑스를 참고로 미국도 총에 표준부품을 도입했다. 1835년 새뮤얼 콜트Samuel Colt는 리볼버라 불리는 회전식 연발 권총을 발명하고 특허를 등록했다.[23] 1846년 멕시코 전쟁이 일어나자 미 육군은 콜트에게 권총 1000자루를 주문했다. 표준부품을 사용하라는 조건을 붙여서였다. 표준부품은 같은 형상의 부품만 제조하는 전용 공작 기계로 대량생산한다. 헨리 포드Henry Ford는 공작 기계를 사용, 자동차에 사용하는 표준부품을 대량으로 생산했다.

1800년대 산업이 가장 발달했던 영국에서는 나사에 대한 표준조차 없었다. 1841년 영국공학회는 나사산 각도 55도를 표준으로 정했는데 그 근거는 단순히 많은 공장에서 이와 비슷한 나사를 만들기 때문이었다. 1864년 미국은 나사산 각도 60도를 표준으로 정했다.[24] 제도製圖는 물론 제작 및 검사도 편하다는 이유에서였다.

표준나사는 전쟁을 계기로 세계로 보급되었다. 미국은 제1차 세계대전에 참전하면서 표준나사를 강요했다. 총에 표준부품을 사용하지 않으면 다른 총에 있는 부품을 가져와도 사용할 수 없고, 따라서 전투하다 총이 고장 나면 버려야 한다. 미국은 전쟁에서 이기기 위해 기업들에게 표준을 강요했다.

1901년 세계 최초의 국가표준 기관으로 영국규격협회BSI가 설립되었다. BSI에서 가장 먼저 만든 표준은 철강표준이었다. 영국을 시작으로 자연스럽게 여러 국가에 표준기관이 생겨났고 국제표준을 만드는 조직이 탄생했다. 표준은 어느 한 국가가 아닌 많은 국가에서 사용될수록 네트워크 효과를 발생시키고 가치 또한 더 커진다.

국제표준을 만드는 조직은 두 개의 축으로 나누어 구분할 수 있다. 하나는 '표준화 과정이 갖는 개방성과 폐쇄성이 어느 정도인가', 다른 하나는 '국가 단위와 개인 단위 중 어디에 속하는가'다. 이 두 가지 축을 기준으로 국제표준 제정 조직을 8개로 구분한다. 다음 페이지의 [그림 1]은 2005년부터 2년간 ISO 회장을 역임한 다나카 마사미田中正躬의 책《국제표준의 생각법国際標準の考え方》에서 인용한 것이다.[25]

국제연합 관련 조직(A): ISO(종합), IEC(전기전자), ITU(통신), BIPM(계량). ISO와 IEC는 표준을 만드는 조직 100곳 이상과 협력한다.

유럽연합 표준 조직(B): CIE(조명), ICC(곡물), ICRP(전파방

[그림 1] 국제표준을 제정하는 조직

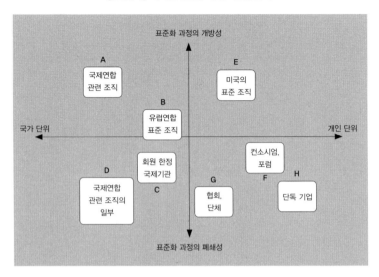

해), OIV(와인), IDF(낙농품), IFLA(도서관), IOOC(올리브유),
IIW(용접), UIC(철도).

회원 한정 국제기관(C): UNECE(유럽의 국제연합 조직에 해당한
다), IAEA(원자력), OECD(석유).

국제연합 관련 조직의 일부(D): WHO(보건건강), FAO(식료),
Codex(식품), ILO(노동), IMO(해상), ICAO(항공).

미국의 표준 조직(E): ASTM(종합), ASME(압력용기), UL(전기
제품), IEEE(정보통신), API(석유). 미국에는 개인이 가입 자
격을 가진 ASTM과 같은 비영리조직이 600개 이상 있다.[26]
미국의 경우 산업 분야별 표준 조직의 90%는 민간이 주
도하며 자발적으로 표준을 만든다. 미국 표준은 민간 표
준을 사용하는 등 유연하게 움직인다.

컨소시엄이나 포럼(F): IETF/W3C(인터넷), OASIS/ECMA/MPEG/Bluetooth(정보통신), OMA/UMTS(휴대전화), SEMI(반도체), HL7(의료), Unicode(폰트와 문자). IETF와 W3C는 개인이나 기업이 회원이며 국가를 대표하는 조직은 회원이 아니다.

협회나 단체(G): FSC/SFI/PEFC(삼림), FLO/4C(커피), MSC(어업), WRC/GAP(노동과 인권).

단독 기업(H): 마이크로소프트(윈도우), 어도비(PDF), 구글(안드로이드), 애플(iOS), 돌비Dolby(음성).

1926년 국제표준을 제정하는 조직으로 처음 설립된 ISA는 1940년에 미터나사를 첫 번째 국제표준으로 제정했다. 이어 1947년에는 유엔 산하기관인 ISO로 새롭게 탄생했다. ISO는 국제표준을 만드는 가장 대표적인 조직이다. ISO 외에 국제표준을 제정하는 조직으로는 국제전기기술위원회IEC와 국제전기통신연합ITU이 있다.

ISO는 거의 모든 분야를 담당하지만 전기전자의 국제표준 제정은 IEC에서, 소프트웨어의 경우는 ISO와 IEC의 공동 조직인 ISO/IEC JTC1에서 맡는다. ITU는 전기통신을 담당하는 ITU-T와 전파통신을 담당하는 ITU-R로 나뉜다. ITU는 표준이라는 단어 대신 권고라는 표현을 사용한다. 이 기구들에 더해 IEEE는 네트워크 표준을, 유럽전기통신표준기구ETSI는 유럽지역 전자통신 표준을 담당한다.

ISO는 기술위원회TC를 중심으로 운영된다. TC 산하에는 여러 개의 소위원회sc와 워킹그룹이 있다. ISO는 국제규격을 심의하는 TC들을 그 설치 순서에 따라 일련번호로 지칭한다. 가장 먼저 생긴 TC1은 나사의 기본을, TC2는 볼트와 너트 및 기타 체결용 부품을 다룬다. 작성한 표준 문서 수는 TC1의 경우 28건, TC2는 195건이다. 1947년에 TC1이 설치된 이후 TC101은 1961년, TC201은 1991년에 만들어졌고 2016년에는 TC301, 2022년에는 TC341이 설치되었다. 표준 제정 건수가 많은 TC로는 TC22(도로 차량 관련 987건), TC34(식료품 관련 921건), TC184(자동화 시스템 관련 885건), TC20(항공기와 우주선 관련 681건), TC29(소형 도구 관련 461건)가 있다. 2016년 이후 만들어진 TC들의 경우엔 아직 표준 제정 실적이 거의 없다.

ISO 회원국은 167개지만 모든 국가가 모든 TC에서 정회원으로 활동하진 않는다. 자국의 기술과 시장 상황에 맞추어 TC를 선택하기 때문이다. 724개의 TC 중 90% 이상에서 정회원으로 참여한 국가는 영국과 독일뿐이고,[27] 그 뒤를 80% 정도의 중국, 일본, 프랑스, 미국이 잇는다. 한국은 76% 수준으로 9위에 해당한다. 한편 IEC 내의 191개 TC 중에서 90% 이상 정회원으로 참여한 국가는 독일, 중국, 일본, 영국 등 4곳이다. 미국, 프랑스, 이탈리아가 80% 이상의 참여로 그다음에 위치하고, 한국은 71% 수준으로 10위에 자리한다.

ISO는 1980년 이후 세계화의 영향으로 많은 표준을 작성했는데 2020년 기준으로 2만 4000건 이상이 있다. 표준을 만드는 과정은 새로운 제안에서 시작된다. 워킹그룹에서 제안을 먼저 검토한 뒤 소위원회에서의 의논을 거치고, 그 후 TC에서 최종안을 만들면

1국 1표의 다수결 원칙에 따라 ISO의 모든 회원이 투표를 한다.

안건에 따라 결정하는 방식이 약간씩 다르기는 하지만 다수결에는 과반수나 3분의 2 찬성 등이 있다. 다수결 원칙으로 하면 유럽연합이 유리하다. 표준은 다수결 결과와 반대표 비율을 보고 결정한다. 반대가 있으면 해당 기술의 범위를 좁히거나 추상도를 높인다. 회의록에는 반대하는 회원국의 취지를 기록한다. 표준을 만들려면 몇 단계의 과정을 거쳐야 하는데 각 단계마다 초안을 만들고 관계자 의견을 듣고 검토한 후에 다음 단계로 진행한다. 이 모든 과정은 문서로 만들어 공개한다. 이런 과정을 하나씩 진행하다 보니 하나의 표준을 만드는 데 보통 3~5년 정도 걸린다.

국제표준의 핵심은 적합성 인증에 있다. 특정 국가가 표준으로 제안하는 기술은 처음엔 주장에 불과하기에 표준화 조직이 진행하는 과정에 따라 적합하다는 인증을 받아야 한다. 만약 모든 국가가 자국 기술이 적합하다고 스스로 인증하며 자국 표준으로 제정한다면 국제표준은 제정될 수 없다. 어떤 하나의 표준을 따르는 국가가 늘어날수록 그 표준은 더욱 적합하다고 말할 수 있다. 어느 국가에서나 똑같은 기술을 똑같은 표준으로 정하기 때문이다.

일반적으로 하나의 제품에는 여러 개의 표준이 사용된다. 일례로 2013년 당시 노트북에는 251개 표준이 사용되었다.[28] 표준을 제정한 기관별로 구분하면 IETF와 같은 컨소시엄에서 정해진 표준이 44%, 기업이 만든 표준이 20%다. 나머지 36%는 ISO나 IEC와 같은 표준화 조직이 만든 데쥬레de jure 표준이다. 이 표준은 2010년 기준으로 유럽연합이 정보통신 분야에서 사용하는 표준의

60%를 차지한다.[29] 나머지 40%는 사실상의 표준인 데팍토de facto 표준이다.

표준을 정하는 조직이 많다 보니 유럽연합은 표준 제정 기관을 지정하자고 주장한다. 이에 비해 미국은 표준 6원칙을 지키면 충분하다는 입장이다.[30] 표준 6원칙은 TBT 협정에서 정한 것으로 투명성, 개방성, 공평성, 효율성, 일관성, 개발도상국 배려를 뜻한다.[31] 각국은 무역기술의 장벽을 없애자는 TBT 협정에 따라 국제표준에 맞추어 국내표준을 만든다.[32] 만약 국제표준이 없다면 국내표준을 만든다는 사실을 사전에 WTO에 통보하고 가맹국 의견을 들은 뒤 협의하게 되는데, 이때 6원칙을 준수해야 한다.

중국의 주니어 회원과
한국의 시장 지향

표준화 조직이 변하고 있다. 지금까지는 유럽과 미국이 표준의 재정을 주도해왔다. 표준을 자국 산업의 경쟁력 확보를 위한 핵심 수단으로 보기 때문이다. 유럽연합은 ISO나 IEC와 같은 표준화 조직의 회장으로 꾸준히 지역 출신 인물을 진출시키고, 미국은 표준을 주요 전략 수단으로 활용하기 위해 자국이나 동맹국에서 회장이 나오도록 한다.

중국과 일본은 이에 적극적으로 대항하고 있다. 양국은 각각 ISO 회장을 2차례씩 배출했다. 한국인으로서는 현대모비스 대표이사 조성환이 2022년 처음으로 ISO 회장에 올랐다. 이들 세 국가는 자국에서 TC 회의를 여는 데 적극적이다. 자국에서 개최하면 국내의 경영자와 전문가도 쉽게 회의에 참석할 수 있기에, 국내 참석자를 늘려 표준의 노하우를 습득하고 인맥을 넓힘은 물론 첨단기술 정보도 얻을 수 있다. 아시아의 한·중·일이 참여하면 구체적인 신규 제안이 없어도 워킹그룹을 만들 수 있을 정도다.

최근 일본은 중국과 한국에 비해 표준 활동이 저조하다고 반성했다. 일례로, 새로운 워킹그룹이 생기면 중국과 한국은 서로 책임을 맡으려 하지만 일본은 스스로 나서는 일이 드물다. 또 한중 양국의 참가자는 적극적으로 발언하고 타국 참가자와 친해진다. 개점휴업 상태인 TC도 중국과 한국이 참가하면 활성화된다는 평가를 받을 정도다.

국제표준이 되려면 기술만 좋아서는 안 된다. 다른 국가의 동의를 얻어야 하기 때문이다. 이 과정에는 국가 간의 관계나 참가자들 사이의 소통이 크게 작용하기에, 표준을 만들려면 표준화 조직에 계속 참석해 타국 참가자들과 유대관계를 맺어야 한다. 일단 표준이 제정되어 그것을 중심으로 생태계가 만들어지면 나중에 비효율적이라는 비판을 들어도 바꾸기 어렵다.

아시아 국가 중에서 가장 먼저 ISO 회장을 배출한 일본은 중국과 한국의 표준 활동을 분석했다. 표준이 얼마나 중요한지 알기 때문에 경쟁국의 동향을 분석하고 대책을 세우기 위해서다. 일본 정부는 일본인 참가자 중 TC 의장이나 간사 혹은 책임자로 참가하고 있는 사람들과 인터뷰를 가졌다.[33] 다음은 그 인터뷰 내용의 요약본인데, 일본이 표준 경쟁국으로서 중국과 한국을 어떻게 평가하는지 알 수 있다.

일본이 바라본 중국의 가장 큰 특징은 주니어 회원이다. 중국은 주니어 참가자가 많다. 중국은 2011~2015년에 추진한 제12차 5개년 계획에서 국제 표준화를 국정과제로 삼았다. 국제 표준화 로드맵도 만들었는데 표준화 조직 진출이 중요 목표였다. 이에 따라 표준 회의에 참석하는 중국인은 2010년까지는 거의 없다가 2014년 무렵부터 늘었다. 참석자는 거의 정해져 있는데 어학 능력이 뛰어난 30대와 40대가 많이 참석한다. 유럽이나 일본 참가자는 50대와 60대가 많다. 일본 기업에서 부장급 사원이 참석한다면 중국에서는 대리급이 참석한다. 40세 이하의 참가 비율이 중국은 약 60%이며 한국은 45%라는 느낌을 받는다. 주니어는 회의 진행이나 신규 제안하는 기술 수준이 높다고 말하기 어렵다. 하지만 이들이 성장하면 중국은 표준에서 다른 국가를 능가할 수 있다.

중국은 현장 경험을 통해 인재를 육성 중이다. 주니어는 미래의 표준을 위해 필요한 노하우를 쌓는다. 가장 중요한 점은 해외의 주요 인물과 친분을 쌓는다는 점이다. 회의에 참석한 각국 참가자들과의 소통이 매우 중요하기 때문이다. 주니어는 경험을 쌓고 노하우와 인맥을 축적하면서 미래를 위한 기반을 만든다. 이런 식으로 계속해나가면 중국은 10년이나 20년 후 표준의 중심이 될 가능성이 크다. 현재 중국은 자국 기업이 강점을 발휘할 수 있는 분야에서 집중적으로 표준을 제안한다. 유럽이나 남미 등 중국 국적이 아닌 사람이 중국 대표로 참여하는 사례도 늘었다.

또한 중국 참가자는 적극적으로 빈자리를 노린다. 중국은 TC 산하의 워킹그룹 중 기술의 기본 사고방식을 만드는 그룹을 특히 중요하게 여긴다. 자국 기술을 표준에 담으려면 반드시 기본 사고방식에 반영해야 하기 때문이다. TC 내에 어디라도 빈자리가 생기면 중국은 그 자리를 적극 노린다. 빈자리를 차지하고 의장이나 간사를 맡으면 표준을 정할 때 유리하다. 중국은 새로운 TC를 만들자는 제안도 적극적으로 한다. 노하우와 정보를 구할 수 있는 구조를 만들려는 의도에서다. 중국이 세계를 주도하는 기술을 계속 개발하면서 오히려 자국의 기술과 노하우를 공개하기 때문에 중국 기업이 곤란해하는 사례도 생기고 있다.

중국이 의장이나 간사가 되면 일단 불완전한 기술을 제안한다. 그런 뒤 그 기술을 보고 다른 회원국이 비교 기술로 자국 기술을 제시하면 중국은 이를 통해 그 나라의 기술을 입수한다. 제안된 기술에 투표할 때 반대하는 국가는 그 이유를 설명해야 하는데, 이때 중국의 기술보다 더 좋은 자국 기술을 소개한다. 이 과정에서 중국은 타국의 기술 정보를 얻는다. 중국이 TC 의장을 맡으려는 이유는 첨단 기술 정보를 빨리 수집하기 위해서다. 의장이 되면 중국은 논의가 가능한 범위를 넓히려 한다. 표준을 제안하고 첨단 기술 정보를 수집하려는 의도가 있는 것이다. 만약 빈자리를 차지하기 어렵다면 중국은 자국에 유리한 타국의 후보를 전략적으로 지원한다. 중국의 영향력이 미치는 후진국에서 회의나 총회를 개최하고 중국에 유리한 발언을 하게 하는 것이다.

일본이 바라본 한국의 가장 큰 특징은 시장 지향이다. 한국은 국제표준이 제정된 후에 표준 인증사업을 할 때 시장에서 핵심적인 역할을 하려고 한다. 한국에서 회의가 개최될 경우엔 회의 전후에 워크숍을 많이 하는데 거기서 유럽의 주요 인물이 강연

한다. 중국도 최근에는 자국에서 개최하는 회의에 일본과 독일 전문가를 초대해 강연을 의뢰한다.

한국은 화제성이 큰 주제를 많이 제안한다. 총 심의 안건의 약 70%에 이를 정도다. 이는 사업 전략의 일환으로 표준 활동을 하는 기업이 늘었기 때문이다. 대학교수나 연구자가 회의에 참석하더라도 이들 뒤에는 기업이 있는 경우가 많다. 표준에 기초해 새로운 사업모델을 만들려는 의도에서다. 기업은 자사의 강점을 발휘할 수 있는 사업모델을 구축하기 위해 대학교수를 통해 표준을 제안한다. 한국 기업의 참가자는 일본 기업의 경우보다 적다.

이상의 내용을 확인하기 위해 나는 여러 명의 국내 참가자들과 인터뷰를 했고, 그들은 대체로 이 내용에 수긍을 했다. 덧붙여 중국이 워낙 특허를 많이 출원하니 표준 경쟁에서 매우 유리하다는 의견을 들을 수 있었다.

또한 중국은 ISO처럼 오래된 조직보다 새로운 조직을 선호한다는 의견도 있었다. 이는 유럽과 미국이 주도권을 장악하고 있는 오래된 표준화 조직에서 중국이 자국 영향력을 키우기 어렵기 때문이다. ISO에서 중국은 기존 TC에 참가하기보다 새로운 TC를 만들고 주도권을 잡으려 한다는 평가도 있었다.

한국은 기업 참가자가 조금씩 늘어나고 있다는 평가를 받는다. 기업 참가자는 표준을 바탕으로 새로운 사업모델을 구상하거나 외국으로 진출하기 위한 사전포석을 한다.

6장
글로벌 인재 배틀필드

▸▸▸ 어떻게든 최고 인재를 잡아라 ◂◂◂

중국은 반도체와 인공지능을 포함해서 당장 필요한 기술자를 타국에서 스카우트한다. 또 세계 최고 인재를 스카우트해 기술 수준을 올리고 있으며 세계 100대 대학교 출신 인재에겐 비자 발급 시부터 특혜를 준다. 최고 연구자를 확보하는 플랜 B로 국제 공동연구가 늘고 있다. 중국이 노벨 과학상의 10%를 차지하면 과학 분야도 미국과 중국의 양대 진영으로 나뉠 수 있다.

기업에
당장 필요한 인재

"인재가 최고의 자원이다."

　많이 가진 국가는 더 많이 원한다. 인구 14억 명을 가진 중국이 가장 원하는 자원은 인재다. 시진핑 주석은 중국 공산당 제20차 전국대표대회에서 인재가 필요하다며 중국에 기여할 글로벌 인재를 모집해야 한다고 강조했다.[1] 기술전쟁에서 이기려면 기술과 시장이 필요하지만 가장 기본이 되는 무기는 결국 사람이다. 인구가 가장 많은 중국이 인정하는 사실이다.

　인재는 국가성장에 즉효약이다. 2022년 러시아가 우크라이나로 파병하기 위해 징집을 하자 11만 명 이상이 조지아로 피난했다. 조지아는 러시아와 국경을 접하고 있는 국가로 인구는 370만 명이다. 러시아에서 조지아로 피난 온 사람의 절반은 기술자인데 특히 IT 기술자가 많다.[2] 이들이 조지아에서 활동한 덕에 조지아는 2022년에 10%의 경제성장률을 기록했다. 삼성그룹 이건희 회장이 생전에 "천재 1명이 20만 명을 먹여 살린다"고 강조했듯, 인구가 적은 조지아에 IT 기술자가 대량으로 유입되니 경제에 즉시 영향을 준 것이다.

일본 기업인 휴먼리소시아Human Resocia는 세계 109개국의 IT 기술자 수가 2517만 명이라고 발표했다.[3] 1위인 미국은 514만 명, 2위인 중국은 281만 명, 3위와 4위인 인도와 일본이 각각 227만 명과 132만 명이고 한국은 77만 명으로 9위를 차지했다.

IT 기술자가 가장 많은 미국도 인재를 원한다. 미국이 시급히 인재를 확보하려는 분야는 반도체다. 세계 반도체 제조에서 미국의 점유율은 1990년에 37%였으나 2021년에는 12%로 줄었다. 미국은 반도체 연구, 개발, 제조 인력 개발에 527억 달러 이상 투입하고 인센티브로 132억 달러를 지급할 예정이다. 인텔, 삼성, TSMC 등이 공장을 지으면 당장 기술자가 있어야 한다. 공장 하나당 2000명 정도를 고용해야 하고, 기술자도 수백 명이 필요하다. 공장을 중심으로 형성될 생태계 전체로 보자면 1만 명 이상이 필요하니 국내에선 확보가 불가능한 수준이다. 조지타운대학교는 향후 10년간 미국 반도체 기업에 3만 5000명의 외국 기술자가 필요할 것이라고 전망했다.[4] 이 외에 2030년까지 미국에선 엔지니어 30만 명과 기술자 9만 명이 부족할 거란 전망도 있다.[5]

대학을 갓 졸업한 사원을 채용해 기술자로 훈련시키려면 시간이 필요하다. 적어도 10년은 근무해야 숙련된 기술자가 되니 시간과 비용을 맞바꾸려는 기업이 많다. 초기 비용이 많이 들더라도 외국 기업에서 숙련된 기술자를 빼앗아 와 시간을 절약하려는 것이다.

미국이 노리는 반도체 기술자는 한국과 대만에 있다. 미국은 해외 인재를 스카우트하기 위해 이민법을 개정할 가능성이 있다. 동시에 집안 단속도 강화한다. 2022년 미국은 자국 기술자가 중국 반도체 기업으로 가서 반도체 개발과 제조를 하지 못하도록 규제했다. 중국을 견제하려는 목적도 있지만 미국 내 사정도 급하기 때문이다.

중국도 반도체 기술자 부족 문제가 심각하다. 2015년에 15만 명 부족했던 것이 2019년에는 30만 명으로 늘었다. 중국이 가장 먼저 영입을 노리는 타깃은 미국에서 교육받고 대만에서 일하는 기술자다. 같은 중국어를 사용하니 편하다는 이유도 있다.

중국은 또한 한국 기술자도 스카우트한다. 2000년대에 중국 기업들은 한국의 LCD와 반도체 기술자들을 스카우트해 대형 LCD 분야에서 세계 1위가 되었다. 현재는 유기발광다이오드 기술자를 많이 스카우트한다. 중국으로 이직하는 한국 기술자에게는 한국에서 받던 연봉의 5배까지도 지불했지만 지금은 일반 기술자의 경우 50%를 더 주는 정도다.[6] 물론 현직에 있는 최고 수준의 기술자라면 이야기가 달라진다. 2020년 장원기 삼성전자 전 사장은 중국 반도체 기업인 에스윈swin의 부회장으로 이직했으나,[7] (자세한 연봉은 공개되지 않았지만 한국에서 받던 연봉의 3~4배라는 추측이 무성했다) 기술 유출 논란에 오르자 결국 중국행을 포기했다.

대만의 TSMC는 일본에 반도체 공장을 건설하는데 소니에서 기술자를 대량 채용할 예정이다. '일본 기술자가 대만으로 이직하면 연봉의 2배, 중국으로 이직하면 3배를 받는다'는 소문도 있다. 반도체 기술자 부족 문제가 심각하기로는 일본도 마찬가지다. 일본은 2030년까지 3만 5000명의 숙련된 반도체 기술자를 고용해야 한다.[8] 2008년 세계 금융위기 이후 일본에서는 25~44세의 반도체 기술자 수가 2010년의 38만 명에서 2021년의 24만 명으로 줄었다.

한국은 일본 기술자를 스카우트했다. 삼성은 1990년대부터 일본 기술자를 수백 명 수준으로 영입했다. 2000년대에는 브라운관, 반도체, 플라즈마 TV, 리튬이온전지, 유기EL 등 다양한 분야의 기술자들을 끌어들였다. 한국 기업으로 이직하는 일본 기술자들에겐 연봉을 50% 정도 더 지급했다.[9] 그 기술자들로 인해 한국과 일본의 기술 격차는 좁혀졌고, 분야에 따라서는 한국이 일본을 추월하기도 했다.

인공지능 분야의 인재를 둘러싼 쟁탈전도 치열하다. 세계에는 인공지능 관련 인재가 30만 명 정도 있는데 여전히 부족하다. 한국에서 부족한 숫자만도 1만 명이다.[10] 2020년 기준으로 미국의 인공지능 기술 수준을 100이라고 하면 중국은 미국의 86% 정도다.[11] 유럽은 90%, 한국은 81%다. 인공지능 기술을 제대로 알고 있으면서 사업까지 아는 인재는 매우 드물다. 인공지능 박사학위를 받은 연구자 중 기술에서 시장까지 모두 정통한 사람은 25% 정도에 불과하다는 조사 결과도 있다.[12]

인공지능 인재를 흡수하기 위해 미국은 전 세계 대학교와 기업을 아우르는 글로벌 네트워크를 이용한다. 미국 기업이 오픈소스로 공개한 인공지능 툴은 교육기관을 포함해 전 세계의 개발자가 사용한다. 대표적으로 구글이 오픈소스로 공개한 인공지능 툴인

텐서플로우Tensorflow는 대부분의 프로그래밍 언어를 지원하며 라이브러리도 풍부하다.[13] 이 툴은 기계학습 프로그램이나 딥러닝에 사용되는 여러 툴 중 가장 먼저 공개되었다. 또한 이용자도 가장 많은데, 전 세계 많은 대학교에서 텐서플로우를 사용한 교육과정을 운영할 정도로 교육기관에서 많이 사용한다. 한편 마이크로소프트는 세계 최대의 오픈소스 커뮤니티인 깃허브GitHub를 운영하며 개발자 커뮤니티를 주도하고 있다. 깃허브는 전 세계에서 개발자들이 모여 최신 기술을 논의하는 커뮤니티다.[14]

양자컴퓨터 인재 부족도 문제다. 양자컴퓨터용 하드웨어나 소프트웨어를 개발하려면 STEM, 즉 과학·기술·공학·수학 교육을 받아야 한다. 특히 벡터나 행렬 등의 선형대수학과 미적분 등의 해석학을 잘 알고 있으며 인공지능의 심층학습이나 양자컴퓨터의 알고리즘도 이해 가능할 뿐 아니라 컴퓨터과학에 대한 지식 또한 깊어야 한다. 기술도 잘 알고 시장도 잘 파악하는 양자컴퓨터 인재는 정말 찾기 어렵다. 양자컴퓨터 분야에선 채용 가능한 인재의 수가 매우 한정되어 있어 쟁탈전이 벌어질 수밖에 없다.

한국은 2023년부터 양자대학원을 운영해 매년 박사급 30명 이상을, 또 2032년까지 박사급 인재 540명을 배출할 계획이다.[15] 과기정통부의 분석 결과에 따르면 한국에 있는 양자 기술 연구자는 약 500명, 해외에서 활동하는 한국계 연구자는 50명 수준이다. 미국의 3100명, 일본의 800명에 비해 절대적으로 적은 숫자다.

나이 불문, 국적 불문,
연봉 30억 원

미국의 노벨상급 중국계 연구자가 스스로 목숨을 끊었다. 스탠퍼드대학교 교수인 장서우청은 중국계 미국인으로 노벨 물리학상 수상이 유력한 연구자였다. 그가 연구한 양자물리학 이론은 2007년 과학잡지 〈사이언스Science〉의 세계 10대 과학업적으로 선정되기도 했다. 이런 장서우청이 2018년 자살을 한 것이다.[16] 그리고 앞서 언급했듯 같은 날, 중국을 대표하는 기업인 화웨이의 부회장 멍완저우가 캐나다에서 체포됐다. 그녀는 창업자의 딸이자 화웨이의 CFO였다. 이 두 사건이 한날에 일어난 것은 우연이었을까, 아니면 필연이었을까.

장서우청은 중국의 천인계획에 2009년 선정되었다. 천인계획은 중국이 1990년대 시행한 백인계획에 이어 1000명의 해외 인재를 유치하는 국가 프로젝트다. 그는 중국 자본을 이용해 실리콘밸리에 벤처 캐피탈을 설립하고 미국과 중국을 무대로 활약했다. 장서우청이 자살한 뒤 미국에서는 그가 설립한 벤처 캐피탈이 실리콘밸리에서 큰 영향력을 행사했다는 보도와 함께 다양한 추측이 나왔다. 미국은 벤처 캐피탈이 미국의 기술을 유출하고 지식재산을 탈취하는 통로로 이용된다고 본다.[17] 미국에 있는 인재를 중국으로 보내고 미국의 벤처기업이 개발한 기술을 중국으로 이전하는 데 장서우칭이 깊이 관여했다는 소문이 돌았는가 하면, 트럼프 정권에서 그가 미국 정부의 조사를 받았다는 보도도 있었다.

아까운 연구자가 스스로 생을 마감했다는 기억이 잊힐 무렵 새로운 사건이 터졌다. 이번에는 스파이였다.[18] 하버드대학교 화학과 교수인 찰스 리버Charles Lieber가 구속된 것이다.

리버가 발표한 논문은 2000~2010년에 전 세계에서 인용 횟수가 가장 많았다. 2012년 화학 분야의 노벨상이라는 울프상Wolf Prize을 받은 그에게 학술·연구 서비스 기업인 톰슨로이터Thomson Reuters는 위대한 화학자 1위라는 명예를 선사한 바 있으며, 중국은 그를 세계 석학 40인 중 하나로 선정했다. 일론 머스크는 리버의 나노구조 연구 성과를 바탕으로 뇌와 컴퓨터 인터페이스 연구 기업인 뉴럴링크Neuralink를 설립했다. 리버의 제자 중에는 한국인도 있다. 그래핀graphene 연구로 노벨상 수상이 유력하다고 평가받는 하버드대학교 물리학과의 김필립 교수다.

이런 리버에게 2021년 미국 보스턴 연방법원은 유죄 평결을 내렸다. 중국의 천인계획에 참여하고 받은 돈을 정확하게 신고하지 않았다는 이유에서였다. 외국에서 연구비를 몰래 받고 신고하지 않으면 범죄가 된다. 미국 국방부와 국립보건원 등 정부기관과 공동연구를 하며 군사용 연구도 진행했던 그는 중국과 비밀계약을 맺고 우한이공대학교에 나노테크 공동연구소를 설립했다는 의혹을 받았다. 중국에서 매달 5만 달러의 급여와 매년 15만 달러의 생활비를 6년 동안 받았다는 의혹도 더해졌다.

한편 일본에서도 큰 충격을 주는 사건이 있었다. 과학기술정책 장관이 기자회견을 열고 "큰 위기입니다"라고 말할 정도였다. 전前 경제산업성 대신은 트위터에 "국익은?"이라고 썼다. 두 각료의 발언을 합치면 "국익을 해치는 큰 위기가 일어났다"는 문장이 된다.

사건의 주인공은 광촉매photocatalyst를 발명한 도쿄대학교 교수 후지시마 아키라藤嶋昭다. 광촉매는 더러운 자국이나 냄새를 햇빛으로 분해할 수 있어 건물 벽이나 공기청정기에도 사용된다. 2021년 후지시마는 광촉매 연구소 설립을 위해 자신의 연구 그룹을 모두 데리고 상하이이공대학교로 연구 거점을 옮겼다.[19] 연구자금은 전액 중국 정부가 부담하기로 했다. 후지시마는 중국 발전에 공헌한 외국인에게 주는 중국 정부 우정상을 수상했다. 중국이 일찌감치 그에게 눈독을 들였다는 의미다.

일본이 충격에 휩싸인 배후에는 중국이 있다. 중국은 인재 획득 프로그램인 천인계획에 이어 인재 1만 명을 양성하는 만인계획을 진행하고 있다. 1만 명의 인재를 세 그룹으로 나누어 확보하려는 계획이다. 첫 번째 그룹은 노벨상 수상이 유력한 연구자 100명, 두 번째 그룹은 국가 과학기술 발전에 필수적인 연구자 8000명, 세 번째 그룹은 미래를 짊어질 35세 이하의 연구자 2000명이다. 이들 중 노벨상 수상자급 인재가 1000명 나오게 한다는 것이 중국의 목표다.

중국에 스카우트된 연구자가 몇 명이나 되는지는 밝혀지지 않았다. 중국이 전혀 공개하지 않기 때문에 정확한 수는 알 수 없지만 미국에서만 300명 이상이 천인계획에 참여했다는 주장이 있다.[20] 중국은 전 세계에서 연구자를 스카우트하지만 가장 먼저 노리는 국가는 미국이다. 최고 연구자가 가장 많은 나라니 당연하다.

일본 역시 자국의 최고 연구자들 중 얼마나 많은 이가 중국으로 갔는지 잘 알지 못했다. 이에 위기감을 느낀 일본 언론은 연구자들을 일일이 취재해 그 수를 파악했는데, 그로써 밝혀진 바에 따르면 적어도 44명이다.[21] 그중 연락이 닿은 연구자들을 찾아간 기자는 "연구성과가 중국에서 군사용으로 사용될 위험이 없냐"고 물었다. 이에 대해선 "어떤 기술이라도 군사용으로 사용될 수 있다"는 것부터 "군사용과 민간용 기술을 구분하기는 어렵지만 나는 군사용 기술을 연구하지 않는다"에 이르기까지 다양한 대답이 나왔다. 인터뷰를 허락한 연구자들 중 자신의 이름을 밝히고 취재에 응한 이는 하나도 없었다.

그렇다면 한국 연구자는 얼마나 스카우트되었을까? 나는 국내외 관계자 여럿을 만나 묻고 확인했다. 그러나 정권의 핵심 인사와 중국통을 비롯해 사정을 알 만한 위치에 있는 사람도 정확한 수는 알지 못했고, "그런 건 국정원에서 파악해야 하지 않나요?"라는 답도 여러 차례 들었다.

국내에서 활동하는 연구자 중 천인계획으로 선발된 경우는 많아야 3~4명이지 않을까 하는 추측도 있다. 중국의 한 대학에서 근무하는 한국인 연구자가 천인계획에 선발되었던 사례가 실제로 있다.[22] 한국에서 활동하는 연구자가 공개된 예도 1건이 있다. 자율주행에 필요한 라이다lidar 기술을 중국으로 유출한 혐의를 받고 구속된 어느 카이스트 교수였다. 2021년 대전지방법원은 산업기술보호법과 부정경쟁방지법을 위반하고 업무상 배임죄를 지었다는 이유로 해당 교수에게 징역 2년에 집행유예 3년을 선고했다.[23] 물론 한국인 연구자가 중국으로 이직하는 것 자체가 범죄는 아니고, 기술 보안이나 배임 문제가 있어야 유죄가 된다.

중국이 스카우트한 최고 연구자가 미국에선 300명 이상이고 일본의 경우 적어도 44명인 데 비해 한국은 많아도 3~4명이라면 일본은 미국의 10분의 1, 한국은 일본의 10분의 1인 셈이다. 공교롭게도 이런 수치는 과학잡지 발행 부수와 비슷하다.

미국에서 매월 발행되는 과학잡지별 부수는 〈사이언티픽 아메리칸Scientific American〉 70만 부, 〈파퓰러 사이언스Popular Science〉 155만 부, 〈디스커버Discover〉 100만 부인데 이 모두를 합하면 300만 부 이상이다. 〈사이언티픽 아메리칸〉의 일본어판인 〈닛케이 사이언스Nikkei Science〉의 경우는 2만 5000부다. 미국과 일본의 인구당 발행부수를 비교하면 〈사이언티픽 아메리칸〉이 〈닛케이 사이언스〉의 10배 이상이다.[24]

한국에서 가장 오래된 〈과학동아〉는 매월 3만 부 이하가 발행되는데 이는 일본의 10분의 1, 미국의 100분의 1 수준이다. 실제로 일본에서 과학기술 서적의 출판 관계자를 만나보면 "비슷한 내용의 과학기술 서적이라면 일본에서 판매되는 부수는 미국의 10분의 1일 것이라 예상한다"고 말한다.

한국에서는 과학기술 서적을 아무런 거리낌 없이 발행하는 출판사 자체가 드물다. 판매량이 미국의 100분의 1 이하 수준일 거라 예상하기 때문이다. 미국에서 1만 권이 팔린다면 일본에서는 1000권, 한국에서는 100권이 팔린다는 계산이다.

중국은 어떤 조건으로 연구자를 스카우트할까?

"국적과 전공은 상관없다. 연봉은 2억 원이며 상한선은 정해져 있지 않다. 얼마든지 더 줄 수 있다. 부임 수당으로 2억 원, 주거비로 연간 6억 원을 지급한다. 1년 연구비는 3억 원 이상인데 20억 원 정도 지급한다. 다 합치면 연봉 15억 원에서 30억 원 정도다. 당신과 배우자의 의료보험 및 교통비는 별도로 지급한다. 대학에서 수업과 연구도 하지만 계약에 반드시 필요한 조건은 아니다. 응모 자격은 최고 연구자에 한정한다."

중국 저장성에 있는 정부기관에서 연구자를 모집하는 내용이다.[25] 근무지는 중국의 대학이나 연구기관인데 1년 중 6개월만 중국에 있으면 된다. 가장 중요하게 다루어야 할 업무는 중국과 출신국의 협력 강화다. 자국이 초청한 외국 연구자의 인맥을 이용해 외국 연구기관과의 협력을 강화하려는 것이 이런 조건을 내거는 중국의 의도다. 이런 일자리에는 어떤 사람이 지원할까?

1. 중국계 연구자

중국은 미국으로 가는 유학생을 위한 예비학교로 1911년에 칭화대학교를 설립했다. 중국에서 미국으로 유학을 가는 학생들이 100년 전부터 있어왔다는 의미다. 너무나 많은 중국인이 미국으로 유학을 가는 바람에 한국 학생이 미국 대학에서 입학허가를 받기 어렵다는 원성이 나올 정도였다.

인재 영입을 위해 중국은 가장 먼저 미국에 거주하는 중국계 연구자를 부른다. 미국에서 유학하고 중국으로 돌아오는 연구자에 겐 많은 연구비를 제공하고 연구 환경을 만들어준다. 중국으로 귀국한 연구자는 미국에서 연구하던 방식을 그대로 활용해 미국식 연구를 계속한다. 미국에서 새롭게 시작한 연구는 거의 동시에 중국에서도 시작한다.

중국 언론사 중 하나인 〈글로벌타임스Global Times〉는 미국에서 활동하다가 중국으로 돌아온 중국계 연구자가 2019년까지 10년간 8000명 이상이었고, 2021년에만도 1400여 명 이상이었는데 이는 전년 대비 22% 증가한 수치라고 밝혔다.[26] 〈글로벌타임스〉의 주장에 따르면 중국계 연구자들이 돌아오는 이유는 중국의 연구 환경 때문이다.

중국이 국보급이라고 자랑하는 연구자도 미국에서 중국으로 돌아왔다.[27] 중국 연구자인 옌닝顔寧은 중국의 연구 환경이 열악하다며 미국으로 가서 프린스턴대학교 교수가 되었지만 다시 중국으로 돌아갔다. 2025년 개원할 선전의학과학원의 초대 원장으로 스카우트되었기 때문이다. 이런 그를 두고 '애국심을 발휘한 것이 아니라 단순히 중국에서 더 많은 보수를 받고 더 좋은 경력을 쌓으려하는 것'이라는 비난도 있다. 본인 생각은 알 수 없지만 적어도 중

국이 미국보다 더 많은 보수를 주고 더 좋은 연구 환경을 제공한다
는 사실은 분명해 보인다.

2. 외국인 연구자

중국이 제시하는 파격적 조건에 전 세계 연구자가 관심을 보이
는 사정은 얼마든지 이해된다. 실제로 중국을 향하는 젊은 연구자
수는 늘어나고 있다.[28] 중국이 연구비를 많이 투자한다는 인식이
퍼지고 있기 때문이다.

특히 일본의 사례는 한국이 반면교사로 삼아 참고할 만하다. 일
본은 과학강국이라 불리며 2000년대에 노벨 과학상을 미국에 이
어 두 번째로 많이 받았지만 앞으로 과학 후진국으로 몰락할 것이
란 위기감이 강하다.[29]

2019년 기준 각 국가의 연구비를 보면 미국은 6575억 달러, 중
국은 3205억 달러, 일본은 1647억 달러, 독일은 1232억 달러이며
한국은 789억 달러로 5위에 올랐다.[30] 2018년 기준으로 연구자 1
인당 연구비가 가장 많은 나라는 31만 달러의 미국이었다. 중국은
23만 5000달러였는데 이는 2014년의 20만 6000달러에서 14% 증
가한 수치다. 한국은 21만 2000달러로 21만 3000달러의 일본과 비
슷한 수준을 보였다. 독일은 2014년의 24만 4000달러에서 6% 감
소한 23만 1000달러를 기록했다.

일본은 지난 10년간 연구비가 거의 늘지 않았다. 2000년과 2019
년의 연구개발비를 비교해보면 20년 동안 1.2배 늘어난 데 그쳤음
을 알 수 있다. 중국은 24.7배, 미국은 2.4배, 한국은 6.4배 증가한

것과 대조된다.

연구비가 없는 대학교는 기업과 공동연구를 해서라도 연구비를 충당해야 한다. 하지만 대부분의 기업은 기초연구를 원하지 않는다. 기업이 하지 않거나 할 수 없는 기초연구는 대학교에서 하고 기업은 응용연구를 하는 방식이 좋다. 연구비가 부족하면 성과가 빨리 나오고 즉시 사용할 수 있는 주제를 택해 연구비를 집중하게 된다. 성과를 내기까지 시간이 많이 들고 즉시 사용이 불가능한 주제는 선택받기가 어려워지는 것이다.[31] 이런 환경에서는 기초연구가 부실해질 가능성이 크고, 기초연구가 부실한 국가에서는 미래에 노벨 과학상을 받을 최고 연구자가 나오기 어렵다.

연구비가 부족하면 대학교나 연구소에서의 연구자 일자리도 부족해진다. 일본에서는 박사학위 취득자의 취업 문제가 심각하다. 고학력 워킹푸어 문제다.

일본에서는 저출산 고령화로 대학 진학생이 감소 추세를 보임에 따라 대학교원 자리도 줄어들고 있다. 박사학위를 취득한 이후 40세 이전에 국립대학의 전일제 교원이 된 사람은 2010년에 1만 1000명이었으나 이후 계속 줄어들어 2017년에는 5800명을 기록했다. 공공연구소나 기업 연구소에서도 정규직 연구자로 일할 만한 자리가 감소했다. 박사학위를 받아도 연구자로 취직할 곳이 없다 보니 일자리를 찾을 때까지 비상근 강사나 박사후 연구원을 하면서 시간을 보낸다. 하지만 박사후 연구원은 40세를 넘으면 정규직으로 채용되기가 더 어려워진다. 불안정한 계약직 연구자는 생활이 곤란한 정도로 적은 급여를 받는다. 장래가 불안하면 획기적인 연구를 하기 어렵다.

기업에서도 연구직이 아니라면 박사학위 취득자 채용을 꺼린다. 대학의 중견 연구자가 되어도 연구비를 확보하기 어렵다. 경쟁은 치열하고 계약기간 동안 눈에 띄는 성과가 없으면 지원은 중단된다. 일자리를 찾지 못하거나 연구 환경에 불만을 가진 연구자는 자연스럽게 외국으로 눈길을 돌린다. "도쿄대학교에서 박사학위를 받은 연구자가 중국에서 일자리를 찾는다"는 한탄이 나오는 이유다.[32]

정부 주도로 최고 연구자를 스카우트하는 중국의 움직임을 미국은 가만히 보고만 있지 않는다. 트럼프 대통령에 이어 바이든 대통령 역시 중국의 움직임을 노골적으로 저지한다.[33] 미국은 중국이 연구자를 이용해 기술을 절도한다고 우려한다.

미국이 보기에 중국이 미국의 연구자를 포섭하는 수단은 4가지로 구분된다.[34] 첫째는 돈이다. 고액의 급여를 주고 연구비를 풍부하게 지원한다. 둘째는 거짓말이다. 미국의 대학 혹은 연구소에 오는 외국인 연구자나 유학생은 자신이 군인이거나 국가요원이라는 사실을 숨긴다. 셋째는 협박과 강요, 넷째는 지식재산 절도다.

이런 이유로 미국은 2008년부터 '차이나 이니셔티브China Initiative'에 기반해서 중국으로 몰래 기술을 이전하는 연구자를 추적하고 있다. 미국으로 오는 중국인 연구자를 향한 규제도 강화했고, 중국인 유학생에 대해서도 비자 발급을 규제하거나 조건을 강화한다. 미국 수사기관은 미국 대학과 기업에서 일하는 중국인 연구자를 조사한다. 2018년에는 GE에서 근무하던 한 중국계 미국인 기술자가 체포되었는데, 이 사건 이후로 중국은 외국에서 스카우트한 연구자를 공개하지 않는다.

최고 연구자를
확보하는 플랜 B

"이 박사님!"

큰 소리로 부르면 앞에서 걸어가던 사람 중 몇 명이 뒤를 돌아본다. 대덕연구개발특구에서 흔히 보는 풍경이다. 대덕특구의 46개 연구기관에 소속된 박사학위 취득자는 2007년 6800명에서 2020년 1만 7504명으로 늘었다.[35]

박사가 가장 많은 국가는 미국이다. 2000년 기준 과학기술 분야 박사학위 취득자 수는 미국이 2만 6000명, 중국이 8000명, 일본과 한국은 각각 7000명과 3000명 수준이다. 2000년부터 중국은 일본보다 박사학위 취득자가 많다. 2018년에는 미국과 중국이 4만 1000명과 4만 명으로 비슷한 수준을 보였고, 한국은 7000명 수준으로 증가했다.[36] 중국은 미국에 비해 이공계 대학 졸업생이 4배, 석사 졸업생이 2배가 많지만 박사학위 취득자는 비슷하다. 2000~2017년 미국에서 과학기술 박사학위를 취득한 중국인은 7만 명이었고,[37] 2위는 3만 명의 인도, 3위는 1만 8000명의 한국이었다. 대부분의 국가에서 이공계 박사학위는 물리, 생물, 수학, 통계 분야에 많지만 중국과 한국, 일본에서는 공학이 가장 많다.

박사학위에 상관없이 연구자가 가장 많은 국가는 중국이다. '유네스코 사이언스 리포트' 2021년판에 따르면 중국에는 187만 명, 미국에는 143만 명의 연구자가 있다.[38] 일본(68만 명), 독일(43만 명), 한국(41만 명)이 그 뒤를 잇는다. 인구 100만 명당 수치로 환산하면 한국은 7980명으로 미국(4412명), 중국(1307명), 일본(5331명)보다 많다. 별다른 천연자원이 없는 한국이 얼마나 인재에 의존하는 국가인지 잘 보여주는 수치다.

연구자는 쉽게 양성하지 못하니 미국처럼 외국에서 자발적으로 모여들게 하는 게 가장 좋다. 미국 대학에서 교원으로 임용된 이공계 박사학위 소지자의 3분의 1은 미국 국적이 아니다. 전 세계의 인재가 미국으로 몰려든다는 의미다. 아시아 출신 유학생이 미국 대학교원이 되는 비율은 흑인이나 히스패닉에 비해 상대적으로 증가 추세에 있다. 미국 대학교의 교원이 된 사람들 중 아시아 남성이 차지하는 비중은 2003년 12%에서 2015년 17%로 늘었고, 같은 기간에 아시아 여성은 9%에서 13%로 증가했다. 아시아 유학생이 미국에서 이공계 박사학위를 받고 대학교원이 아닌 정규직 일자리로 취업해 미국에 머무르는 비율은 계속 늘어나고 있다.

하지만 미국에서 이공계 박사학위를 딴 뒤 미국 대학의 전일제 교원이 되는 비율은 계속해서 감소하는 추세다.[39] 1970년대 초반 90%였던 것이 1990년대 중반에는 80%로, 2015년에는 다시 70%로 낮아졌다. 이런 경향은 과학기술의 모든 분야에서 나타나고 있다. 시간제 일자리의 비율은 1973년에 2%였으나 2015년에는 6%로 증가했다.

박사나 연구자가 아무리 많다 해도 모두가 최고 연구자는 아니다. 때문에 미국처럼 인재들이 스스로 모이는 나라가 아니면 중국처럼 외국에서 스카우트를 해야 한다. 더불어 이런 방식 외에 또 하나의 플랜 B가 필요하다.

최고 연구자를 확보하는 플랜 B는 국제 공동연구다. 노벨 과학상 공동 수상자가 늘어나고 있는 사실이 이를 증명한다. 국내 연구자가 해외로 이적하거나 해외 연구자가 국내로 이적하지 않아도 국제 공동연구는 가능하다. 국제 공동연구를 가장 많이 진행하는 국가는 사우디아라비아로, 전체 논문의 75%가 국제 공동연구에서 나왔다.[40]

국제 공동연구 성과를 정리한 국제 공저 논문은 계속 늘어나고 있다. 국제 공저 논문은 서로 다른 국가의 대학교와 기관에 소속된 연구자들이 함께 작성한 논문으로 국제적 연구 협력 성과를 측정하는 지표다. 2020년 과학기술 분야의 국제 공저 논문 수에서 1위를 차지한 것은 미국(24만 편)이고, 중국(16만 편)과 영국(12만 편)이 그 뒤를 이으며 일본과 한국은 각각 10위(4만 편)와 13위(2만 7000편)에 올랐다.[41] 국내 저자만 포함된 논문 수에서의 1위는 중국(58만 편)이고 2위와 3위는 각각 미국(36만 편)과 인도(13만 편), 4위는 일본(9만 편)이며 한국은 8위(6만 편)다.

국제 공동연구라 할 때 가장 먼저 떠올리는 파트너는 미국이다. 중국 역시 미국과의 공동연구가 늘어나면서 연구 역량이 빠르게 성장했다. 미국으로 간 중국 유학생과 미국 대학교에서 교원이 된 중국인이 증가함에 따라 자연스럽게 공동연구가 늘어난 면도 있다.

국제 공동연구는 지수를 사용해서 비교할 수 있다. 국제 공동연구 지수가 1.0보다 크면 강한 협력 관계를, 1.0 미만이면 약한 협력 관계를 나타낸다. 미국과 다른 국가의 연구자들이 함께 연구한 국제 공동연구에서 중국이 차지하는 비중은 1996년 0.8에서 2018년 1.17로 증가했다. 한국은 국제 공동연구에 약해서, 1996년에는 1.44였던 이 지수가 2018년에는 1.16으로 오히려 후퇴했다. 한국이 진행하는 국제 공동연구의 44%는 미국을 파트너로 한다. 일본의 국제 공동연구 지수 역시 1.03에서 0.86으로 후퇴했다. 한국과 일본을 제외한 대부분의 국가에서는 미국과의 공동연구가 증가했다.

미국 연구자가 1명 이상의 외국 연구자와 협력한 공동연구는 2008년 27%에서 2018년 39%로 증가했다. 미국 연구자는 지금까지 주로 영국, 독일, 캐나다 연구자와 협력했는데 이들 국가의 비중을 합하면 30% 이상이었다. 과거 미국의 가장 큰 연구 파트너는 영국이었으나 지금은 중국으로 변했다. 2018년에 미국이 공동연구한 논문의 26%는 중국과의 합작품이다. 중국은 국제 공동연구 비율이 22%로 매우 낮지만 그중 44%는 미국과 수행했다. 중국 연구자들이 국제 공동연구를 많이 하는 것은 아니지만 만약 한다면 그중 절반은 미국과 함께 한다는 의미다. 2000~2019년의 기간 동안 미국과 중국의 공저 논문은 계속 증가했다.

국제 공동연구에는 논문 피인용이라는 효과도 있다. 노벨상 수상자 선정 시의 중요 기준 중 하나가 논문 피인용 횟수다. 일례로 노벨 물리학상의 경우 2008~2017년의 수상자 26명은 중간값이 논문 192편에 피인용 횟수 2만 1344회, 평균값은 논문 237편에 피인용 횟수가 2만 8427회였고 최댓값은 논문 739편에 피인용수 16만 1212회였다.[42] 논문 1편당 피인용수는 중간값 94회, 평균값 126회, 최댓값 506회다.

내용이 좋은 논문의 피인용수가 높냐 하면 반드시 그렇지는 않다. 우선 논문의 수 자체가 너무 많다. 2004년까지 국가별 발행 논문 수에서 1위와 2위는 미국과 일본이었다. 그런데 중국이 2005년에 일본을 추월해 세계 2위에 오르더니 2022년에는 40만 건 이상의 논문을 발행, 2위인 미국(29만 건)보다 39% 더 많은 수치를 기록했다.[43]

이렇게 수많은 논문 중에는 절대로 인용하지 않으면 안 되는 것들이 있다. 특정 분야에서 가장 앞서가는 연구자가 쓴 논문이 그 예다. 하지만 이런 논문은 극소수이고, 비슷한 내용의 논문이라면 대개 공동연구자의 논문을 인용하기 마련이다. 2020년 논문 피인용수에서 중국은 처음으로 미국을 제치고 1위를 차지했다. 또한 과학 분야의 논문 중 가장 많이 인용된 상위 1%에서도 전체의 27%를 점해 2위의 미국(25%)를 누르고 세계 1위에 올랐다. 3위는 영국(5.5%)이었는데 미국과 중국에 비해 비중이 크게 낮았다. 상위 1% 피인용 논문 수에서 일본은 10위, 한국은 12위였다.

상위 1%의 피인용 논문을 저술한 연구자 수는 연구자의 소속기관을 기준으로 정해지는데, 2022년에는 69개 국가에서 6638명이 선정되었다.[44] 1위는 2764명으로 전체의 42%를 차지한 미국이었고 2위는 중국(1169명), 3위는 영국(579명)이었으며 한국은 중복을 포함해 63명이었다. 2022년 기준으로 상위 1% 연구자가 소속된 상위 10개 기관 중 6개는 미국에 있다. 그중 233명이 소속되어 세계에서 가장 많은 상위 1% 연구자를 보유한 곳은 하버드대학교였다. 뒤를 이어 중국과학원, 스탠퍼드대학교, 미국국립보건원, 칭화대학교, MIT, 막스플랑크협회Max-Planck-Gesellschaft, 캘리포니아대학교-샌디에이고, 옥스퍼드대학교, 펜실베이니아대학교가 올랐다.

논문 피인용 횟수는 다르게 해석될 여지도 있다. 피인용 횟수가 많으면 가치 있는 논문이라고 평가받지만 그렇다 해서 반드시 그 연구의 가치가 높다고 단정짓기는 어렵다. 논문의 가치는 시간이 지나면 변하기 마련인 탓이다.

연구자가 많거나 유행하는 분야의 논문은 많은 피인용 횟수를 기록하는 데 유리하다. 많은 연구자가 많은 논문을 쓰면 그에 따라 인용되는 논문도 자연히 많아지기 때문이다. 또한 공동저자가 많은 논문도 유리하다. 의학이나 우주처럼 대규모 팀을 꾸려 진행하는 연구 중엔 공동저자가 수십 명인 경우도 있다. 중국 논문의 피인용 횟수가 많은 이유는 중국 연구자들이 의도적으로 자국 논문들을 인용하기 때문이라는 지적, 또 중국이 인공지능이나 정보통신처럼 현재 유행하는 분야에 집중 투자하기 때문이라는 지적도 있다.

국제 공동연구는 최고 연구자를 확보하는 플랜 B지만 미중 양국의 기술전쟁으로 인해 그와 관련된 변화가 일어나고 있다. 2021년 기준 미국과 중국의 공저 논문은 전년대비 5% 감소해 약 5만

9000건을 기록했다.[45] 1996~2021년 2만 7000개 학술지에 게재된 8800만 건의 논문 중 미국과 중국의 공저 논문을 조사한 결과다.

재료과학, 에너지, 컴퓨터 과학 등 첨단 기술 8개 분야의 공저 논문 수는 2019년부터 줄어들고 있다. 감소 정도가 가장 큰 분야는 25%의 재료과학이었고 화학(19%), 에너지(18%), 컴퓨터 과학(14%)이 그 뒤에 자리한다.

다른 분야보다 특히 첨단 기술 분야에서 공저 논문이 크게 줄어든 가장 큰 이유는 미국이 2018년부터 연구개발에 중국 연구자의 참여를 제한했기 때문이다. 기술을 군사용과 민간용으로 동시에 사용할 수 있다는 이유에서다. 이를 반증이라도 하듯, 사회과학이나 인문과학처럼 첨단 기술과의 관계가 적은 분야에서는 미국과 중국의 공저 논문이 계속 증가하고 있다.

미국으로 가는 중국인 유학생의 수도 크게 감소했다. 코로나의 영향, 그리고 미국 정부가 유학 비자를 엄격하게 발급하는 영향 때문이다. 2019년 기준으로 국가별 미국 유학생들 중 가장 많은 비중을 차지한 것은 중국으로 37만 명에 달한다. 20만 명의 인도와 5만 명의 한국이 그 뒤를 잇고, 그 외에 사우디아라비아(4만 명)와 캐나다(3만 명)가 있다. 중국 유학생 수가 무려 37만 명이라니 그들이 없으면 미국 대학교의 연구가 제대로 이뤄지지 않는다 해도 이상하지 않을 듯하다.

그러나 앞으로 중국은 국내에서 공부하는 학생들이 증가하고 미국으로 유학을 떠나는 학생들은 감소할 전망이다. 일대일로에 참여한 국가에서는 중국으로 유학을 떠나는 학생이 늘어날 것으로 보인다. 중국으로 가는 유학생 수가 미국으로 가는 유학생 수와 같거나 더 많아지면 국제 공동연구는 미국 진영과 중국 진영으로 나뉘어 진행될 테고, 이런 상황에 이르면 전 세계의 연구 역량은 현저하게 저하될 우려가 크다. 끼리끼리 비슷하게 모인 연구자들 사이에서의 학문 연구는 근친교배가 되어 제자리걸음을 하기가 쉽기 때문이다. 세상을 바꿀 발명과 발견은 서로 다른 환경의 연구자들이 한데 모여 토론하고 획기적 발상을 하는 데서 탄생한다.

세계 100대 대학교라는
제로섬 게임

인재人材와 인력人力. 중국은 외국인을 이 두 가지 부류로 구분한다. 중국은 자국에서 일하는 외국인을 고급 인재, 전문 인재, 보통 인력으로 나누는데, 가장 위에 위치한 고급 인재는 중국 경제 발전에 필요한 최고 연구자와 기술자로 비자 발급을 우대한다.[46] 최고 연구자 다음으로 우대하는 것은 전문 인재, 즉 세계 100대 대학교에서 석사학위 이상을 취득한 졸업생이다. 고급 인재와 전문 인재를 제외한 나머지 외국인은 보통 인력이라 칭하며 비자 발급을 엄격하게 규제한다.

그렇다 해서 중국만 이상한 국가라 여기면 안 된다. 한국도 마찬가지이기 때문이다. 외국의 대학교수, 연구자, 기술자는 온라인으로 한국 비자를 신청할 수 있지만,[47] 보통의 사람들은 외국에 있는 한국 공관을 방문해 반드시 영사와 인터뷰를 해야 한다.

그렇다면 중국이 비자 발급 조건에 명확히 명시한 '세계 100대 대학교'는 누가 정하는 것일까? 전 세계의 대학교를 평가하고 순위를 정하는 기관으로는 대학교 1곳과 언론사 3곳 등 총 4곳이 있다. 국제표준도 아니고 4곳에서 임의로 진행하니 이들이 발표하는 순위를 홍보에 이용하는 대학교가 있는가 하면 심각하게 받아들이지 않는 대학교도 있다. 세계 대학교를 평가하는 4개 평가기관은 다음과 같다.

THE 랭킹: 영국 신문사 〈타임스The Times〉가 2004년부터 발표하는 대학교 순위다.[48] 중심 평가지표는 교육, 논문 피인용, 연구 실적, 국제화, 산학협력이다.

QS 랭킹: 영국의 대학평가 기관인 QSQuacquarelli Symonds가 1994년부터 발표하는 순위다.[49] 중심 평가지표는 학교평가, 학생 수와 교원 수 비율, 논문 피인용, 기업 평판이다.

상하이 랭킹ARWU: 상하이교통대학교가 2003년부터 발표하는 순위다.[50] QS 랭킹과 THE 랭킹에선 설문 조사를 하지만 상하이 랭킹은 드러난 연구 실적만 평가한다. 중심 평가지표는 노벨상 또는 필즈상Fields Medal을 수상한 졸업생과 교원, 논문 피인용 횟수, 최근 5년간 〈네이처〉와 〈사이언스〉에 게재된 논문 수다. 2022년 상하이 랭킹에는 미국의 40개 대학교와 중국의 6개 대학교가 100대 대학에 포함되었다. 중국이 상하이 랭킹을 조사하는 것은 최고 연구자를 스카우트하기 위해서라며 의심하는 사람도 있다.

US 랭킹: 미국 시사주간지 〈US 뉴스 앤드 월드 리포트U.S. News & World Report〉가 2015년부터 발표하는 대학교 순위로[51] 중심

평가지표는 대학교 평판, 연구 실적, 논문 피인용 횟수, 국제 공동연구 실적이다. 1990년 이후 계속 미국 1위로 평가받아온 예일대학교 로스쿨 측은 2023년부터 이 랭킹에서 빼달라고 요구했다.[52] 대학교에 순위를 매기는 작업 자체를 부정적으로 바라보기 때문이다.

근대 대학교는 1806년 베를린에 설립된 훔볼트대학교를 효시로 하는데, 그 수가 점점 늘어나 현재 전 세계에는 2만 개 이상의 대학교가 있다고 추정된다. 그중 앞서 이야기한 4개 평가기관 모두가 100대 대학교라고 평가한 곳은 11개국의 44곳이다.

앞서 보았듯 각 평가기관마다 평가지표가 다른데, 어떤 지표를 적용하더라도 100대에 들어가는 다음의 44개 대학교야말로 명실상부한 세계 100대 대학교라 할 수 있다. 그중 미국은 가장 많은 24곳을 보유해 55%를 차지한다. 전 세계 유학생이 미국으로 몰려가는 이유가 바로 이런 대학교들 때문이다. 아시아에서는 중국과 싱가포르, 호주가 2곳씩을, 일본은 1곳을 보유하고 있다.

미국(24): 예일대학교, 위스콘신대학교-매디슨, 워싱턴대학교, 텍사스대학교-오스틴, 펜실베이니아대학교, 노스캐롤라이나대학교-챕터힐, 미시간대학교-앤아버, 일리노이대학교-어바나샴페인, 시카고대학교, 캘리포니아대학교-샌디에이고, 캘리포니아대학교-로스앤젤레스, 캘리포니아대학교-버클리, 스탠퍼드대학교, 프린스턴대학교,

노스웨스턴대학교, MIT, 존스홉킨스대학교, 하버드대학교, 듀크대학교, 코넬대학교, 컬럼비아대학교, 카네기멜론대학교, 캘리포니아공과대학교, 보스턴대학교

영국(6): 옥스퍼드대학교, 케임브리지대학교, 브리스톨대학교, 유니버시티칼리지 런던, 킹스칼리지 런던, 임페리얼 칼리지 런던

캐나다(3): 토론토대학교, 브리티시컬럼비아대학교, 맥길대학교

독일(2): 뮌헨공과대학교, 루드비히맥시밀란대학교-뮌헨

스위스(2): 취리히대학교, 취리히연방공과대학교

프랑스(1): 소르본대학교

벨기에(1): 뢰번가톨릭대학교

호주(2): 멜버른대학교, 모내시대학교

싱가포르(2): 국립싱가포르대학교, 난양이공대학교

중국(2): 칭화대학교, 베이징대학교

일본(1): 도쿄대학교

앞서 언급한 4개 평가기관 중 3개에서 100대 대학교로 평가된 곳은 27개다. 아쉽지만 한국에는 해당되는 학교가 없다. 국제협력 비중이 적다는 점은 한국의 문제점으로 자주 지적받곤 한다.[53] 국제협력이 적으면 비슷한 내용의 논문이라도 논문 피인용 횟수를, 그리고 대학 평가를 높이기가 어렵기 때문이다. 4개 평가기관 중 2개에서 전 세계 100대 대학교라 평가받은 곳은 35개, 1개 평가기

관에서 평가받은 곳은 170개가 있다.

세계 100대 대학교 랭킹에서 가장 큰 관심을 받는 것은 중국이 미국을 추월할지의 여부다. 이 랭킹에서의 비중이 더 많은 국가로는 전 세계 유학생, 그리고 최고 연구자가 자발적으로 몰려들기 때문이다. 세계 100대 대학교 랭킹은 곧 100개 자리를 놓고 싸우는 제로섬 게임인 셈이다.

노벨 과학상의 10%는
역사의 전환점

중국은 노벨 과학상 수상자의 10%를 배출하는 국가가 될 수 있을까? 만약 그렇게 된다면 이후로도 중국인 수상자는 계속 늘어날 수 있다. 한국에서는 노벨 과학상 수상자가 1명도 나오지 않았으니 다른 국가 상황을 생각할 여유는 없지만 그래도 중국의 경우는 궁금하다. 중국이 전 세계에서 최고 연구자들을 스카우트한 성과는 언제부터 노벨 과학상으로 나타날지 관심이 크다.

노벨 과학상 수상자를 배출한 국가 및 그 추이를 알기 위해 나는 노벨상 위원회가 제공하는 데이터를 사용해서 수상자를 전수 조사했다.[54] 제1회 노벨상을 수여한 1901년부터 2020년까지를 1901~1930년, 1931~1960년, 1961~1990년, 1991~2020년으로 30년씩 나누어 살펴보니 재미있는 시사점이 많이 발견되었다.

우선 120년 동안 181개 대학과 기관에서 625명이 노벨 물리학상, 화학상, 생리학 의학상을 수상했다. 각 기간의 수상자 비율은 15%, 19%, 31%, 35%로 증가했는데 이는 국제 공동연구를 수행한 공동 수상자가 크게 늘어났기 때문이다.

현재의 노벨 과학상은 대부분 국제 공동연구의 성과다. [표 3]의 맨 오른쪽 칸(2021~2050년)에 있는 숫자는 2022년 기준이고, 괄호 안은 내가 과감하게 예측한 숫자다. 직전 기간과 같이 수상자가 13% 증가한다면 2021~2050년에는 247명의 수상자가 나올 것으로 예측된다.

[표 3] 1901~2050년 노벨 과학상 수상자의 수 및 배출 국가

국가·지역	수상자	1901~1930년	1931~1960년	1961~1990년	1991~2020년	2021~2050년
중국	3	0	1	1	1	0 (30)
일본	21	0	1	4	16	0 (15)
미국	263	5	48	100	110	7 (120)
영국	85	15	19	26	25	0 (15)
독일	74	23	19	18	14	2 (12)
유럽	150	48	28	39	35	5 (30)
기타	29	2	5	5	17	0 (25)
합계	625	93	121	193	218	14 (247)

1. 1901~1930년

독일과 영국을 선두로 하는 유럽 국가의 수상자는 86명으로 전체 93명의 93%를 차지했다. 특히 많은 수상자를 배출한 곳은 독일의 뮌헨대학교, 훔볼트대학교, 하이델베르그대학교와 영국의 케임브리지대학교다. 네덜란드의 레이던대학교와 위트레흐트대학교, 덴마크의 코펜하겐대학교, 스위스의 취리히대학교, 프랑스의 파리대학교도 상대적으로 수상자가 많다.

2. 1931~1960년

미국이 가장 많은 수상자를 배출하면서 전체 수상자의 40%를 차지했는데, 특히 많은 곳은 하버드대학교, 캘리포니아대학교-버클리, 컬럼비아대학교, 예일대학교, 프린스턴대학교다. 1940~1942년은 제2차 세계대전으로 인해 수상자가 없다. 전쟁이 끝난 후인 1943년부터 다시 수상자가 나왔는데 이때부터 유럽 국가의 비율은 줄어들기 시작했다. 독일과 영국이 차지하는 비율은 직전 기간의 41%에서 31%로 감소했다. 일본과 중국에서 처음으로 노벨 과학상 수상자가 탄생했다는 점도 특징적이다.

3. 1961~1990년

미국은 단일 국가 중 처음으로 전체 노벨 과학상 수상자의 절반이 넘는 52%를 차지했다. 2번에서 언급한 대학교들에 더해 MIT, 시카고대학교 등이 상대적으로 많은 수상자를 배출했다. 영국과 독일 수상자의 비율은 전체의 23%로 감소했고, 유럽 국가의 수상자 비율도 계속 줄어들었다.

4. 1991~2020년

미국에서는 코넬대학교, 스탠퍼드대학교, 펜실베이니아대학교, 위스콘신대학교 등이 더해져 여전히 전체 수상자의 절반 이상을 배출했다. 유럽 국가의 비율은 계속 줄어든 데 반해 기타 국가의 비율은 지속적으로 증가해 이 기간에는 수상자 17명으로 전체의 8%를 차지했다.

주목할 국가는 기업 연구자를 포함해 수상자가 크게 증가한 일본이다. 이 기간 동안 일본은 16명의 수상자를 배출했는데 일본계 미국인 수상자까지 합하면 19명으로 전체의 9%를 차지했다. 일본은 2001년 '과학기술 기본계획'에서 향후 50년 동안 노벨상 수상자 30명을 목표로 했다.[55]

일본인 수상자들의 특징은 출신 대학교가 다양하다는 점이다. 도쿄대학교와 교토대학교를 선두로 일본에선 12개 대학교가 수상자를 배출했다. 동일 수상자가 서로 다른 대학과 대학원에서 공부했을 경우 여러 대학교 출신으로 중복 계산한 결과이긴 하지만 이채로운 특징임은 분명하다.

이 기간에 일본에서는 외국으로의 인재 유출 관련 논란도 일어났다. 일본계 미국인 수상자로 분류된 3명이 일본에서 교육받은 뒤 미국으로 가서 국적을 바꾸고 연구했기 때문이다. 일본계 외에도 미국 국적으로 바꾼 뒤 노벨 과학상을 수상한 외국 연구자는 여러 명이 있다.

5. 2021~2050년

지금까지와 비슷한 비율로 공동 수상자가 증가한다고 가정하면 수상자 247명이 예상된다. 가장 주목해야 할 국가는 중국이다. 노벨 과학상은 한 국가의 연구 역량을 나타내는 지표지만 그 배경에는 경제력이 있다. 1901~1930년에는 유럽 국가들이 노벨상을 독점했으나 최근 60년 동안엔 미국이 절반을 차지한 것을 보면 이점은 확실하다.

또한 1970년대에 경제가 급속히 성장한 일본은 2000년대 이후 미국에 이어 노벨 과학상을 두 번째로 많이 수상한 국가가 되었다. 이 두 국가의 경우를 보아도 경제력과 연구 역량은 미래의 노벨상 수상으로 이어진다는 점을 알 수 있다.

중국은 2010년 GDP에서 일본을 추월해 미국에 이은 세계 2위 자리에 올랐다. 중국인 연구자가 발표한 과학 논문 수와 피인용 횟수, 국제특허 수는 모두 세계 1위다. 중국이 일본과 비슷한 궤적을 그린다면 2040~2050년에 노벨 과학상을 대량으로 수상할 가능성이 크다. 만약 이 기간 동안 30명의 수상자를 배출하고 전체의 10% 이상을 차지한다면 2050년 이후 중국의 수상자는 계속 늘어날 수 있다. 중국은 건국 100주년인 2049년을 역사의 전환점으로 삼아, 이때부터 미국과 어깨를 나란히 하고 세계를 양분하겠다는 목표를 갖고 있다. 노벨상 10%는 중국이 원하는 역사의 전환점에 이르렀음을 알려주는 지표가 될 것이다.

중국의 연구 역량에 의문을 품는 사람은 하향식 연구개발을 그 근거로 지적한다. 정부가 정치적 관점에서 연구과제를 지정하고 연구 제안서를 심사해 연구비를 배분하는 방식으로는 연구자의 창의성을 살리기 어렵다는 이유에서다. 중국은 5년마다 과학기술 5개년 계획을 발표하는데,[56] 연구비는 계획에 따라 배분되니 갑자기 등장한 주제로는 연구비를 받기 어렵다. 파괴적 혁신이 일어나기 어렵다는 의미다.

한편 2000년대 노벨 과학상에서 돌풍을 일으켰던 일본은 이 기간 동안 15명의 수상자를 배출할 것으로 예측된다. 일본의 경제성장이 둔화하고 연구 환경도 열악해졌다는 평가가 많지만 한 번 구축된 과학강국의 위치는 일정 기간 유지되기 때문이다.

미국은 이 기간에도 노벨 과학상의 절반을 차지할 것으로 보인다. 전 세계의 최고 연구자들은 국제 공동연구 파트너로 여전히 미국을 가장 먼저 고려하기 때문이다. 그와 달리 유럽 국가의 수상자가 차지하는 비율은 점점 감소할 전망이다.

이 기간 동안 눈여겨봐야 할 또 하나의 특징은 기타 국가의 약진이다. 여기에는 한국인이나 한국계 연구자도 포함된다. 과연 기타 국가에서 전체의 10%를 넘는 수상자가 나올 수 있을지 궁금해진다.

한국이 지켜야 할 원칙, 'SIT 3A'

▶▶▶ 과학, 혁신, 인재, 3축, 그리고 적응 ◀◀◀

기술전쟁에서 미국과 중국이 1번과 2번 자리를 차지하고 있으니 한국은 이들과 가장 가까운 3A에 앉아야 한다. 이를 두고 나는 'SIT 3A(Science, Innovation, Talent, 3rd Axis, Adapt)'라 칭한다. S는 과학이다. 과학기술의 힘을 믿어야 한다. I는 혁신. 끊임없이 혁신을 계속해야 한다. T는 재능. 재능 있는 인재는 나이와 국적을 따지지 말고 내 품에 품어야 한다. 3은 3축. 네트워크형 기술 강소국 세력인 기술의 제3축을 구상한다. A는 적응. 환경에 적응해야 한다.

과학(S):
한국인은 왜 과학기술의 힘을 믿지 않을까?

지금부터 두 개의 질문을 할 테니 당신은 어떻게 생각하는지 마음속으로 숫자를 정하기 바란다. 1부터 10까지의 10단계 평가인데 숫자가 클수록 동의한다는 의미다. '매우 그렇다'고 생각하면 10, '전혀 그렇지 않다'고 생각하면 1이다.

그럼 첫 번째 질문.

"과학기술로 인해 다음 세대에게는 더 많은 기회가 있다고 생각합니까?"

다음으로 두 번째 질문.

"과학기술은 우리의 삶을 더 건강하고, 더 쉽고, 더 편안하게 만든다고 생각합니까?"

어떤가? 당신은 과학기술의 힘을 믿는 편인가, 혹은 그다지 믿지 않는 편인가? 당신이 생각한 답을 기억해두고 지금부터 글을 읽어보자.

전 세계를 대상으로 국민의식을 조사하는 '세계 가치관 조사'는[1] 5년마다 다양한 관점의 질문을 던지고 답변을 얻어 학술 데이터로 활용한다. 그런데 2017~2020년에 실시한 조사 항목 중 과학기술에 관한 질문과 답을 보면 매우 심각한 시사점이 있다.

"과학기술로 인해 다음 세대에게는 더 많은 기회가 있다고 생각합니까?"

이 질문에 한국인이 답한 평균은 6.91로 매우 낮다. 답변한 169개국 중 1위는 8.52의 중국, 2위는 8.02의 독일이었다. 일본은 7.67, 미국은 7.09로 모두 한국보다 높다. 제조강국 중에선 한국이 단연 가장 낮다.

다음 질문인 "과학기술은 우리의 삶을 더 건강하고, 더 쉽고, 더 편안하게 만든다고 생각합니까?"에 대한 답변에서도 한국은 7.12로 여전히 낮다. 1위는 역시 중국으로 8.63, 2위는 일본으로 7.60이며 독일은 7.16, 미국은 7.09이다.

두 질문에 가장 높은 수치를 보인 국가는 중국이다. 중국인은 과학기술에 미래의 기회가 있다고 믿는다. 구체적으로는 건국 100주년이 되는 2049년에 기술에서나 시장에서나 미국을 앞질러 세계 1위가 되겠다는 중국몽을 꿈꾼다. 중국은 세계 최대의 경제규모로 성장 중이고, 과학기술 관련 투자를 늘리고 있으며 일부 기술은 세계 최고 수준이다. 중국이 실제로 세계 1위가 될지는 모르지만 적어도 그에 근접할 가능성은 높다. 어떤 국가보다도 과학기술의 힘을 믿기 때문이다.

이와 대조적으로 한국에는 과학기술의 힘을, 그리고 과학기술에 미래의 기회가 있음을 믿는 사람이 상대적으로 적다. 사실 한국이 연구개발에 투자하는 금액은 2023년 기준 30조 원 이상이고 GDP 대비 연구비 투자 비율은 세계 1위 수준이다. GDP가 세계 10위 수준이니 살림살이 규모에 비해 과학기술에 투자를 많이 하는 편이다. 그럼에도 정작 한국인이 과학기술에 거는 믿음과 기대는 매우 낮으니 생각할수록 심각한 문제가 아닐 수 없다.

암스테르담대학교 교수인 바스티안 루트옌스Bastiaan Rutjens는 2018년에 왜 사람들이 과학을 믿지 않는지에 대한 실험을 했다.[2] 과학을 어느 정도 믿고 있는지 파악하기 위해 참가자들에게 기후 변화, 유전자 변형, 백신 부작용 문제에 대한 생각을 묻는 실험이었다. 그 결과에 따르면 과학에 대한 믿음은 정치 이념과 상관관계가 없었고, 종교에 대한 신앙이 깊은 사람일수록 약했다. 과학을 믿지 않는 이유는 사람마다 모두 달랐다.

과학지식만으로는 과학을 믿는 데 한계가 있다는 사실도 밝혀졌다. 1972년 미국의 핵물리학자 앨빈 와인버그Alvin Weinberg는 과학을 초월한 과학이라는 의미의 '트랜스 사이언스Trans-science'라는 개념을 제시했다.[3] 과학만으로 답할 수 없는 문제가 있으면 정치, 경제, 사회, 문화 등 다양한 관점을 더해 해법을 찾아야 한다는 개념이다.

한국인이 과학기술의 힘을 믿지 않는 이유 역시 저마다 다르겠지만, 문제가 있다면 한국의 미래를 위해 조금씩이라도 해결해나가야 한다. 일선에서 활약하는 연구자는 연구 진행과 평가 방식을 문제점으로 지적한다. 연구의 주제와 범위를 연구자에게 위임하지 않고 톱다운 방식으로 특정 주제를 선택해 집중적으로 지원하면 혁신이 나오기 어렵다. 자원이 무한하지 않으니 선택과 집중은 어쩔 수 없는 일이지만 그렇다 해서 너무 좁은 범위의 주제를 택하고 집중하면 연구 기반이 넓어지지 않는다. 연구 역량 제고를 위해선 다양한 주제를 다양한 방식으로 연구해야 하지만, 톱다운으로 주제를 선택하면 연구자는 연구비 획득을 위해 결과가 예측 가능하고 논문까지 무사히 쓸 수 있는 연구를 하게 된다. 미지의 세계에 도전하는 연구를 하지 못하는 것이다.

평가 방식에도 문제가 있다. 연구비를 지원하는 기관이 연구 성과를 성공과 실패의 이분법으로 평가하면 성공률이 98%를 넘는다.[4] 이처럼 높은 성공률이 나타나는 데는 이유가 있다. 연구자는 연구계획서 제출 시 미리 정량 목표를 설정한다. 연구를 시작한 첫해에는 좋은 성과를 내기가 어려운데, 이럴 때 사용하기 위해 연구자는 과거에 개발한 성과를 비공개로 감춰둔다. 미래에 나올 거라 예상한 성과가 사실은 과거에 만들고 몰래 숨겨둔 성과인 것이다.

연구계획서상의 계획보다 더 많은 성과를 내기 위해 연구자는 성과를 만드는 방법을 연구한다. 예상치 못한 뜻밖의 성과를 연구 진행 과정에서 얻는다 해도, 애초에 정해둔 계획과 목표를 달성하지 못하면 이런 연구는 성공으로 인정되지 않는다. 그러니 주변을 둘러봐도 자신이 실패했다고 말하는 연구자는 없다. 실패를 인정하면 뒷감당이 어렵다.

이와 대조적으로 미국 IBM의 경우엔 매년 10조 원의 연구비를 투자함에도 연구 성공률은 3% 수준이다. 그 3%의 연구를 진행한 연구자 중에선 노벨 과학상 수상자가 6명, 그리고 수학의 필즈상 수상자가 20명 이상 나왔다.

연구계획서에 성과를 미리 적고 연구가 끝난 뒤 정량 비교하라는 요구는 연구자에게 소설을 쓰라는 의미와 같다. 대규모 실험 장비를 사용하는 연구라면 어느 정도의 성과가 나올지 대략 예상 가능하지만 이런 경우는 예외다. 특히 기초연구라면 앞으로의 성과를 미리 정할 수 없다. 획기적 성과는 우연히, 또는 전혀 예상하지 못했던 과정에서 나타난다.

논문을 피인용 횟수로 평가하는 문제도 있다. 상위 1%나 10% 논문은 피인용 횟수를 기준으로 정해진다. 하지만 완전히 새로운 주제를 다룬 논문이라면 그 범위 내의 피인용 횟수를 기록하기가 불가능하다. 어떤 논문의 피인용 횟수가 많다는 사실은 그 논문의 주제가 이미 유행이 되었다는 의미도 있다. 그러나 현재 유행하는 주제라면 지금부터 연구해도 획기적 성과를 만들기 어렵다. 논문의 피인용 횟수에 따라 연구비를 배분하는 방식은 새로운 주제를 다루는 연구자나 논문이 적은 연구자에게 불리하다. 지금껏 다뤄지지 않은 주제를 연구하면 처음에는 아무도 주목하지 않고, 같은 주제의 연구자가 적으면 논문의 피인용 횟수도 당연히 낮다. 연구자 수와 피인용 횟수가 늘어나는 것은 전혀 새로운 연구 분야가 개척된 뒤 어느 정도 시간이 지나서의 일이다.

다행히 한국에서 연구 성과를 평가하는 방식은 다양하게 변하고 있다. 2021년 과학기술정보통신부가 개정한 '국가연구개발 과제평가 표준지침'에 의하면 질적 성과는 5대 분야로 구분된다.[5] 과학적 성과, 기술적 성과, 경제적 성과, 사회적 성과, 인프라 성과가 그것이다. 과학적 성과는 논문 피인용 지수이며 기술적 성과는 표준특허나 표준을 대상으로 한다.

한국인으로 하여금 과학기술의 힘을 믿게 할 방안으로는 무엇이 있을까? 다음은 그에 관한 내 아이디어들이다.

1. 자신과는 무관하다고 여기는 생각을 바꿔주기

과학기술의 힘을 믿지 않는 가장 큰 이유는 어쩌면 '나와는 상관없다'는 생각일 수 있다. 이런 생각을 바꾸기 위해 내가 대학원에서 하는 수업을 소개한다. 수업명은 '인공지능 특허 전략'으로, 그 이름처럼 인공지능 특허를 출원하는 것이 목표인 수업이다. 모든 기술에는 데이터가 필요하고, 데이터가 있으면 인공지능이 개입할 여지가 있다. 즉, 어떤 기술이라도 인공지능 특허를 출원할 수 있는 것이다.

대학원 수업이고 명칭도 어려우니 수업에 참가하기 전에는 학생들이 겁을 먹는다. 하지만 지금까지 이 수업을 들은 모든 학생들은 학기가 끝날 때까지 1건 이상의 발명을 했다. 학생들은 자신이 발명한 내용을 학교에 신고한 뒤 평가를 받게 되는데, A 혹은 B 등급을 받으면 학교 예산으로 국내 특허를 출원한다. 현재까지 수강생들의 발명 중 특허 출원한 것들의 비중은 40%에 이른다. 그렇다 해서 학교 심사를 통과하지 못한 신고 내용이 수준 미달은 아니다. 모든 학생은 학교에 발명 신고를 하기 전에 변리사와 특허청 심사관의 평가를 3회 이상 받기 때문이다.

특허가 중요하다는 사실에는 동의하지만 스스로 특허를 출원하겠다고 생각하는 사람은 매우 드물다. 이공계 대학원생조차 자신은 특허와 무관하다고 생각한다. '내 아이디어가 설마 특허가 되겠어?'라며 처음부터 포기하는 학생이 대부분이다. 하지만 내가 수업에서 기대하는 것은 특허 출원보다 더 큰, '과학기술은 나와 큰 상관이 있다'고 생각하게 되는 효과다. 한 번이라도 특허 출원을 해본 학생은 이전과 완전히 다른 태도를 갖고, 좋은 아이디어가 떠오르면 먼저 특허 출원부터 염두에 두게 된다.

2. K-드라마에서 스토리텔링하기

"배를 만들고 싶으면 바다를 향한 동경심을 키워라." 프랑스 소설가인 생텍쥐페리Saint-Exupéry는 소설《어린 왕자》에서 한국인에게 필요한 교훈을 남겼다.

한국인들이 과학기술의 힘을 믿지 않는 현상을 개선하는 데는 스토리텔링이 필요하다. 한국은 막대한 자금을 투자해 기술을 개발한다. 하지만 아무리 언론에서 기술을 소개해도 일반인은 멀뚱하게 쳐다볼 뿐이다. 듣는 이의 가슴에 동경심이 생겨나지 않는 탓이다.

예를 들어 양자컴퓨터 기술은 현재의 컴퓨터 기술을 대체할 수 있을 거란 기대가 크지만 거의 모든 사람에게 낯선 대상이다. 공개된 로드맵을 보면 앞으로 20년은 지나야 시장에서 실감할 듯하다. 이런 양자컴퓨터를 소개하는 언론 기사의 초점은 대부분 기술 그 자체에 맞춰져 있다. 어느 기업에서 몇 큐비트의 하드웨어를 개발했다거나 어느 기업에서 어떤 알고리즘을 개발했다는 식이다. 이런 기사를 보면서 큐비트 숫자가 계속 증가한다는 사실에 가슴이 벅차오르는 사람이라면 그는 타고난 연구자다. 기술 자체에 매료되고 기술의 진화에서 환희를 느끼기 때문이다. 그러나 안타깝게도 과거든 현재든 이런 사람은 극소수다.

기술을 기술만으로 설명해선 안 된다. 이런 방법으로는 생활을 바꾼다는 기대감도 불러일으키지 못하고, 연구비를 투자하는 당위성도 이해시키기 어렵다. 양자컴퓨터를 만들고 싶은 사람은 기술에 앞서 미래 사회를 향한 동경심과 호기심을 키워야 한다. 낯선 기술일수록 스토리텔링을 필요로 하고, 그 스토리텔링은 기술이 아닌 사람의 관점에서 전개되어야 한다. 모든 가정에 전자레인지 정도 크기의 양자컴퓨터가 1대씩 있는 미래사회에서는 어떤 일이 벌어질지 꿈처럼 묘사하는 식으로 말이다. 그런 꿈이 언제까진 이뤄질 것이란 로드맵을 보여주며 사람들의 기대감을 키우는 것이 스토리텔링의 역할이다.

한국에는 스토리텔링에 사용할 만한 좋은 수단이 있다. K-드라마나 K-팝을 포함한 한국 문화다. 과학기술과 함께 한국 문화를 활용해 사람들의 마음을 움직이는 것은 어떨까?

지금은 K-드라마에 연구자나 과학기술이 등장하지 않는다. 2019년에 방송된 K-드라마에서 가장 많이 등장한 직업은 재벌과 기업가로 18%를 차지했고 법조인과 경찰은 15%, 회사원은 10%였다.[6] 5개 직업이 등장인물들 직업의 거의 절반을 차지하는 셈이다. 다른 직업은 비중이 매우 적은데, 상대적으로 많이 등장한 순서를 보면 의료인, 구직자, 학생, 언론인, 연예인, 요식업 종사자, 가정주부, 무직자였다.

이와 대조적으로 미국 드라마 중에는 과학기술을 배경으로 하는 것들이 많다. 〈퍼슨 오브 인터레스트Person of Interest〉는 감시 시스템을 이용해 사회를 관리하는 인공지능 이야기, 〈브레이킹 배드 Breaking Bad〉는 고등학교 화학 교사가 화학지식을 이용해 마약을 제조하는 이야기다. 드라마를 보면 생각지도 못한 사건이 일어나고 주인공이 천신만고 끝에 그것을 해결하지만, 그 과정에선 과학기술이 큰 역할을 한다. 과학기술과 생활이 자연스럽게 일체감을 갖는 이유다.

K-드라마에 과학기술이 등장하지 않는 이유는 드라마 작가가 과학기술을 모르기 때문이다. 드라마 대본은 보통 메인작가 1명과 보조작가 여러 명이 팀을 이루어 만든다. 그러나 그들 중 과학기술을 이해하는 사람은 없다. 물론 드라마 작가들에게 높은 수준의 과학기술 지식이 필요한 것은 아니다. 드라마에 필요한 과학기술을 어렴풋하게라도 이해하는 이공계 출신 작가가 반드시 1명 이상 포함되는 정도면 충분하고, 수준 높은 과학기술에 대한 내용이라면 연구자나 전문가의 조언을 받으면 된다.

1999년에 방송한 드라마 〈카이스트〉는 학생들이 밤새워 공부하는 모습을 멋있게 연출해 고등학생들로 하여금 이공계 진학을 한 번쯤 생각하게 하는 작품이었다. 이제는 한국 연구자가 과학기술로 세계 평화를 지키는 이야기, 빅테크 기업을 설립해 기술로 세상을 바꿔나가는 이야기, 혹은 과학기술로 큰돈을 버는 이야기로 K-드라마를 만들어야 한다. 보는 이들이 '과학기술은 쿨하고 나와도 상관이 있구나' 하는 마음을 갖게 해주는 그 어떤 스토리든 좋다.

혁신(I):
미국의 최고 기술은 97개, 한국은 0개

미국은 최고 기술 보유국이며 유럽연합은 선두 그룹, 한국은 일본 및 중국과 함께 추격 그룹에 속해 있다. 기초 단계에서 미국과 유럽연합은 탁월한 수준이고 일본은 우수, 한국과 중국은 보통 수준이라는 평가를 받는다. 응용개발 단계에선 미국만 탁월하고 나머지 국가는 우수한 정도다.

국가 단위로 평가할 때는 최고 기술을 보유한 국가와 비교해 상대평가를 한다. 과학기술정보통신부가 발표한 2020년도 기술 수준 평가 결과를 보면 한국 기술은 미국에 비해 많이 뒤떨어져 있다.[7] 평가 대상은 2018~2022년 제4차 과학기술 기본 계획에 포함된 11대 분야의 120개 중점 과학기술이다. 최고 수준으로 평가된 기술은 미국 97개, 유럽연합 28개, 일본 8개, 중국 1개이며 한국은 하나도 없다.

그래도 좋은 소식은 있다. 한국이 미국과의 기술 격차를 줄이고 있다는 것이다. 미국의 기술 수준을 100이라 했을 때 한국의 수준은 2018년의 77%에서 2020년의 80%로 상승했고, 기술 격차는 3.8년에서 3.3년으로 줄어들었다. 한국의 기술은 발전 속도를 꾸준히 올리고 있다. 한국의 기초 단계 연구 역량은 보통, 응용과 개발 단계 역량은 우수한 수준이다. 연구개발 활동 경향은 '상승 중'으로 평가되었다.

일본은 기술 발전이 느려지는 양상을 보인다. 역시 미국의 기술 수준을 100이라 했을 때 일본은 2018년의 88%에서 2020년의 87%로 오히려 후퇴했고, 기술 격차는 1.9년에서 2.0년으로 늘어났다. 최근 일본의 연구 환경이 나빠지고 기술 개발의 속도가 느려지고 있다는 의심이 든다.

이와 달리 중국은 기술 발전 속도가 상승해 2018년 미국의 76% 수준에서 2020년 80% 수준으로 올라갔고, 3.8년이었던 기술 격차는 3.3년으로 단축되었다. 120개 기술의 평균치만 보면 중국은 미국보다 기술 수준이 낮고 기술 격차도 많이 벌어져 있다. 하지만 인공지능 기술처럼 미국과 대등하거나, 안면인식 기술처럼 오히려 미국을 앞서 세계 최고 수준이라 평가받는 기술도 있다.

유럽연합은 2018년 95%에서 2020년 96%로 기술 수준이 상승했고, 기술 격차는 0.7년을 유지하고 있다. 유럽연합을 구성하는 27개국의 편차가 크기 때문에 가장 앞서가는 국가의 기술 수준을 전체의 수준으로 보아야 한다.

"한국은 기술의 패스트 팔로워fast follower 전략을 버리고 퍼스트 무버가 되어야 한다"고 흔히 말한다. 선진국 뒤만 좇지 말고 맨 앞에서 세상을 이끌어가라는 요구다.

이런 말을 하는 마음은 이해하지만, 현실은 퍼스트 무버는커녕 패스트 팔로워도 힘들다. 현재는 한국이 미국을 추격하는 그룹에 속해 있지만 계속 머물기는 쉽지 않다. 미국은 저만큼 앞서가고 중국은 맹렬한 속도로 따라붙고 있기에, 그들과 같거나 더 빠른 속도로 달리지 않으면 추격 그룹에서도 탈락할 가능성이 있다. 퍼스트 그룹이나 선두 그룹에 속하기는 점점 더 힘들어진다.

이는 마치 마라톤과도 비슷해, 퍼스트 그룹에 속하면 언제라도 퍼스트 무버가 될 수 있지만 한 번 뒤처지면 그렇게 될 가능성은 거의 없다. 한국은 지금까지 퍼스트 무버인 선진국을 빠르게 추격하는 패스트 팔로워 전략으로 성공했고, 과거 선진국은 한국의 값싼 노동력을 활용하기 위해 기술을 한국으로 기꺼이 이전했다. 그러나 지금의 선진국은 한국을 경쟁상대로 여기기에 기술 이전도 점점 까다로워진다.

한국이 기술의 퍼스트 그룹에 계속 속하려면 끊임없이 혁신해야 한다. 혁신이야말로 한국의 원동력이다. WIPO는 각국의 기술 혁신 능력을 나타내는 '글로벌 혁신 지수' 순위를 매년 발표하는데, 2021년에는 세계 132개국 중 1위가 스위스였고 한국은 스웨덴, 미국, 영국에 이어 5위에 올랐다.[8] 블룸버그Bloomberg가 발표한 2021년판 국가혁신 순위에서는 한국이 세계 60개국 중 1위였고 싱가포르와 스위스, 독일이 2~4위를 차지했다.[9] 또한 블룸버그는 한국의 특허 활동을 세계 1위로 평가했다. 연구개발 집중도와 제조업 부가가치는 각각 2위이며 첨단 기술 집중도는 4위다.

지금은 안전을 보장하는 첫 번째 요소로 기술을 거론하는 시대다. 기술은 경제성장으로 이어지고, 경제성장은 국가안보에 필요한 거의 모든 요소를 견인한다. 기술전쟁이 격렬히 전개되면 미국과 중국은 원하든 원하지 않든 다른 국가들에게 비합리적인 요구를 할 수밖에 없다. 기술전쟁은 무한경쟁이자 승자독식의 세계다. 경쟁에서 이긴 국가가 게임의 룰을 바꾸어버리고, 패배국은 승리국이 정한 룰을 따라야만 한다.

미국이나 중국이 다른 국가의 사정을 봐줄 만큼 여유 있어 보이지는 않는다. 패권을 차지하기 위해 경쟁하지만 상대국을 완전히 제압하진 못하기 때문이다. 앞으로도 어느 한쪽의 완전한 승리나 완전한 패배를 기대하기는 어려워 보인다.

시카고대학교의 존 미어샤이머John Mearsheimer 교수는 이런 현실을 "공격적 현실주의offensive realism의 비극"이라 칭한다.[10] 2018년 한국에서 진행한 강연에서 미어샤이머는 중국의 부상을 강조했다.[11] 그에 따르면 한국은 미중 양국 중 어느 한쪽 편을 들어야만 하는데, 안보와 번영을 생각하면 미국 편을 들 수밖에 없다.[12] 미국과의 관계에선 안보를, 중국과의 관계에선 경제를 챙기고 싶은 한국으로서는 매우 난감한 상황이다.

이는 비단 한국만의 고민이 아니다. 미국과는 안보, 중국과는 무역을 함께하는 모든 국가들도 현재 비슷한 고민에 빠져 있다. 자신의 의도와는 상관없이 억지로 끌려가듯 기술전쟁의 당사자가 되었을 뿐인데 너무 큰 어려움을 만나버린 셈이다.

답을 찾기는 어렵지만 힌트는 있다. 기술이 세계 최고 수준이면 선택에도 여유가 생긴다. 한국의 경쟁력은 제조업에 있다. 2021년 기준 한국의 제조업 비중은 GDP 대비 28%로 제조강국 중에서도 가장 높다. 2018년 UNIDO는 한국의 제조업이 독일과 중국에 이어 세계 3위의 경쟁력을 가졌다고 평가했다.[13] 한국은 제조업이 강하지만 그렇다고 세계 최고는 아니다. 기술 수준은 미국보다 낮고 시장 규모는 중국보다 작다. 때문에 혁신을 계속해야 제조업 경쟁력을 유지할 수 있고, 퍼스트 그룹에 머무르며 퍼스트 무버를 노릴 수 있다. 한국이 혁신을 계속해야만 하는 이유는 사방에 널렸다.

혁신에는 기술 혁신과 서비스 혁신이 있다. 한국은 지금까지 기술 혁신에 집중, 기술을 개발하고 상품을 만들어 글로벌 시장에 수출해 경제성장을 이루었다. 이제 한국이 기술 혁신과 동시에 집중해야 하는 혁신은 '서비스 혁신'이다.[14] 제조업은 서비스업에서 배우고, 서비스업은 제조업에서 배워야 한다.

제조업에서는 기계화, 자동화, 표준화가 상식이다. 상품을 대량 생산해도 품질이 균일하며 불량은 100만 개당 1개 이하를 유지해야 한다. 하지만 문제가 있다. 제조업에서 생산된 공산품은 금세 진부해지고 고객들의 관심도 오래가지 않으며, 기능이 많다고 해서 무조건 가격을 올릴 수도 없다는 점이다. 이런 문제들의 해결을 위해 제조업은 서비스업에서 콘텐츠와 콘텍스트의 조화를 배워야 한다. 같은 콘텐츠를 가진 상품이라도 콘텍스트를 바꾸면 전혀 다른 상품이 될 수 있기 때문이다.

한편 서비스업은 여전히 사람의 능력에 의존하고 아날로그 작업도 많아서, 누가 진행하는가에 따라 서비스 품질의 편차도 심하다. 한국의 서비스업 취업자당 노동생산성은 2019년 6.4만 달러로 OECD 평균인 7.7만 달러에 비해 매우 낮다.[15] 또한 일자리는 주로 도소매업이나 숙박업, 음식업에 몰려 있는데, 이런 업종에서의 상품은 미리 제작해 판매할 수 없기에 대량생산이 불가능하다.

한국은 제조업 경쟁력이 세계 3위인 데 비해 서비스업 경쟁력은 낮아도 너무 낮다. 하지만 서비스업이 제조업의 경쟁력을 배우고 흡수한다면 고부가가치 산업으로 변신할 수 있다. 제조업과 서비스업이 머리를 맞대고 함께 서비스 혁신을 추진해야 하는 이유다.

인재(T):
최고 인재를 우리 품에 품는다

"국민의 한 사람으로서 감동했다."

윤석열 대통령은 허준이 교수를 접견해 축하인사를 했다.[16] 프린스턴대학교의 한국계 미국인 교수인 허준이는 2022년 필즈상을 수상했다. 필즈상은 수학의 노벨상이라 불리는데 4년에 한 번, 40세 이하의 수학자 4명 이하에게 상을 수여한다.

한국에서는 허 교수의 수상을 한국인의 수상이라 여기는 분위기가 강했다. 미국에서 태어난 미국인이지만 부모가 한국인이고 그도 한국에서 교육을 받았으니 국적과 상관없이 한국인으로 봐야 한다는 주장도 있다. 하지만 그렇다 해도 허 교수는 한국 국적을 가진 한국인이 아니다. 국적은 한국에서도 중요한 관심거리라서, 외국 국적의 한국계 외국인이 큰 성과를 내면 반드시 등장하는 주제다.

인재에게 국적이란 어떤 의미일까? 백신의 아버지라 불리는 프랑스인 연구자 루이 파스퇴르Louis Pasteur는 "과학에는 국경이 없지만 과학자에게는 국적이 있다"고 말했다. 독일이 프랑스를 침공하자 그는 49세에 군대에 지원 입대를 하기도 했다.

인슐린을 발명한 프레더릭 밴팅Frederick Banting과 존 매클라우드John Macleod는 1923년 노벨 생리학 의학상을 수상했다. 밴팅은 노벨상을 수상한 최초의 캐나다인이다. 그는 제1차 세계대전 당시 군에 지원 입대했고, 노벨상 수상 뒤 제2차 세계대전이 발발하자 또다시 지원 입대를 했다가 1941년에 전장에서 사망했다. 캐나다 국민은 그를 가장 위대한 캐나다인 5위에 선정했다.[17]

국적은 일본에서도 자주 거론되는 주제다. 마나베 슈쿠로眞鍋淑郎는 2021년 노벨 물리학상을 수상한 일본계 미국인이다.[18] 기시다 후미오 일본 총리는 그의 수상에 대해 "일본인으로서 자랑스럽게 생각한다"라 했고, 일본 언론은 마나베를 소개하면서 일본인 노벨상 수상자라고 표현했다. 그러나 이런 반응과 달리 마나베는 "일본으로 돌아가고 싶지 않다"고 공개적으로 밝혔다.[19] 그는 일본에서 박사학위를 받은 뒤 미국으로 가서 활동했으며, 국적도 미국으로 바꿨고 노벨상을 수상한 연구도 미국 기상국에서 수행했다.

청색 다이오드를 발명하고 2014년에 노벨 물리학상을 수상한 나카무라 슈지中村修二 역시 일본에서 교육받고 기업에서 일하다 45세에 캘리포니아대학교-산타바버라의 교수로 이적했다. 노벨상 수상 당시 그는 미국 국적을 취득한 미국인이었다.[20] 일본 기업에서 연구자로 활동했던 그는 일본의 연구 환경과 기업의 태도에 분노를 느낀다고 공언하기도 했다.[21]

중국도 상황이 비슷하다. 1998년 노벨 물리학상을 수상한 프린스턴대학교 교수 대니얼 추이Daniel Tsui와 2009년 노벨 물리학상을 수상한 홍콩중문대학교 교수 찰스 가오Charles Kao는 중국에서 태어났으나 노벨상을 받기 전에 국적을 미국으로 바꾸었다.

인재는 자신의 국적을 따질 수 있지만 국가는 최고 인재라면 국적을 따지지 말고 품어야 한다. 글로벌 시대에 인재가 국적을 바꾸는 일은 드물지 않다. 한국도 한국계 외국인을 애매하게 부르거나 두리뭉실하게 표현하지 말고 분명하게 표현해야 한다.

이를 위한 가장 좋은 방법은 이중국적 허용이다. 한국인 인재가 외국으로 귀화하더라도 한국 국적을 유지할 수 있게 하고, 외국인 인재에겐 한국 국적을 취득해 이중국적자가 되는 일을 허용하는 것이다. 외국인이 한국에서 연구하고 노벨상을 받거나 큰 성과를 거둔다면 그의 모국은 물론 한국에게도 영예로운 일이 된다.

미국이나 중국이나 공통점이 있다. 최고 인재라면 국적을 불문하고 모셔간다는 점이다. 양국에선 최고 인재들에게 비자 발급을 우대하고 영주권을 쉽게 내주며 국적을 바꾸라고 권한다. 물론 원하지 않는 이에게 억지로 권하지는 않는다. 내 품에 있으면 되는 것이지 인재에게 국적이 왜 필요하냐고 생각하기 때문이다.

노벨상급 연구자는 대부분 논문 피인용 횟수 1%의 연구자이고, 이런 연구자들은 소속된 기관의 국적으로 구분된다. 한국인 1% 연구자가 얼마나 많은지도 중요하지만 그보다 더 중요한 것은 국적에 상관없이 한국에서 연구하는 1% 연구자가 얼마나 많은가다. 한국에 도움을 주는 연구자라면 그가 어느 나라 국적을 가졌든 그게 무슨 상관인가.

2012년 영국은 318년 역사를 가진 영국중앙은행의 총재로 외국인을 지명했다. 캐나다중앙은행 총재를 역임한 마크 카니Mark Carney다.[22] 또 싱가포르 과학기술청은 매년 1700건 이상의 프로젝트를 진행하는데 파트너로는 미국 기업도 있고 중국 기업도 있다.[23] 이 기관은 전 세계에서 가장 적절한 기업과 연구소를 선정하고 그곳에 소속된 연구자들과 공동연구를 진행한다. 이런 방식이라면 인구가 적은 국가로서의 한계를 극복하고 얼마든지 최고 인재를 확보할 수 있다.

외국인에 까다로운 일본조차 '고급 인재 포인트 제도'를 만들어 인재를 향한 문호를 활짝 열었다.[24] 외국인 인재가 일본에서 행하는 활동을 연구, 기술, 경영으로 분류한 뒤 각각의 특성에 따라 학력, 경력, 수입과 같은 항목에 포인트를 매기는데, 70점을 넘으면 사실상 일본에 무기한 체류가 가능하다.

최고 인재를 품에 품고자 할 때에는 나이도 따지지 말아야 한다. 성과를 내는 나이는 연구주제마다 다르다. 노벨 과학상 수상자는 평균 38세에 실시한 연구가 바탕이 되어 60세에 노벨상을 받았다.[25] 화학상의 경우 1940년대에는 평균 33세에 실시한 연구가 노벨상으로 이어졌지만 2010년대는 40세로 높아졌고, 물리학상에서도 핵심 연구를 수행한 연구자들의 평균 연령이 1940년대에는 30세였으나 2010년에는 40세로 상승했다. 생리학·의학상의 경우에는 1940년대 당시 40세였는데 2010년대에도 41세로 비슷하다. 미국에서 일하는 연구자의 평균 연령은 1993년 45.1세에서 2010년

48.6세로 높아졌다.[26]

　나이가 들면 정보처리 속도나 기억력이 떨어지지만 경험과 지식에 기반을 두는 능력은 오랫동안 유지된다. 오하이오주립대학교 브루스 와인버그Bruce Weinberg 교수와 시카고대학교 데이비드 갤런슨David Galenson 교수는 노벨경제학상 수상자 31명을 두 그룹으로 구분해서 평가했다.[27] 실험경제학자는 55~57세에 창의력이 정점에 도달하는데 이들은 사실에서 시작하는 추론을 중시한다. 경험을 통해 지식을 축적하고 시행착오를 거치면서 문제를 이해하는 것이다. 한편 이론경제학자는 25~29세에 창의력이 정점에 달하고, 수학 이론을 중시하며 상식에 도전하고 새로운 아이디어를 제시한다.

　노스이스턴대학교 앨버트 라슬로 바라바시Albert-Laszlo Barabasi 교수 역시 연구 성과는 경험이나 나이와 무관하다고 주장한다.[28] 지난 20년 동안 물리학자 2887명이 발표한 논문을 분석한 결과, 최고 피인용 횟수의 논문을 쓰는 시기는 특별히 정해져 있지 않았다. 연구자가 평생 발표한 논문 중 가장 많은 피인용 횟수를 기록한 논문은 행운과 개인 역량을 곱해서 나온다는 게 그의 주장이다. 개인 역량이 높은 연구자에게 행운까지 겹치면 논문 최고 인용 수를 기록한다는 의미다. 그러니 최고 인재는 국적도 나이도 따지지 말고 얼른 우리 품에 품어야 한다.

기술의 제3축 (3):
네트워크형 기술 강소국 세력을 주도한다

뭉치면 살고 흩어지면 죽는다. 미국과 중국이 싸우면 나머지 국가는 뭉쳐야 산다. 한국만이 아니라 일본이든 독일이든 단독으로는 미중 양국에 대항하지 못한다. 때문에 미국이나 중국과 일대일 관계를 유지하면서 협력과 경쟁을 추구하던 자세를 버리고 다자주의에 기초한 기술 세력을 만들 필요가 있다. 미중 양국이 대립한다면 5대 제조강국 중에서 남은 국가는 한국과 일본, 독일이니, 우선 이 3개 국가가 협력해 하나의 목소리를 내야 한다.

이 3개국은 네트워크형 기술 강소국 세력으로, 나는 이를 '기술의 제3축'이라 칭한다. 비유하자면 작은 고기들처럼 떼로 모여 세력을 만드는 것이다. 그렇게 하지 않으면 바다표범처럼 고기떼를 흩트리고 사냥하는 미국과 중국을 당해내지 못한다. 중간국가는 미국이나 중국의 허락이 없으면 제조도 수출도 마음대로 하지 못하게 될 수 있다.

미중 양국은 기술과 시장 모두를 갖고 있기 때문에 서로 룰 메이커rule maker가 되어 자국에 유리한 룰을 만들려 하고, 나머지 국가에게는 룰을 따르는 룰 테이커rule taker가 되라고 강요한다. 만약 기술의 제3축이 미중 양국에 할 말을 다 할 수 있을 정도의 세력으로 커진다면 룰 셰이퍼rule shaper가 되어 그 두 나라가 룰을 만드는 데 영향을 줄 수 있다. 기술의 제3축이 하나의 목소리를 내고 누구나 공감하는 규범을 제시한다면 미국이든 중국이든 무조건 거부하기는 어렵다. 그러나 그와 반대로, 기술의 제3축조차 인류의 미래를 위한 규범을 마련하지 못하면 앞으로 수십 년 동안 과학기술이 발전하기 어렵다.[29]

[그림 2]를 보면 기술의 제3축에 참가한 국가 사이의 관계는 고정된 것이 아니기에 실선이 아닌 점선으로 연결된다. 이 국가들은

[그림 2] 네트워크형 기술 강소국 세력: 기술의 제3축 구상

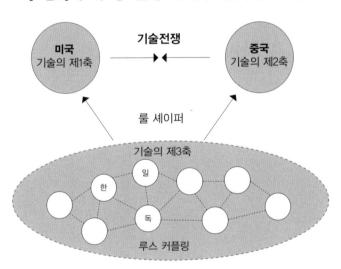

조직이 아니므로 상호 경계선이 불분명하고, 의장국도 이사국도 없으며, 운영은 서로 느슨하게 연결된 루스 커플링loose coupling을 지향한다.

범위가 고정되어 있지 않은 것은 기술별로 참가 여부를 선택할 수 있기 때문이다. 참가를 원하는 국가는 기술에 따라 세력을 형성하기도 하고 빠지기도 하기에, 참여국들의 관계는 어떤 기술에 참여하는가에 따라 연결되기도 하고 끊어지기도 한다.

이렇게 느슨한 연결을 통해 참여국들은 비경쟁지식을 공유한다. 지식에는 경쟁의 대상이 되는 경쟁지식과, 경쟁의 기반이 되는 비경쟁지식이 있다. 경쟁지식은 즉시 상품에 활용되어 매출로 이어지고, 비경쟁지식은 그 자체로 상품이 되진 않지만 공유할수록 가치가 커진다. 공유 가능한 구체적 비경쟁지식으로는 제조업을 위한 데이터 인프라 구축, 특허 상호 라이선스, 인재 교류와 공동연구가 있다. 이를 바탕으로 기술의 글로벌 공급망 확보를 위한 공동의 노력을 할 수 있다.

1. 제조업을 위한 데이터 인프라 구축

데이터는 인공지능과 동전의 양면처럼 움직인다. 현재 인공지능 기술에서 앞서가는 나라는 미국과 중국이지만 다른 국가들도 인공지능에 크게 투자하고 있다. 가장 유망한 미래 기술이자 안보에도 직결되는 군민겸용 기술이기 때문이다.

인공지능 기술이 발전하는 데는 데이터가 필요하다. 데이터와 인공지능은 동전의 앞뒷면과 같아서, 데이터 종류가 다양하고 축적된 양이 많을수록 더 수준 높은 인공지능을 기대할 수 있다. 데이터가 축적되면 데이터풀이 생기고, 이 풀 내의 데이터를 인공지능 학습용 데이터 혹은 예측용 데이터로 사용할 수 있도록 데이터 인프라를 구축한다.

기술의 제3축에 많은 국가가 참여해 데이터를 공유하면 자연스럽게 데이터의 종류가 다양해지고 축적량도 크게 늘어난다. 데이터는 먼저 디지털 변환과정을 거쳐야 한다. 아날로그 세계에선 수많은 데이터가 발생하지만 모든 데이터를 하나도 빠짐없이 디지털 세계로 가져갈 수는 없다. 그 이유는 다음의 예를 보면 이해할 수 있다.

공장에서 1시간 동안 공작기계를 사용해 부품을 제조했다면 그 과정을 표현할 수 있는 데이터 종류는 아주 많다. 공작기계 데이터, 부품 데이터, 날씨 데이터, 장소 데이터, 온도 데이터, 고객 데이터 등 너무 많아 도저히 그 모두를 열거할 수 없을 정도다.

이렇게 다양한 데이터 중 어떤 것을 디지털로 변환할지 정해야 하는데, 그러기 위해선 변환의 목적과 관점을 먼저 정의해야 한다. 데이터를 많이 만들고 모으면 마치 수영장과 같은 데이터풀이 생긴다. 하지만 아직은 그저 단순히 데이터를 모아두기만 한 상태라 체계적으로 분류되지도 않았고 서로의 관계도 불분명하다. 이런 상태라면 데이터를 효율적으로 사용할 수 없다. 때문에 목적과 관점을 정립한 뒤 그에 따라 디지털 변환을 해야만 그제야 비로소 하나의 데이터가 탄생한다.

데이터를 활용하려면 데이터풀을 데이터 인프라로 만들어야 한다. 데이터 인프라는 도서관처럼 기능한다. 알고 싶은 내용이 있으면 우리는 도서관에 가서 자료를 찾고, 그것을 발견하면 기억하거나 메모하며, 그 자료를 활용해서 원하는 목적을 달성한다. 만약 원하는 자료가 없으면 도서관에 자료 구입을 요청하기도 한다.

이러한 각 단계는 지식의 구조화, 재구축, 유통, 활성화로 구분되고, 활성화된 결과는 다시 구조화에 반영된다. 나는 이를 '지식 사이클knowledge cycle'이라 부른다.[30] 데이터 인프라를 공유하면 기술의 제3축은 지식 사이클이 무한히 반복하는 선순환 구조를 만들 수 있다.

한국을 포함한 기술 강소국들은 제조업에 필요한 데이터 인프라를 함께 만들고 공동으로 사용할 수 있다. 여기에 미국과 중국도 참여하도록 독려해 기술이 상호의존하도록 만들어야 한다. 데이터 인프라 그 자체는 경쟁의 대상이 아니라, 공유한 데이터 인프라를 바탕으로 상품 개발 분야에서 경쟁이 이뤄진다.

일본에선 239개 기업이 'IVI'라는 이름의 컨소시엄을 만들어 제조업을 위한 데이터 인프라를 구축하고 있다.[31] 제조업 분야에는 어떤 곳에서든 비슷하게 사용되는 데이터가 있다. 예를 들어 공작기계나 제조 설비는 표준인 경우가 많고, 지게차나 자동창고는 표준 장비를 사용한다. 이런 데이터부터 공유하고 인프라를 만들면 모든 제조사가 혜택을 받는다. 이 과정에서 얻은 노하우는 컨소시엄 참여 기업이 표준으로 제정해서 공유한다. 이러한 컨소시엄은 제조업에 필요한 비경쟁지식을 구조화하고 외부 개방과 내부 독점의 균형을 맞추며, 제조업체들이 서로 협력하고 경쟁하는 건전한 환경을 지향한다.

일본 컨소시엄은 독일의 관련 기관과 협력, 데이터 인프라를 공유하고 상호 이용하며 공통 모델을 표준으로 추진하고 있다.[32] 구체적으로 살펴보면 사례 발굴 및 공유, 데이터 호환 및 표준 작업, 데이터 보안 및 사용을 공동으로 진행한다.

한국도 일본, 독일과 협력해 제조업을 위한 데이터 인프라를 함께 구축해야 한다. 데이터 인프라가 성장하면 인공지능 기술 진화에 큰 역할을 할 수 있다.

2. 특허 크로스 라이선스

한국은 제조업이 강하며 기술 능력도 갖추고 있다고들 하지만 미국과 중국에 비교하면 매우 약한 상대다. 일본과 독일도 마찬가지다. 미중 양국에 비해 각 국가는 단독으론 기술은 물론이고 시장도 비교할 수 없을 정도로 약하다. 기술의 제3축을 형성하는 한국, 일본, 독일의 2018년 연구비를 합친 액수는 3310억 달러였다. 국가별로 보면 한국이 870억 달러, 일본과 독일이 각각 1440억 달러와 1000억 달러였다.

3개국의 연구비를 모두 합쳐도 미국이나 중국보다 적다. 2018년에 단일국가로서 가장 많은 연구비를 기록한 나라는 4610억 달러의 미국, 그다음은 4390억 달러의 중국이었다. 중국은 연구비 증가율이 압도적으로 높기 때문에 2025년에는 미국을 추월할 가능성이 크다.[33] 미국과 중국이 막대한 연구비를 계속 투입하면 기술의 제3축이 연구비로 두 나라를 압도할 수준에 이르기는 어렵다.

하지만 특허는 다르다. 한국, 일본, 독일의 특허를 합치면 미국이나 중국에 대항할 수 있다. 2019년에 출원된 국제특허는 26만 5235건으로 미국이 5만 7740건이며 중국은 5만 9004건이다. 한국은 1만 9085건, 일본은 5만 2666건, 독일은 1만 9328건으로 총합이 9만 1079건에 달한다. 기술의 제3축이 출원한 특허를 합치면 미국이나 중국보다 더 많은 것이다. 그렇기에 현재 시점에서 기술의 제3축이 가진 가장 강력한 무기는 특허다.

특허가 무기가 되는 이유로는 시간도 있다. 기술이 발명되어도 이를 반영한 상품이 개발되고 시장이 커져 경제성장으로 이어지는 데는 오랜 시간이 필요하다. 시장이 요구하는 수준으로 기술이 끊임없이 진화해야 하는데, 기술 진화는 긴 시간에 걸쳐 진행되기 때문이다. 전화기는 발명된 지 100년이 지났으나 아직 보급률이 100%에 도달하지 않았다. 최근에는 태블릿 PC의 경우처럼 보급률 상승 시간이 줄어드는 일도 있지만, 일반적으로 하나의 상품이 상식처럼 사용되기까진 수십 년이 걸린다.[34]

기술이 시장에 보급되는 동안에도 기술은 계속 진화하고, 그에 맞춰 특허도 끊임없이 출원된다. 스마트폰에 필요한 특허는 25만 건이고 디스플레이의 경우에는 1만 4000건, 카메라에는 4800건이 필요하다. 이 모든 특허를 한 나라에서 독점하는 건 불가능하다. 기술의 제3축에 해당하는 국가들이 특허를 무기로 연합해 상품 개발, 그리고 시장의 확대 및 선점을 해나가야 하는 이유다.

3. 인재 교류와 공동연구

기술의 제3축은 인재 교류를 활성화하고 공동연구의 성과를 최대한으로 끌어올린다. 연구 성과는 원칙적으로 국제 공저 논문을 통해 발표한다. 2019년 기준으로 전체 국제 공저 논문 중 미국 것의 비중은 41%, 중국은 23%이며 한국은 29%, 일본과 독일은 각각 31%와 55%다. 기술 개발에 국제협력은 필수다. 2013~2015년까지 미국이 발표한 공저 논문의 상대국을 보면 중국이 1위다.[35] 영국, 독일, 캐나다, 프랑스, 이탈리아, 호주, 일본, 한국이 그 뒤를 잇는다.

미국은 일본 및 한국과도 공저 논문을 많이 발표하고 있는데, 한국과 함께 발표한 논문이 많은 몇몇 분야가 있다. 재료과학에서는 1위 중국에 이어 한국이 2위를 차지했고, 독일과 영국, 일본이 그다음이다. 화학의 경우에도 1위는 중국, 독일과 영국이 2위와 3위이며 한국이 4위에 자리했다. 전산수학에서 한국은 1위 중국, 그리고 영국과 캐나다 등에 이어 6위에 올랐다.

적응(A):
미래 시나리오를 만들고 환경에 적응한다

2021년에 자동차 구입 계약을 했던 고객들은 차를 인수할 때까지 길면 1년 이상 기다렸다. 자동차에 사용되는 반도체가 부족해 한동안 자동차 제조가 불가능했기 때문이다. 지금까지 소개한 기술 전쟁의 사례 중 대부분의 사람이 가장 크게 체감한 예는 반도체일 것이다. 여기에서는 반도체를 중심으로 시나리오를 만들고 각 상황에서 일어날 수 있는 환경 변화를 예상해보기로 한다.

세계 시장점유율 70%. 경이로운 수치다. 한국이 그간 내놓은 상품 가운데 이 정도로 세계 시장을 장악한 것이 또 있었나 돌아볼 정도로 메모리 반도체는 기술전쟁에 참전한 한국이 가진 강력한 무기다. 그래서 메모리 반도체만 보면 착각에 빠진다. 미국 대통령까지 추켜세우니 마치 한국 반도체가 세계를 지배하는 듯한 기분이 드는 것이다.

하지만 자만은 금물이다. 반도체 기술의 최고 수준이 100점이라면 한국 반도체 기술 수준은 평균 71점에 불과하다.[36] 2021년 국내 반도체 전문가 100명에게 물어본 결과다.

가장 낮은 분야는 인공지능 반도체 소프트웨어와 설계 기술(각각 56점)이다. 차량용 반도체 설계(59점), 반도체 장비(60점), 반도체 부품(63점), 전력 반도체 설계(64점), 반도체 소재(65점) 분야의 수준도 낮은 편이다. 기술 수준이 높다고 평가된 분야는 메모리 반도체 제조(95점)와 설계(92점)다. IT용 반도체 공정은 81점, 애플리케이션 프로세서 파운드리 공정은 80점이다. 2021년 한국은 반도체 연대 협력 협의체를 출범했다.[37] 이 협의체는 소재, 부품, 장비를 공동 개발할 계획이다.

한국은 반도체 기업의 규모가 크지 않다. 2022년 세계 시가총액 상위 100대 반도체 기업에 드는 한국 기업은 3위 삼성전자에 이어 14위 SK하이닉스와 100위 SK스퀘어 등 3곳뿐이다.[38] 42곳의 중국, 28곳의 미국, 10곳의 대만, 7곳의 일본에 비하면 기반이 너무 약하다. 삼성전자는 2018년에 1위였으나 2022년에는 TSMC와 엔비디아에게 각각 1, 2위를 내주며 3위로 떨어졌다. 매출액 중 연구비 투자가 큰 국가는 17%의 미국, 11%의 일본, 10%의 대만 순인데 한국은 8% 수준으로 낮다.

설상가상으로 한국은 '칩4 Chip4' 동맹이라는 어려운 문제를 풀어야 한다. 2022년 미국이 제안한 칩4 동맹에는 미국의 설계 기술과 제조 장비, 대만의 파운드리, 한국의 메모리, 일본의 소재와 제조 장비를 한곳으로 모아 통제하겠다는 의도가 담겨 있다. 미국과 일본을 중심에 두고 여기에 대만과 한국이 협력해서 반도체 공급망을 주도하겠다는 전략이다. 그러나 이 동맹이 가동되더라도 당장 중국을 배제하긴 쉽지 않다. 시장 때문이다.

칩4 동맹은 지금까지 한국이 경험했던 기술협력이나 파트너십과는 차원이 다르다. 한국이 이 동맹에 참여하면 중국의 보복을 받기 쉽다. 중국은 한국이 사드를 배치했다는 이유로 혹독한 경제보복을 한 전례가 있으며, 한국에 소재 공급을 제한해 반도체 제조를 규제할 수 있는 나라다. 그렇다 해서 칩4 동맹에 참여하지 않을 경우엔 미국의 보복이 두렵다. 미국은 한국 기업에서 데이터를 받아 공급망을 감시하고 한국의 수출을 규제할 수 있기 때문이다. 이러니 한국은 미중 양국 중 어느 한쪽에 완전히 들어가기 어려운 처지다.

원칙적으로 말하자면, 한국은 칩4 동맹에 참여하거나 불참한다는 이분법 사고에서 벗어나야 기술의 제3축이라는 삼분법을 생각해야 한다. 미래는 아무도 알 수 없으니 실제로 기술전쟁이 진행되는 양상을 보면서 변화에 적응해나갈 필요가 있다. 미국과 중국은 각각 상대국에 협력이나 규제를 선택할 수 있으니, 그에 따라 가능해질 반도체 시나리오로는 적어도 4가지를 생각할 수 있다.

1. 미국과 중국이 서로 협력하고 뜨거운 사랑을 나누는 경우

미중 양국은 수시로 고위급 회담을 하면서 상대국이 원하는 내용을 들어주고, 전 세계의 반도체 시장은 완전한 협력과 경쟁 체제로 움직인다. 미국은 아무런 제한 없이 반도체 설계 소프트웨어와 제조 기술을 중국에 제공한다. 또한 중국 기업을 블랙리스트에서 제외하고 수출을 방해하는 모든 규제를 없앤다. 동맹국이 중국에 반도체 기술을 수출하는 데도 전혀 제한이 없다. 중국은 외국 기업들에게 자국 시장을 개방해 아무런 어려움 없이 중국 시장에 진출할 수 있게 하고, 그에 따라 외국 기업과 중국 기업은 중국 시장에서 자유롭게 경쟁한다.

또한 스마트폰, 자율주행차, 사물인터넷, 스마트 로봇 등의 발전으로 반도체 사용 수요가 폭발적으로 늘어난다. 반도체 기업의 글로벌 인수 합병이 활발하게 진행된다. 이 시나리오대로 가면 반도체는 공급 과잉 상태가 되고 반도체 제조 기업은 치킨게임에 빠질 수 있다. 한국에는 기회와 위협이 동시에 존재하는 시나리오다.

2. 미국과 중국이 서로 규제하고 차가운 이별을 택하는 경우

반도체는 글로벌 분업으로 작동하는 산업이지만 미국과 중국은 무리해서라도 자국 중심의 공급망을 만들려 한다. 이 두 나라가 서로에게 완전히 등을 돌리면 양국은 물론 세계 모든 국가가 반도체를 가질 수 없다. 미국과 중국이 자국 중심의 새로운 공급망을 개척하거나 국내 생태계를 만들려면 시간이 필요하고, 이 기간 동안 전 세계 반도체 기업들은 극심한 눈치작전을 펼친다. 미국은 설계 기술과 제조 장비를 중국에 수출하지 않지만, 낮은 기술 수준의 반도체나 장비의 경우엔 수출을 허용한다. 기업의 매출을 완전히 막을 수는 없기 때문이다. 한국은 미국의 강요로 첨단 반도체를 중국에 판매하지 못한다.

중국은 외국의 설계 소프트웨어 제품을 복사해서 개발한다. 중국은 미국보다 낮은 수준의 반도체만 제조가 가능하다. 때문에 미국을 따라잡기 위해 투자를 늘리고, 최고 기술을 습득할 때까지 외국 기업에게 웃돈을 주고 반도체나 기술을 구입한다. 첨단 반도체를 구입할 수 없으면 소재 공급을 제한해 상대국의 반도체 제조를 막는다. 2019년 기준으로 중국에 있던 7만 개의 미국 기업들은 중국에서 완전히 철수한다.

미국과 중국은 상대국이 타국의 반도체 기업을 인수 합병하려는 안건을 거의 모두 반대한다. SK하이닉스는 인텔의 낸드 사업부를 90억 달러에 인수했다. 2020년 계약한 후에 미국, 대만, 영국, 유럽연합 등 7개국은 승인 결정을 내렸지만 중국은 1년 이상 지난 후에야 가장 늦게 승인했다. 미국은 중국 기업의 인수 계획을 반대한다. 2021년 중국의 와이즈로드캐피탈Wiseroad Capital은 미국의 매그나칩반도체Magnachip를 14억 달러에 인수하려 계약했으나, 미국은 안보를 이유로 인수 불가 결정을 내렸다.[39]

3. 미국은 중국을 규제하지만
중국은 인내하면서 미국에 협력하는 경우

미국은 중국의 반도체 개발 속도를 늦추려고 규제한다. 반도체에서부터 시작된 규제 범위는 양자컴퓨터 등으로 확대되고 있다. 미국은 자국의 힘만으로는 부족하니 한국, 대만, 네덜란드 등 반도체 기술을 보유한 국가들도 규제에 동참하라고 요구한다. 이들 국가 입장에선 겉으로는 미국의 요청을 받아들이고 대중국 규제에 동참할 수밖에 없다. 미국이 중국을 규제하는 범위는 첨단 반도체, 그리고 10나노미터 이하만 해당된다. 기술 수준이 뒤처진 반도체 기술의 경우엔 중국 수출에 제한을 두지 않는다.

중국은 겉으론 미국에 격렬하게 반항하지 않는다. 기술이 미국보다 뒤처져 있기 때문이다. 약한 자는 절대로 강한 자에게 드러내놓고 대항하면 안 된다. 중국은 미국 외의 국가에서 적극적으로 기술을 이전하는 등 절치부심하며 반도체 기술을 개발한다. 미국이 중국을 완전히 배제하기란 사실상 불가능하다. 중국은 세계 최대의 시장이기 때문이다. 한국은 중국 시장을 포기할 수 없기에 미국이 규제하는 범위에 주의하면서 중국에 협력하고, 미국과 중국에 각각 제조 공장을 운영한다.

4. 미국은 중국을 짝사랑하고 협력하지만 중국은 미국을 규제하는 경우

어쩌면 이는 중국이 꿈꾸는 시나리오일지도 모른다. 미국은 중국에 모든 것을 개방하지만 중국은 미국의 협력을 거부한다. 미래에 자국 기술이 세계 최고 수준에 도달하면 중국은 독자적 생태계를 만들고 미국에 시장을 개방하지 않을 수 있다. 중국은 미국 기술이 들어간 반도체 장비나 제품을 수입하지 않고, 기술과 시장을 무기로 전 세계의 반도체 기업을 통제한다. 중국에서 제조된 반도체는 자국 내에서 사용하며 남은 반도체는 덤핑 가격으로 수출한다. 중국은 자국에 진출한 외국 반도체 기업에게 설계부터 제조에 이르기까지 모든 기술 자료를 제출하라 하고, 소프트웨어의 경우엔 소스코드까지도 요구한다. 또한 한국을 포함한 전 세계 기업에 희토류를 배급제로 공급하면서 공급망을 통제한다.

그렇다면 반도체는 과연 이상과 같은 4가지 시나리오 속에서만 지그재그로 움직일까?

아닐 수 있다. 미중 어느 한쪽에 쉽게 동조하지 않거나 못하는 국가가 많기 때문이다. 기술전쟁은 가까이는 반도체, 멀리는 우주까지 그물처럼 펼쳐지고 있다. 미국이나 중국이 그물을 치면 어느 국가든 빠져나가기 어렵다. 최고 기술과 최대 시장을 가진 군사대국이 친 그물에는 다른 국가를 옭아매는 능력이 있다.

하지만 반도체는 다르다. 반도체의 설계, 제조, 사용은 국제 분업을 바탕으로 이루어지기에 미국이든 중국이든 혼자 힘으로는 독점이 어렵다. 미국과 중국이 상대를 너무 엄격하게 규제하면 모든 국가가 반도체를 가질 수 없고 세계 경제는 무너진다. 그렇기에 미국과 중국을 양대 축으로 하는 시나리오는 찢어진 그물처럼 틈새가 벌어지고 엄격하게 기능하지 않을 수 있는 것이다.

이제 우리는 반도체뿐 아니라 기술전쟁의 모든 배틀필드에서 예상되는 모든 상황의 시나리오를 만들고 변화를 예의 주시해야 한다.

그러나 상황이 어떻게 변화하든 한국이 지켜야 할 원칙이 있다. 한국은 과학의 힘을 믿고, 혁신을 계속하며, 인재를 품에 품고, 더불어 기술의 제3축을 주도하며 환경에 적응해야 한다. 기술전쟁이 어떻게 전개되든 한국의 생존에 필요한 최소한의 조건들이다.

주석

들어가며_ 기술전쟁의 대립 구도는 어떻게 확대되었나

1. 'A new world war over technology', https://edition.cnn.com/2020/07/10/tech/us-china-global-tech-war-intl-hnk/index.html

2. 梶谷善久,《RE作戦 国際技術戦争の苦闘と栄光のドラマ》, ペリカン社, 1967.

3. 'ロータリーエンジン開発物語', https://www.mazda.com/ja/innovation/stories/rotary/newfrontier

4. 'Senator Toomey Uses Final Senate Remarks to Criticize Trump−Biden "National Security" Tariffs', https://www.cato.org/blog/senator-toomey-uses-final-senate-remarks-criticize-trump-biden-national-security-tariffs

5. 'Patent Cooperation Treaty Yearly Review 2021', https://www.wipo.int/edocs/pubdocs/en/wipo_pub_901_2021.pdf

6. 'Top military leader says China's hypersonic missile test 'went around the world'', https://edition.cnn.com/2021/11/17/politics/john-hyten-china-hypersonic-weapons-test/index.html

7. China Index 2022, https://china-index.io

1장 피지컬 배틀필드

1. '중국, 제조강국 건설 '중국제조 2025' 발표', https://now.k2base.re.kr/portal/trend/mainTrend/view.do?poliTrndId=TRND0000000000027500&menuNo=200004&pageIndex=

2. ''중국제조 2025' 달성 물 건너가… 中, 2025년 반도체 생산 점유율 19.4% 전망', https://www.kita.net/cmmrcInfo/cmmrcNews/cmmrcNews/cmmrcNewsDetail.do?nIndex=61595&recommendId=0

3. Ian Bremmer, Cliff Kupchan, 'Risk 6: Innovation winter', eurasiagroup, 2019, https://www.eurasiagroup.net/live-post/risk-6-innovation-winter

4. '경제활동별 국내총생산(당해년가격)(OECD)', https://kosis.kr/statHtml/statHtml.do?orgId=101&tblId=DT_2KAA906_OECD

5. '2020年の主要商品・サービスシェア調査', , https://s.japanese.joins.com/JArticle/281632?sectcode=300&servcode=300

6. UNIDO database, https://stat.unido.org

7. 'Manufacturing, value added (% of GDP)', https://data.worldbank.org/indicator/NV.IND.MANF.ZS

8. '주요국 SW시장규모', https://stat.spri.kr/posts/view/22298?code=stat_sw_market_global

9. 'EDA 시장 2026년 25조… 북미 집중', https://theguru.co.kr/mobile/article.html?no=41670

10. '디지털 주권과 소프트웨어 : 현황과 과제', https://www.ifs.or.kr/bbs/board.php?bo_table=research&wr_id=809

11. 'US Tech Boosted China's Hypersonic Missile Projects', https://www.asiafinancial.com/us-tech-boosted-chinas-hypersonic-missile-projects-wapo

12. 'The Growing Challenge of Semiconductor Design Leadership', https://www.semiconductors.org/wp-content/uploads/2022/11/2022_The-Growing-Challenge-of-Semiconductor-Design-Leadership_FINAL.pdf

13. '第14次5か年計画」スマート製造発展計画, https://www.nedo.go.jp/content/100952927.pdf

14. 'Electric Vehicle (BEV/PHV/FCV) Sales Monthly Report', https://www.marklines.com/en/vehicle_sales/free

15. 'Olaf Scholz's China Gamble', https://thediplomat.com/2022/12/olaf-scholzs-china-gamble/

16. 'Sino-German Industrie 4.0 Cooperation', https://www.plattform-i40.de/IP/Redaktion/EN/Dossiers/china.html

17. '화웨이, 자체 개발 '하모니OS 2' 생태계 공개', https://www.huawei.com/kr/news/kr/2021/6/huawei-launches-products-powered-by-harmonyos-2

18. 'DoD inks waiver for deliveries of F-35s, halted over Chinese material', https://www.defensenews.com/pentagon/2022/10/07/dod-inks-waiver-for-deliveries-of-f-35s-halted-over-chinese-material

19. '한국이 100년 쓸 리튬 여기 있어요, 2030년 세계 3위 생산국 될 겁니다', https://www.chosun.com/economy/industry-company/2022/12/21/5BUKN3BJDVEGVHZDDXW4Q4FHWM

20. '船長釈放「菅直人氏が指示」前原元外相が証言 尖閣中国漁船衝突事件 10年 主席来日中止を危惧, https://www.sankei.com/article/20200908-

3WSZ2RV63BKI7HZYEPKQ3T7Z5U

21. 'K배터리 핵심광물 中의존도, 주요 경쟁국 중 가장 높아', https://www.kita.net/cmmrcInfo/cmmrcNews/cmercNews/cmercNewsDetail.do?pageIndex=1&nIndex=1829402

22. 'Biden tells 60 Minutes U.S. troops would defend Taiwan, but White House says this is not official U.S. policy', https://www.cbsnews.com/news/president-joe-biden-taiwan-60-minutes-2022-09-18

23. 'War with China - Thinking Through the Unthinkable', https://www.rand.org/content/dam/rand/pubs/research_reports/RR1100/RR1140/RAND_RR1140.pdf

24. 'Reshoring Initiative', https://www.reshorenow.org

25. 'Multiple Supply Chain Risks Accelerate Reshoring', https://reshorenow.org/content/pdf/2022_1H_data_report-final5.5.pdf

26. 'The CHIPS and Science Act', https://science.house.gov/chipsandscienceact

27. '米ミシガン州が「中国電池大手」を誘致する背景', https://toyokeizai.net/articles/-/625955

28. '삼성, 20년간 250조원 들여 텍사스에 반도체공장 11곳 신설 추진', https://www.yna.co.kr/view/AKR20220722002200072

29. '次世代半導体パッケージ実装技術開発のためのコンソーシアム「JOINT(ジョイント)2」を設立', https://www.mc.showadenko.com/news/detail/japanese/33

30. 'Why Apple can't quit China', https://edition.cnn.com/2022/07/28/tech/apple-china-manufacturing-sales/index.html

31. '日本の半導体産業はなぜ衰退したのか？', https://www.zakzak.co.jp/smp/soc/news/211021/dom2110210001-s1.html

32. '次期戦闘機 2035年めど配備開始 英伊との共同開発を選択した決め手', https://newswitch.jp/p/34960

2장 디지털 배틀필드

1. 'ソフトバンク'ファーウェイ製通信設備の使用は 政府のガイドラインを見極めたい', https://www.itmedia.co.jp/news/articles/1812/19/news148.html

2. '국내 5G 장비 중 9%가 中 화웨이…'반(反) 화웨이' 정서 속 부담', https://www.hankookilbo.com/News/Read/A2020092409380001881

3. 'Korean Telecom Industry Caught in Middle of U.S.-China Tug of War', http://

www.businesskorea.co.kr/news/articleView.html?idxno=49756

4. 'LG Uplus Caught in the Middle of U.S.-China Conflict', http://www.businesskorea.co.kr/news/articleView.html?idxno=49487

5. 'The Clean Network', https://2017-2021.state.gov/the-clean-network/index.html

6. 'Global Initiative on Data Security', https://www.fmprc.gov.cn/mfa_eng/wjdt_665385/2649_665393/202009/t20200908_679637.html

7. 'Who is leading the 5G patent race?', https://www.iplytics.com/wp-content/uploads/2022/06/5G-patent-race-June-2022_website.pdf

8. 'Total Telecom Equipment Market 2020', https://www.delloro.com/key-takeaways-total-telecom-equipment-market-2020

9. 기업마다 표준이 다른데 NMT, TACS, RC2000, AMPS, C450 기술이 포함된다.

10. CDMA 기술은 WCDMA, HSDPA, CDMA2000, EV-DO로 진화했다.

11. https://www.itu.int/dms_pubrec/itu-r/rec/m/R-REC-M.2083-0-201509-I!!PDF-E.pdf

12. https://www.3gpp.org/release-17

13. 'H.R.4045 - FUTURE Networks Act', https://www.congress.gov/bill/117th-congress/house-bill/4045/all-info

14. 'Next G Alliance', https://www.nextgalliance.org

15. 'Japan to partner with U.S. on 6G standards for unmanned tech', https://asia.nikkei.com/Business/Tech/Semiconductors/Japan-to-partner-with-U.S.-on-6G-standards-for-unmanned-tech

16. 'hexa-x', https://hexa-x.eu

17. '6G IA', https://6g-ia.eu

18. '6G Global', http://6gglobal.org/kr/sub/trend/trend.php?pageName=%EA%B5%AD%EB%82%B4&boardid=trend1

19. '표준특허의 정의', https://www.kats.go.kr/content.do?cmsid=285

20. DFFT: Data Free Flow with Trust

21. http://www3.weforum.org/docs/WEF_Paths_Towards_Free_and_Trusted_Data%20_Flows_2020.pdf

22. 'Internet Governance Forum, IGF, https://www.intgovforum.org/en

23. '2africa', https://www.submarinecablemap.com/submarine-cable/2africa

24. 'China casts its 'SkyNet' far and wide, pursuing tens of thousands

who flee overseas', https://www.rfa.org/english/news/china/skynet-repatriation-05042022151054.html

25. 'We monitor and challenge internet censorship in China', https://en.greatfire.org

26. 'The Global Drive to Control Big Tech', https://freedomhouse.org/report/freedom-net/2021/global-drive-control-big-tech

27. 'Individuals using the Internet', https://www.itu.int/en/ITU-D/Statistics/Pages/stat/default.aspx

28. 'How to Stop the Internet from Breaking Apart', https://www.brookings.edu/blog/techtank/2014/10/06/how-to-stop-the-internet-from-breaking-apart

29. 'Eli Pariser', https://www.elipariser.org

30. 'What is an echo chamber?', https://edu.gcfglobal.org/en/digital-media-literacy/what-is-an-echo-chamber/1/

31. 'I know your favourite drink': Chinese smart city to put AI in charge', https://www.weforum.org/agenda/2020/12/china-ai-technology-city

32. 'Beyond Traffic: 2045 Final Report', https://www.transportation.gov/policy-initiatives/beyond-traffic-2045-final-report

33. '2021 국가교통비용 전망-교통혼잡비용, 교통물류비용, 교통사고비용-', 〈이슈페이퍼〉 2021-08, 한국교통연구원 2021.

34. '인공지능 등 첨단기술 접목해 안전하고 편리한 친환경 도로 만든다', http://www.molit.go.kr/USR/NEWS/m_71/dtl.jsp?lcmspage=24&id=95082928

35. 'Nowhere to hide: Building safe cities with technology enablers and AI', https://www.huawei.com/us/technology-insights/publications/winwin/ai/nowhere-to-hide

36. 'Activists fear rising surveillance from Asia's Digital Silk Road', https://www.reuters.com/article/china-southea

37. 'Watching Huawei's "Safe Cities"', https://www.csis.org/analysis/watching-huaweis-safe-cities

38. 'World's population increasingly urban with more than half living in urban areas', https://www.un.org/en/development/desa/news/population/world-urbanization-prospects-2014.html

39. Jim Al-Khalili, 《What's Next?: Even Scientists Can't Predict the Future – or Can They?》, Profile Books, 2017.

40. 'NYC To Lower Speed Limit On 10 Major Roadways To 25 MPH', https://
newyork.cbslocal.com/2021/05/10/new-york-city-speed-limit-department-of-
transportation-bill-de-blasio

41. 'How Much Have the Chinese Actually Taken?', https://www.csis.org/analysis/
how-much-have-chinese-actually-taken

42. 'IBM artificial intelligence can predict with 95% accuracy which workers are about
to quit their jobs', https://www.cnbc.com/2019/04/03/ibm-ai-can-predict-with-
95-percent-accuracy-which-employees-will-quit.html

43. Najafi-Zangeneh, S. et al. 'An Improved Machine Learning-Based Employees
Attrition Prediction Framework with Emphasis on Feature Selection', Mathematics
2021, 9, 1226., https://doi.org/10.3390/math9111226

44. 'Method and system for predicting attrition customers', https://patents.google.com/
patent/EP1625543A4/en

45. 'National Cyber Power Index 2022', https://www.belfercenter.org/publication/
national-cyber-power-index-2022

46. 'Cyber Flag 21-2 winner announcement', https://www.cybercom.mil/Media/
News/Article/2671401/media-advisory-cyber-flag-21-2-winner-announcement

47. 'Reagan Approved Plan to Sabotage Soviets', https://www.washingtonpost.
com/archive/politics/2004/02/27/reagan-approved-plan-to-sabotage-soviets/
a9184eff-47fd-402e-beb2-63970851e130

48. 'Telegram blames China for 'powerful DDoS attack' during Hong Kong protests',
https://www.theverge.com/2019/6/13/18677282/telegram-ddos-attack-china-
hong-kong-protest-pavel-durov-state-actor-sized-cyberattack

49. 'A Brief History of the LulzSec Hackers', https://www.foxnews.com/tech/a-brief-
history-of-the-lulzsec-hackers

50. 'Anonymous Hackers Launch Cyber Ops Against Russia, Claim Government
Site Takedowns', https://www.hstoday.us/subject-matter-areas/cybersecurity/
anonymous-hackers-launch-cyber-ops-against-russia-claim-government-site-
takedowns

51. 'Elon Musk's 'Twitter Files' ignite divisions, but haven't changed minds', https://
www.washingtonpost.com/technology/2022/12/03/elon-musk-twitter-files

52. 'Edward Snowden: the whistleblower behind the NSA surveillance

revelations',https://www.theguardian.com/world/2013/jun/09/edward-snowden-nsa-whistleblower-surveillance

53. 'Five eyes Intelligence Oversight and Review Council (FIORC)', https://www.dni.gov/index.php/ncsc-how-we-work/217-about/organization/icig-pages/2660-icig-fiorc

54. 'Privacy Shield Framework', https://www.privacyshield.gov/welcome

55. 'China's Biomedical Data Hacking Threat: Applying Big Data Isn't as Easy as It Seems', https://repositories.lib.utexas.edu/handle/2152/115177

56. 'China gene firm providing worldwide COVID tests worked with Chinese military', https://www.reuters.com/article/us-china-genomics-military-exclusive-idUSKBN29Z0HA

57. 'At a Hearing Concerning the Comprehensive Threat to America Posed by the Communist Party of China', https://www.intelligence.senate.gov/sites/default/files/documents/os-bevanina-080421.pdf

58. 'Massive Data Breach Puts 4 Million Federal Employees' Records At Risk', https://www.npr.org/sections/thetwo-way/2015/06/04/412086068/massive-data-breach-puts-4-million-federal-employees-records-at-risk

59. 'Equifax Data Breach', https://archive.epic.org/privacy/data-breach/equifax

60. 'Marriott discloses massive data breach affecting up to 500 million guests', https://www.washingtonpost.com/business/2018/11/30/marriott-discloses-massive-data-breach-impacting-million-guests

61. '한국 개인정보 거래장터 된 중국 온라인', https://www.sisajournal.com/news/articleView.html?idxno=185487

62. 'The AI Cold War That Threatens Us All', https://www.wired.com/story/ai-cold-war-china-could-doom-us-all

63. 'China Becomes First Country in Which Ecommerce Surpasses 50% of Retail Sales', https://www.insiderintelligence.com/newsroom/index.php/china-becomes-first-country-in-which-ecommerce-surpasses-50-of-retail-sales

64. 'San Francisco is first US city to ban facial recognition', https://www.bbc.com/news/technology-48276660

65. 'Surveillance camera statistics: which cities have the most CCTV cameras?', https://www.comparitech.com/vpn-privacy/the-worlds-most-surveilled-cities

66. China Is Setting the Standard for Deepfake Regulation, for Better or Worse',
    https://gizmodo.com/china-deepfake-ai-1849883861

67. 'What the government isn't doing', https://www.politico.com/story/2014/05/big-
    data-beyond-the-nsa-106653

68. 'Apple Is Tracking You Even When Its Own Privacy Settings Say It's Not, New
    Research Says', https://gizmodo.com/apple-iphone-analytics-tracking-even-
    when-off-app-store-1849757558

69. 'High tech is watching you', https://news.harvard.edu/gazette/story/2019/03/
    harvard-professor-says-surveillance-capitalism-is-undermining-democracy

70. '중국 데이터 관련 최신 법제 동향', https://m.lawtimes.co.kr/Content/Article?serial=176924

71. 'General Data Protection Regulation GDPR', https://gdpr-info.eu

72. 'ISO/IEC 27000:2018 Information technology—Security techniques—Information
    security management systems—Overview and vocabulary', https://www.iso.org/
    standard/73906.html

73. 'ISO/IEC 38505-1:2017 Information technology—Governance of IT—Governance
    of data—Part 1: Application of ISO/IEC 38500 to the governance of data', https://
    www.iso.org/standard/56639.html

74. 'Now That Machines Can Learn, Can They Unlearn?', https://www.wired.com/
    story/machines-can-learn-can-they-unlearn

75. 'Machine Unlearning', https://arxiv.org/abs/1912.03817

76. 'Aaron Roth on 'Machine Unlearning'', https://blog.seas.upenn.edu/aaron-roth-
    on-machine-unlearning

77. 'What is Responsible AI?', https://docs.microsoft.com/en-us/azure/machine-
    learning/concept-differential-privacy

78. 'General Data Protection Regulation GDPR', https://gdpr-info.eu

79. 'Statement of Commissioner Rohit Chopra', https://www.ftc.gov/system/files/
    documents/public_statements/1585858/updated_final_chopra_statement_on_
    everalbum_for_circulation.pdf

80. 'National Security Memorandum on Promoting United States Leadership in
    Quantum Computing While Mitigating Risks to Vulnerable Cryptographic
    Systems', https://www.whitehouse.gov/briefing-room/statements-
    releases/2022/05/04/national-security-memorandum-on-promoting-united-

states-leadership-in-quantum-computing-while-mitigating-risks-to-vulnerable-cryptographic-systems

81. 'National Quantum Initiative', https://www.quantum.gov

82. 'SKT, 세계 1위 양자암호통신 IDQ 인수', https://zdnet.co.kr/view/?no=20180226064911

83. '양자암호는 과학자의 호기심과 열정의 산물 – 양자암호 발명자 찰스 버넷 박사 회견', https://www.sciencetimes.co.kr/news/%EC%96%91%EC%9E%90%EC%95%94%ED%98%B8%EB%8A%94-%EA%B3%BC%ED%95%99%EC%9E%90%EC%9D%98-%ED%98%B8%EA%B8%B0%EC%8B%AC%EA%B3%BC-%EC%97%B4%EC%A0%95%EC%9D%98-%EC%82%B0%EB%AC%BC

84. 'Post-Quantum Cryptography', https://csrc.nist.gov/projects/post-quantum-cryptography

85. '양자 내성 암호 연구단', https://www.youtube.com/channel/UCEgUkGK7fL7l2vrZgchaP9w

86. 'Addition of Entities and Revision of Entries on the Entity List; and Addition of Entity to the Military End-User (MEU) List', https://public-inspection.federalregister.gov/2021-25808.pdf

87. '600-km repeater-like quantum communications with dual-band stabilization', https://www.nature.com/articles/s41566-021-00811-0

88. Sheng-Kai Liao et al., 'Satellite-Relayed Intercontinental Quantum Network', Phys. Rev. Lett. 120, 030501, 2018., https://journals.aps.org/prl/abstract/10.1103/PhysRevLett.120.030501

89. 'An integrated space-to-ground quantum communication network over 4,600 kilometres', https://www.nature.com/articles/s41586-020-03093-8

90. '양자 정보기술의 시대가 오고 있다', https://www.korea.kr/news/policyBriefingView.do?newsId=156444257

91. '2020년 기술 수준 평가', https://www.kistep.re.kr/board.es?mid=a10305080000&bid=0002&act=view&list_no=34317&tag=&nPage=1

92. '양자 기술 연구개발 투자전략', https://www.msit.go.kr/bbs/view.do?sCode=user&nttSeqNo=3180196&pageIndex=1&searchTxt=&searchOpt=ALL&bbsSeqNo=94&mId=113&mPid=112

93. 'H.R.6227 – National Quantum Initiative Act', https://www.congress.gov/bill/115th-congress/house-bill/6227

3장 스페이스 배틀필드

1. '모형 러 첨단로켓서 전율의 발견… 누리호 개발의 비밀', https://www.joongang. co.kr/article/25019204#home

2. '우주발사체용 로켓엔진이란 무엇인가… 10개국만 보유한 극비기술', https://www. dongascience.com/news.php?idx=25370

3. 'US lifts missile restrictions on South Korea, ending range and warhead limits', https://www.defensenews.com/global/asia-pacific/2021/05/25/us-lifts-missile- restrictions-on-south-korea-ending-range-and-warhead-limits

4. 2020년 기술 수준 평가, 〈우주, 항공, 해양〉, 한국과학기술기획평가원, 2021., https://www.kistep.re.kr/board.es?mid=a10305080000&bid=0002&act=view&li st_no=34317&tag=&nPage=1

5. 'NASA Awards Launch Services Contract for GOES-U Mission', https://www. nasa.gov/press-release/nasa-awards-launch-services-contract-for-goes-u- mission

6. 'リアルな「スター・ウォーズ」…宇宙も新たな「戦争領域」に', https://www. yomiuri.co.jp/national/20210510-OYT1T50156

7. 'Why Satellites are Manufactured in Clean Rooms', https://www.ohb.de/en/ magazine/sparkling-clean

8. 'Russia's anti-satellite threat tests laws of war in space', https://www.reuters.com/ world/russias-anti-satellite-threat-tests-laws-war-space-2022-10-28

9. 'Russia Announces Space War On Elon Musk's Starlink Satellites, Accepts Moskva Was Attacked', https://www.republicworld.com/world-news/russia-ukraine- crisis/russia-announces-space-war-on-elon-musks-starlink-satellites-accepts- moskva-was-attacked-articleshow.html

10. 'Elon Musk visits Brazil to discuss Amazon with Bolsonaro', https://www.cnbc. com/2022/05/20/elon-musk-visits-brazil-to-discuss-amazon-with-bolsonaro. html

11. 'Order Starlink', https://www.starlink.com

12. '中위성 4년 새 2배로… 500개의 눈이 세계를 들여다본다', https://www.chosun. com/international/china/2022/05/10/2WNJBDVTUZFHZDFOOPO4VDFUZM

13. 'Elon Musk touts SpaceX surging internet growth, but still says goal is to avoid bankruptcy', https://edition.cnn.com/2021/06/29/tech/elon-musk-spacex-

starlink-scn/index.html

14. 'Amazon plans to launch its first internet satellites in late 2022', https://www.cnbc. com/2021/11/01/amazons-project-kuiper-launching-first-internet-satellites-in-q4-2022.html

15. 'FCC Authorizes Boeing Broadband Satellite Constellation', https://www.fcc.gov/ document/fcc-authorizes-boeing-broadband-satellite-constellation

16. 'Telesat', https://www.telesat.com

17. 'Satellite Phone Store', https://satellitephonestore.com/iridium-services

18. 'NASA launches laser demo that could revolutionize space communication',https:// edition.cnn.com/2021/12/07/world/nasa-laser-relay-communications-demonstration-launch-scn/index.html

19. 'Taara', https://x.company/projects/taara

20. 'Saying goodbye to Loon', https://blog.x.company/loon-draft-c3fcebc11f3f

21. 'Russian anti-satellite missile test draws condemnation', https://www.bbc.com/ news/science-environment-59299101

22. 'NASA's DART spacecraft hits target asteroid in first planetary defense test', https://www.reuters.com/lifestyle/science/nasas-asteroid-deflecting-dart-spacecraft-nears-planned-impact-with-its-target-2022-09-26

23. 'The Story of GPS', https://www.darpa.mil/attachments/(2O10)%20Global%20 Nav%20-%20About%20Us%20-%20History%20-%20Resources%20-%20 50th%20-%20GPS%20(Approved).pdf

24. 'みちびき(準天頂衛星システム)', https://qzss.go.jp

25. '한미 '한국형 위성항법 시스템' 개발 협력… 공동성명 서명', https://www.korea. kr/news/policyNewsView.do?newsId=148887950

26. '한국, 유엔 국제위성항법위원회(ICG) 회원국 정식 가입', https://www.korea.kr/ news/pressReleaseView.do?newsId=156476143

27. 'International Committee on Global Navigation Satellite Systems (ICG): Members', https://www.unoosa.org/oosa/en/ourwork/icg/members.html

28. 'astroscale', https://astroscale.com

29. 'Privateer', https://www.privateer.com

30. 'OMEGA Returns to Space', https://www.omegawatches.com/stories/omega-returns-to-space

31. 'Collision frequency of artificial satellites: The creation of a debris belt',https://agupubs.onlinelibrary.wiley.com/doi/abs/10.1029/JA083iA06p02637

32. 'Brane Craft Wins NASA Award', https://aerospace.org/article/brane-craft-wins-nasa-award

33. 'Upcoming space mission to test Purdue-developed drag sail pulling rocket back to Earth', https://www.purdue.edu/newsroom/releases/2020/Q3/upcoming-space-mission-to-test-purdue-developed-drag-sail-pulling-rocket-back-to-earth.html

34. 'Gas Stations in Space', https://www.orbitfab.com

35. 'Space Logistics', https://www.northropgrumman.com/space/space-logistics-services

36. 'アストロスケール米国とOrbit Fab' 初となる衛星への燃料補給契約を締結', https://astroscale.com/ja/astroscale-u-s-and-orbit-fab-sign-first-on-orbit-satellite-fuel-sale-agreement

37. 'Take or Pay: What It Means and How It Works in Contracts', https://www.investopedia.com/terms/t/takeorpay.asp

38. 'Smoke and fire alarms go off on International Space Station', https://www.theguardian.com/science/2021/sep/09/smoke-and-fire-alarms-go-off-on-international-space-station

39. 'Russian team back on Earth after filming first movie in space', https://www.bbc.com/news/world-europe-58944660

40. 'Axiom Space', https://www.axiomspace.com

41. 'NASA reviews private space station proposals, expects to save over $1 billion annually after ISS retires', https://www.cnbc.com/2021/09/20/nasa-evaluating-private-space-station-proposals-for-iss-replacement.html

42. 'China space station: What is the Tiangong?', https://www.bbc.com/news/world-asia-china-61511546

43. 'ILRS Roadmap Presented at GLEX 2021', https://dfnc.ru/en/press-release/ilrs-roadmap-presented-at-glex-2021

44. Peter Navarro,《Crouching Tiger: What China's Militarism Means for the World》, Prometheus, 2015.

45. A.D.Roberts et. al., 'Blood, sweat, and tears: extraterrestrial regolith biocomposites with in vivo binders', Materials Today Bio, Vol.12, Sep. 2021., https://doi.

org/10.1016/j.mtbio.2021.100136

46. 'Scientists Develop "AstroCrete" Concrete for Affordable Housing on Mars', https://greekreporter.com/2021/09/16/scientists-develop-astrocrete-mars

47. 'LunaNet: Empowering Artemis with Communications and Navigation Interoperability', https://www.nasa.gov/feature/goddard/2021/lunanet-empowering-artemis-with-communications-and-navigation-interoperability

48. 'The Spaceline: a practical space elevator alternative achievable with current technology', https://arxiv.org/abs/1908.09339

49. 'Shoot to the Stars: 15 Facts About the Fascinating Space Elevator Concept', https://interestingengineering.com/shoot-to-the-stars-15-facts-about-the-fascinating-space-elevator-concept

50. 'The Fountains of Paradise', https://en.wikipedia.org/wiki/The_Fountains_of_Paradise

51. 'Mars One says 80,000 have applied for one-way mission to red planet', https://www.theguardian.com/science/2013/may/08/mars-one-applications-mission

52. 'Elon Musk: A Million Humans Could Live on Mars By the 2060s', https://www.nationalgeographic.com/science/article/elon-musk-spacex-exploring-mars-planets-space-science

53. 'Elon Musk says he plans to send 1 million people to Mars by 2050', https://www.businessinsider.com/elon-musk-plans-1-million-people-to-mars-by-2050-2020-1

54. 'NASA is Recruiting for Yearlong Simulated Mars Mission', https://www.nasa.gov/feature/nasa-is-recruiting-for-yearlong-simulated-mars-mission

55. 'HiPOD: Wednesday, 22 September 2021', https://www.uahirise.org/hipod/ESP_070264_1675

56. Zhen Tian et. al., 'Potassium isotope composition of Mars reveals a mechanism of planetary volatile retention', PNAS Vol. 118, No.39, 2021., https://doi.org/10.1073/pnas.2101155118

57. 'Mars habitability limited by its small size, isotope study suggests', https://phys.org/news/2021-09-mars-habitability-limited-small-size.html

58. 'NASA's OSIRIS-REx Spacecraft Successfully Touches Asteroid', https://www.nasa.gov/press-release/nasa-s-osiris-rex-spacecraft-successfully-touches-

asteroid

59. 'Sample collection from asteroid (162173) Ryugu by Hayabusa2: Implications for surface evolution', https://www.science.org/doi/10.1126/science.aaz6306

60. 「ベピコロンボ」水星探査機は金星スイングバイを終え'いよいよ水星へ接近', https://www.isas.jaxa.jp/topics/002747.html

61. 'Lucy: The First Mission to the Trojan Asteroids',https://www.nasa.gov/mission_pages/lucy/overview/index

62. 'Nov 24, 1974 CE: 'Lucy' Discovered in Africa', https://education.nationalgeographic.org/resource/lucy-discovered-africa

63. 'Star formation near the Sun is driven by expansion of the Local Bubble', https://www.nature.com/articles/s41586-021-04286-5

64. Tomoaki Ishiyama, et al, 'The Uchuu simulations: Data Release 1 and dark matter halo concentrations', Monthly Notices of the Royal Astronomical Society, Vol. 506, Issue 3, p4210–4231, Sep. 2021., https://doi.org/10.1093/mnras/stab1755

65. 'Uchuu DR2 Galaxy Catalogues', http://skiesanduniverses.org

66. Natasa Todorovic et. al., 'The arches of chaos in the Solar System', Science, Vol 6, Issue 48, 25 Nov 2020.

67. Michio Kaku, 《Physics of the Impossible: A Scientific Exploration into the World of Phasers, Force Fields, Teleportation, and Time Travel》, Doubleday, 2008

68. 'Dr. Kip Thorne Breaks Down Wormholes', https://www.youtube.com/watch?v=LhBxxMtkh-M

69. 'Rosetta comet probe enters hibernation in deep space', https://www.esa.int/Space_in_Member_States/United_Kingdom/Rosetta_comet_probe_enters_hibernation_in_deep_space

4장 글로벌 특허 배틀필드

1. 'Working Together to Build a Global Community of Health for All', http://se.china-embassy.gov.cn/eng/zgxw/202105/t20210527_9025953.htm

2. 'Taking 'Extraordinary Measures,' Biden Backs Suspending Patents on Vaccines', https://www.nytimes.com/2021/05/05/us/politics/biden-covid-vaccine-patents.html

3. 'COVID-19-related vaccines and therapeutics', https://www.wipo.int/edocs/

pubdocs/en/wipo-pub-1075-en-covid-19-related-vaccines-and-therapeutics.
pdf

4. 'The unequal scramble for coronavirus vaccines—by the numbers', https://www.
nature.com/articles/d41586-020-02450-x

5. 'Texas Children's Hospital and Baylor College of Medicine COVID-19 Vaccine
Technology Secures Emergency Use Authorization in India', https://www.
texaschildrens.org/texas-children%E2%80%99s-hospital-and-baylor-college-
medicine-covid-19-vaccine-technology-secures-emergency

6. 'Vaccine makers say IP waiver could hand technology to China and Russia',
https://www.ft.com/content/fa1e0d22-71f2-401f-9971-fa27313570ab

7. 'Pfizer and The Medicines Patent Pool (MPP) Sign Licensing Agreement for
COVID-19', https://www.pfizer.com/news/press-release/press-release-detail/
pfizer-and-medicines-patent-pool-mpp-sign-licensing

8. 'COVID-19 technology access pool', https://www.who.int/initiatives/covid-19-
technology-access-pool

9. '중국 특허법 개정, 달라진 내용은?', https://www.korea.kr/news/policyNewsView.
do?newsId=148888447

10. '知財覇権目指す中国は米国を追い抜けるか「知財強国建設綱要」を読む',
https://www.yomiuri.co.jp/choken/kijironko/ckworld/20211014-OYT8T50024

11. Ezra Vogel, 《Japan as Number One—Lessons for America》, iUniverse, 1999.

12. 'Efrat Kasznik', https://www.gsb.stanford.edu/faculty-research/faculty/efrat-
kasznik

13. 'Dongya Koh', https://sites.google.com/site/dongyakoh/research

14. 'Economic And Trade Agreement Between The Government Of The United States
Of America And The Government Of The People's Republic Of China Text',
https://ustr.gov/phase-one

15. 'Patent Cooperation Treaty Yearly Review 2021', https://www.wipo.int/edocs/
pubdocs/en/wipo_pub_901_2021.pdf

16. '커창반 2주년, 성과와 의미', https://csf.kiep.go.kr/issueInfoView.es?article_
id=43011&mid=a&board_id=2&search_option=&search_keyword=&search_
year=&search_month=&currentPage=3&pageCnt=10

17. 'UNESCO Science Report', https://unesdoc.unesco.org/ark:/48223/

pf0000377250/PDF/377250eng.pdf.multi

18. '科学技術指標 2022', https://www.nistep.go.jp/research/science-and-technology-indicators-and-scientometrics/indicators

19. '중국 국무원 등, 지식 재산권 강국 건설 강요(2021-2035) 발표', https://www.kiip.re.kr/board/trend/view.do?bd_gb=trend&bd_cd=1&bd_item=0&po_item_gb=CN&po_no=20727

20. '知財覇権目指す中国は米国を追い抜けるか「知財強国建設綱要」を読む', https://www.yomiuri.co.jp/choken/kijironko/ckworld/20211014-OYT8T50024

21. '米中技術覇権をめぐる中国知財の動向', https://www.tmi.gr.jp/uploads/2022/06/21/chizaiprism_202203.pdf

22. 'アメリカ：中国知的財産権会社が代理する14000件以上の米国登録を強制的に取消', https://trademark.jp/ip/detail/1867

23. 'US don't give China control of intellectual property group', https://www.ft.com/content/91addb98-532b-11ea-a1ef-da1721a0541e

24. 'Experts warn US against unfair moves to block WIPO candidate', https://www.globaltimes.cn/page/202002/1180821.shtml

25. 'SPC, 바닐린 영업 비밀 사건에서 가장 큰 보상 수상', https://ko.chinajusticeobserver.com/a/spc-awards-largest-compensation-in-vanillin-trade-secret-case

26. '中国オックスvsグリーの発明特許侵害で1.67億元の賠償判決(2021年12月)', https://note.com/kykip/n/ncef729adc97a

27. '특허법의 동향에 관한 비교―중국', https://law.asia/ko/patent-law-development-china

28. United States International Trade Commission, 'China: Effects of Intellectual Property Infringement and Indigenous Innovation Policies on the U.S. Economy', Invetigation No. 332-519, USITC Publication 4226, p.1-10. May 2011.

29. '中国における知財関連訴訟件数', https://www.globalipdb.inpit.go.jp/statistics/23104

30. '2021 Patent Dispute Report: Year in Review', https://www.unifiedpatents.com/insights/2022/1/3/2021-patent-dispute-report-year-in-review

31. '스마트폰 하나에 25만 개 특허', https://www.fnnews.com/news/201711121757276071

32. '삼성, 일주일 한 번 꼴 특허소송 시달린다… 절반은 울며 겨자먹기 합의', https://www.mk.co.kr/news/economy/10195449

33. '중국의 새로운 특허법으로 특허 분쟁에 대비하자', https://dream.kotra.or.kr/kotranews/cms/news/actionKotraBoardDetail.do?SITE_NO=3&MENU_ID=130&CONTENTS_NO=1&bbsSn=246&pNttSn=187332

34. '삼성과 소송비용 2백억… 일반 중소기업이면 버틸 수 있었을까?', https://www.hani.co.kr/arti/economy/marketing/970238.html

35. '특허 품질경영 및 공공특허 기술이전 우수기관 선정', https://www.kaist.ac.kr/news/html/news/?mode=V&mng_no=9130&skey=keyword&sval=100%EC%96%B5&list_s_date=&list_e_date=&GotoPage=1

36. 'KAIST, 연간 기술료 수입 국내 대학 첫 100억 달성… 2·3위는 서울대·고려대', https://biz.chosun.com/site/data/html_dir/2020/07/22/2020072202004.html

37. 'NAI & IPO Release List of Top 100 Universities Receiving Patents in 2021', https://www.patentdocs.org/2022/09/nai-ipo-release-list-of-top-100-universities-receiving-patents-in-2021.html

38. '대학·공공연 기술 이전·사업화의 질적 성장을 위한 재고', https://www.kiip.re.kr/board/data/view.do?bd_gb=data&bd_cd=3&bd_item=0&po_item_gb=2&po_item_cd=&po_no=12576

39. '대학 특허 세계경쟁력 살펴보니', https://www.mk.co.kr/news/society/4392741

40. '산업통상자원부 공공기술이전사업화 실태조사보고서', https://www.data.go.kr/data/15061530/fileData.do?recommendDataYn=Y

41. 'University Start-Ups: Critical for Improving Technology Transfer', https://www.brookings.edu/research/university-start-ups-critical-for-improving-technology-transfer

42. '15 Universities Have Formed A Company That Looks A Lot Like A Patent Troll', https://www.eff.org/deeplinks/2021/06/15-universities-have-formed-company-looks-lot-patent-troll

43. '15 Leading Research Universities Launch Joint Technology Licensing Program', https://www.utlp.net

44. '大学ファクトブック2021 -「組織」対「組織」の本格的産学連携の拡大に向けて', https://www.mext.go.jp/a_menu/shinkou/sangaku/mext_00001.html

45. Gould, R. Gordon. 'The LASER, Light Amplification by Stimulated Emission of Radiation', In Franken, P.A.. The Ann Arbor Conference on Optical Pumping, the University of Michigan, June 15 through June 18, 1959. pp. 128.

46. 'Patents by Inventor Sergey Brin, JUSTIA Patents', https://patents.justia.com/inventor/sergey-brin?page=2

47. 'Method and apparatus for dynamically counting large itemsets', JUSTIA Patents., https://patents.justia.com/patent/6185559

48. 윤태성, 《과학기술은 어떻게 세상을 바꾸는가》, 반니, 2021.

49. 'Pulsed laser cleaning of debris accumulated on glass articles in vehicles and photovoltaic assemblies', US20190351873A1., https://patents.google.com/patent/US20190351873A1/en

50. 'Alabama Woman Stuck In NYC Traffic In 1902 Invented The Windshield Wiper', https://www.npr.org/2017/07/25/536835744/alabama-woman-stuck-in-nyc-traffic-in-1902-invented-the-windshield-wiper

51. 'Window-cleaning device〉, US743801A', https://patents.google.com/patent/US743801A/en

52. 'ワイパーはただ水を拭き取っている訳ではない!? 100年以上変わらないワイパーの仕組みとは', https://kuruma-news.jp/post/413169

5장 글로벌 스탠더드 배틀필드

1. '식약처 김치 중국어 표기 오류에 대해 사과드립니다', https://www.mfds.go.kr/brd/m_100/view.do?seq=43256

2. '김치 중국어 표기 파오차이 아닌 신치… 훈령 개정 이유는?', https://www.korea.kr/news/policyNewsView.do?newsId=148892839

3. 'ISO 24220:2020 Pao cai (salted fermented vegetables)—Specification and test methods', https://www.iso.org/standard/78112.html

4. 'Technical Barriers to Trade', https://www.wto.org/english/tratop_e/tbt_e/tbt_e.htm

5. '김치류 KS H 2169', https://e-ks.kr/streamdocs/view/sd:streamdocsId=72059259162903928

6. 'Standard for KIMCHI', https://www.fao.org/fao-who-codexalimentarius/sh-proxy/en/?lnk=1&url=https%253A%252F%252Fworkspace.fao.org%252Fsites%252Fcodex%252FStandards%252FCXS%2B223-2001%252FCXS_223e.pdf

7. '김치 로마자 표기', https://korean.go.kr/front/onlineQna/onlineQnaView.do?mn_id=216&qna_seq=217813&pageIndex=1

8. '중국「쌍순환(双循环) 전략」의 주요 내용 및 평가', https://www.kiep.go.kr/gallery.

es?mid=a10102050000&bid=0006&list_no=4841&act=view

9. 持永 大,《デジタルシルクロード　情報通信の地政学》, 日本経済新聞出版, 2022.

10. 'Huawei to start charging royalties to smartphone makers using its patented 5G tech', https://www.cnbc.com/2021/03/16/huawei-to-charge-royalties-to-smartphone-makers-using-its-5g-tech-.html

11. 'ISO/IEC 18004:2015 Information technology—Automatic identification and data capture techniques ― QR Code bar code symbology specification', https://www.iso.org/standard/62021.html

12. 'Patents pertaining to the QR Code', https://www.qrcode.com/en/patent.html

13. '中国でのHD-DVDの復活', https://blog.goo.ne.jp/fu12345/e/63d3a284a68e9251f3c17ed62a3be3e6

14. 'Comments on WAPI', https://ieee802.org/16/liaison/docs/80211-05_0122r2.pdf

15. 'ISO rejects China's WAPI wireless security protocol', https://www.computerworld.com/article/2562142/iso-rejects-china-s-wapi-wireless-security-protocol.html

16. 'China battles rejection of Wi-Fi encryption algorithm', https://www.cnet.com/home/internet/china-battles-rejection-of-wi-fi-encryption-algorithm

17. 'United States Standards Strategy', https://share.ansi.org/Shared%20Documents/Standards%20Activities/NSSC/USSS-2020/USSS-2020-Edition.pdf

18. 'Google Effort to Kill Third-Party Cookies in Chrome Rolls Out in April', https://www.pcmag.com/news/google-effort-to-kill-third-party-cookies-in-chrome-rolls-out-in-april

19. 'Federated Learning: Collaborative Machine Learning without Centralized Training Data', https://ai.googleblog.com/2017/04/federated-learning-collaborative.html

20. 'What is the Privacy Sandbox?', https://developer.chrome.com/ko/docs/privacy-sandbox/overview

21. 'Google's FLoC Is a Terrible Idea', https://www.eff.org/deeplinks/2021/03/googles-floc-terrible-idea

22. 橋本毅彦,《ものづくりの科学史—世界を変えた標準革命》, 講談社, 2013.

23. Samuel Colt, 'Improvement in fire-arms', https://patents.google.com/patent/USX9430I1

24. William Sellers, https://en.wikipedia.org/wiki/William_Sellers

25. 田中正躬,《国際標準の考え方: グローバル時代への新しい指針》, 東京大学出版会, 2017.

26. 'Technology, Standards and Today's SDOs', https://sn.astm.org/first-person/technology-standards-and-todays-sdos-ma11.html

27. 한국표준협회, '국제표준화 활동 현황', https://www.ksa.or.kr/ksa_kr/946/subview.do

28. Brad Biddle et. al., 'How Many Standards in a Laptop? (And Other Empirical Questions)',, Sep. 10, 2010., http://dx.doi.org/10.2139/ssrn.1619440

29. 'DELFT Institute for Research on Standardization', http://www.diros.nl/tineke-egyedi/publications

30. 田中正躬,《国際標準の考え方: グローバル時代への新しい指針》, 東京大学出版会, 2017.

31. 'Principles for the Development of International Standards, Guides and Recommendations', https://www.wto.org/english/tratop_e/tbt_e/principles_standards_tbt_e.htm

32. 'FTA TBT협정', https://standard.go.kr/KSCI/pot/tbt/gettbtReqst.do?menuId=60381&topMenuId=60376&upperMenuId=60378

33. '国際標準化に係る中国・韓国の動向について', https://www.meti.go.jp/policy/economy/hyojun-kijun/pdf/doukou.pdf

6장 글로벌 인재 배틀필드

1. 'Full text of the report to the 20th National Congress of the Communist Party of China 2022-10-27', http://np.china-embassy.gov.cn/eng/News/202210/t20221027_10793019.htm

2. '徴兵逃れのロ技術者がジョージア流入 "経済2桁成長へ', https://jp.reuters.com/article/ukraine-crisis-georgia-economy-idJPKBN2S00BB

3. '世界の大学等におけるIT教育について独自調査', https://corporate.resocia.jp/info/news/2022/20221215_itreport07

4. 'US will need to import semiconductor talent to fill new factories', https://www.theregister.com/2022/03/15/bringing_the_chipmakers_home

5. 'How semiconductor makers can turn a talent challenge into a competitive advantage', https://www.mckinsey.com/industries/semiconductors/our-insights/

how-semiconductor-makers-can-turn-a-talent-challenge-into-a-competitive-advantage

6. '삼성·LG 기술자 모셔간 中 기업들, 단물 빨아먹고 내쳤다', https://www.hankyung.com/economy/article/202012121676i

7. '중국 기술유출 논란 40년 삼성맨, 중국행 포기', https://www.chosun.com/site/data/html_dir/2020/06/16/2020061602577.html

8. 'Japan's eight biggest chip companies need to hire 35,000 engineers in the next ten years', https://www.electronicsweekly.com/news/business/japans-eight-biggest-chip-companies-need-gire-350000-engineers-next-ten-years-2022-06

9. '日 고급 기술인력 한국行 '러시'… 기술강국 흔들', https://www.hankyung.com/international/article/2004060615731

10. 'AI 인재 1만 명 부족', https://www.hankyung.com/it/article/2021021458431

11. Schneegans, S.; Lewis, J. and T. Straza (eds) (2021), 'UNESCO Science Report: The Race Against Time for Smarter Development—Executive Summary', UNESCO Publishing: Paris., https://www.unesco.or.kr/news/press/view/2394/page/0?

12. 'Survey finds talent gap is slowing enterprise AI adoption', https://venturebeat.com/2021/04/19/survey-finds-talent-gap-is-slowing-enterprise-ai-adoption

13. 'TensorFlow', https://www.tensorflow.org/overview

14. 'github', https://github.com

15. '양자기술 브레인 키운다… 대학 연합체 양자대학원 신설', https://www.hankyung.com/it/article/202210135483Y

16. 'Stanford theoretical physicist Shoucheng Zhang dies at 55', https://news.stanford.edu/2018/12/06/shoucheng-zhang-obituary

17. 'Update Concerning CHINA'S Acts, Policies and Practices related to Technology Transfer, Intellectual Property, and Innovation, https://ustr.gov/sites/default/files/enforcement/301Investigations/301%20Report%20Update.pdf

18. 'Harvard University Professor and Two Chinese Nationals Charged in Three Separate China Related Cases', https://www.justice.gov/opa/pr/harvard-university-professor-and-two-chinese-nationals-charged-three-separate-china-related

19. 'ノーベル賞候補' 中国の大学で研究活動へ 「光触媒」発見の藤嶋昭氏', https://

www.asahi.com/articles/ASP937H9VP93UHBI00T.html

20. '글로벌 인재 빨아들이는 '천인계획'… 중기술굴기에 칼 빼든 美', https://www.seoul.co.kr/news/newsView.php?id=20200221017001

21. '中国「千人計画」に日本人'政府が規制強化へ…研究者４４人を確認', https://www.yomiuri.co.jp/politics/20201231-OYT1T50192

22. '노벨상 시즌, 중국의 과학굴기가 두려운 이유', https://www.ajunews.com/view/20200920130050378

23. '중국에 자율주행 기술 넘긴 카이스트 교수, 집행유예 선고', https://biz.chosun.com/topics/topics_social/2021/08/26/ARIQIN7M7NBEBOGWPZLLSCJQZA

24. '科学雑誌に未来はあるか〜「ニュートン」出版元経営破たんの衝撃', https://news.yahoo.co.jp/byline/enokieisuke/20170221-00067919

25. '厚遇'人材引き込む中国―１億円超す報酬'学者人脈も活用', https://www.asahi.com/articles/DA3S15141080.html

26. 'Welcome Yan Ning back to China, and wish her success', https://www.globaltimes.cn/page/202211/1278593.shtml

27. '5년 만에 돌아온 '여신 과학자'에 중국 찬사 쏟아진 이유', https://www.hankookilbo.com/News/Read/A2022110608440001341

28. '科学技術で国威発揚'存在感増す中国　日本がめざすべき道は？', .https://www.asahi.com/articles/ASQ9G3Q18Q9CULBH001.html

29. '科学研究の衰退が'日本の命とりとなる', https://gendai.media/articles/-/101905?imp=0

30. 한국과학기술기획평가원, '2020년 우리나라와 주요국의 연구개발투자 현황', KISTEP 통계브리프, 2021년 제19호.

31. '研究費「選択と集中」引き金か　学術論文'低迷続く日本', https://mainichi.jp/articles/20210916/ddm/016/040/010000c

32. '選択と集中という愚策が'東大出の博士が中国に職を求める国に変えた', https://xtech.nikkei.com/atcl/nxt/column/18/00065/00246

33. Lawrence A. Tabak, 'Foreign Influences on Research Integrity', 117th Meeting of the Advisory Committee to the Director, NIH, 2018., https://acd.od.nih.gov/documents/presentations/12132018ForeignInfluences.pdf

34. 'NSF releases JASON report on research security', https://www.nsf.gov/news/news_summ.jsp?cntn_id=299700

35. '대덕특구 통계 ('05~'20) 증가추이', https://www.innopolis.or.kr/board?menuId=MENU00367&siteId=null

36. '학위별 이공계 분야 졸업자 및 취업자 수', https://www.hrstpolicy.re.kr/statHtml/statHtml.do?orgId=002&tblId=DT_INDICATOR_B001

37. 'U.S. and Global STEM Education and Labor Force', https://ncses.nsf.gov/pubs/nsb20221/u-s-and-global-stem-education-and-labor-force

38. 'UNESCO Science Report 2021', https://unesdoc.unesco.org/ark:/48223/pf0000377433.locale=en

39. 'Science & Engineering Indicators 2018',, National Science Board, 2018., https://www.nsf.gov/statistics/2018/nsb20181/report/sections/academic-research-and-development/doctoral-scientists-and-engineers-in-academia

40. 'International Collaboration', https://ncses.nsf.gov/pubs/nsb20206/international-collaboration

41. 'U.S. and Global Science and Technology Capabilities:, https://ncses.nsf.gov/pubs/nsb20221/u-s-and-global-science-and-technology-capabilities

42. '논문 피인용 측면에서 노벨과학상 수상자 급의 연구성과를 창출한 한국과학자 현황 분석', https://www.nrf.re.kr/cms/board/library/view?menu_no=419&o_menu_no=&page=7&nts_no=108454&nts_cat=REPORT_L_03&search_type=NTS_TITLE&search_keyword=&nts_cat=REPORT_L_03

43. '中, 美 제치고 '상위 1% 논문' 1위', https://www.hankyung.com/international/article/2022081038651

44. 'Highly Cited Researchers', https://clarivate.com/highly-cited-researchers

45. '米中の共著論文´先端8分野で最大25％減…科学研究でも分断加速', https://www.yomiuri.co.jp/science/20221105-OYT1T50308

46. '일본, 중국의 해외 고급 인재 유치 제도', https://now.k2base.re.kr/portal/issue/ovseaIssued/view.do?poliIsueId=ISUE_000000000000824&menuNo=200&pageIndex=7

47. '해외 우수인재 온라인 사증 신청안내', https://overseas.mofa.go.kr/us-honolulu-ko/brd/m_5557/view.do?seq=976358&srchFr=&srchTo=&srchWord=&srchTp=&multi_itm_seq=0&itm_seq_1=0&itm_seq_2=0&company_cd=&company_nm=

48. 'World University Rankings 2023', https://www.timeshighereducation.com/world-

university-rankings/2023/world-ranking

49. 'QS World University Rankings 2022', https://www.topuniversities.com/ university-rankings/world-university-rankings/2022

50. '2022 Academic Ranking of World Universities', https://www.shanghairanking. com/rankings/arwu/2022

51. '2022-2023 Best Global Universities Rankings', https://www.usnews.com/ education/best-global-universities/rankings

52. 'Yale and Harvard Law Schools Abandon U.S. News Rankings', https://www.wsj. com/articles/yale-law-school-abandons-u-s-news-rankings-citing-flawed-methodology-11668607649

53. '세계대학순위평가를 통해 본 고등교육 경쟁력 제고 방안',https://www.unipress. co.kr/news/articleView.html?idxno=4108#_enliple

54. https://www.nobelprize.org

55. '科学技術基本計画 第1章 基本理念 2．我が国が目指すべき国の姿と科学 技術政策の理念', https://www.mext.go.jp/a_menu/kagaku/kihon/honbun/003. htm

56. '중국, 14차 5개년 계획 내 과학기술 사업 강조', https://now.k2base.re.kr/portal/ trend/mainTrend/view.do?poliTrndId=TRND0000000000041053&menuNo=2000 43&pageUnit=10&pageIndex=1

나가며_ 한국이 지켜야 할 원칙, 'SIT 3A'

1. 'World Values Survey', https://www.worldvaluessurvey.org/WVSOnline.jsp

2. 'What makes people distrust science? Surprisingly, not politics', https://aeon.co/ ideas/what-makes-people-distrust-science-surprisingly-not-politics

3. A. Weinberg, 'Science and Trans-Science', 〈Science〉 177(4045), p.211, 1972.

4. 한국과학기술기획평가원, '2021년 국가연구개발 성과평가 정책 수립 및 성과 평가 실시 최종보고서', 2022.

5. '국가연구개발 과제평가 표준지침', https://www.msit.go.kr/bbs/view.do?sCode=u ser&bbsSeqNo=72&nttSeqNo=3158696

6. '방송모니터위원회—2019년 드라마 속엔 재벌과 전문직 남성이 많았다', http:// www.ccdm.or.kr/xe/watch/290365

7. 한국과학기술기획평가원, '2020년 기술 수준 평가', 기관2020-058, 2021., https://

www.kistep.re.kr/reportDetail.es?mid=a10305020000&rpt_no=RES0220210120

8. 'Global Innovation Index 2021', https://www.wipo.int/global_innovation_index/en/2021

9. 'South Korea Leads World in Innovation as U.S. Exits Top Ten', https://www.bloomberg.com/news/articles/2021-02-03/south-korea-leads-world-in-innovation-u-s-drops-out-of-top-10

10. John Mearsheimer, 《The Tragedy of Great Power Politics》, W W Norton & Co Inc, 2014.

11. '중국의 부상과 한미관계의 미래: 존 미어샤이머 (John J. Mearsheimer)', https://www.youtube.com/watch?v=pBayDkK9qAQ

12. '美냐 中이냐… 한국의 길, 국제정치학 대가에게 묻다', https://the300.mt.co.kr/newsView.html?no=2020092014207696995

13. 'UNIDO's Competitive Industrial Performance Index 2020: Country Profiles published', https://www.unido.org/news/unidos-competitive-industrial-performance-index-2020-country-profiles-published

14. 윤태성, 《탁월한 혁신은 어떻게 만들어지는가: 미래 비즈니스 모델을 창조하는 서비스 이노베이션의 기술》, 반니, 2014.

15. '서비스업 고용구조 및 노동생산성 국제비교', https://m.fki.or.kr/bbs/bbs_view.asp?cate=news&content_id=09ba86e3-b375-485d-90ed-33282533efd7

16. '국민의 한 사람으로서 감동… 尹, 뉴욕서 '필즈상' 허준이 교수 접견', https://www.joongang.co.kr/article/25103983#home

17. 'The Greatest Canadian', https://en.wikipedia.org/wiki/The_Greatest_Canadian

18. 'Syukuro Manabe', https://www.nobelprize.org/prizes/physics/2021/manabe/facts

19. '真鍋淑郎氏が「日本に戻りたくない」理由　受賞後の言葉に「切」「どう受け止めればよいのか」', https://www.j-cast.com/2021/10/06421933.html?p=all

20. 'Shuji Nakamura', https://www.nobelprize.org/prizes/physics/2014/nakamura/facts

21. '会社への怒り'事業への怒り「怒りがすべてのモチベーション」中村さん激白', https://www.sankei.com/article/20141008-66MHXRH7XZP5TIS2NWCPNZL4HY

22. 'Mark Carney', https://www.bankofengland.co.uk/about/people/mark-carney/biography

23. '기업 유치 노력 · 풍부한 인재풀 · 親연구환경이 바이오강국 싱가포르의 성공 비결', https://www.dongascience.com/news.php?idx=30946

24. '高度人材ポイント制とは？', https://www.moj.go.jp/isa/publications/materials/newimmiact_3_system_index.html

25. 'ノーベル賞受賞者のキャリアに関する分析', https://www.nistep.go.jp/activities/sti-horizon%E8%AA%8C/vol-08no-03/stih00305

26. David Blau and Bruce Weinberg, 'Why the US science and engineering workforce is aging rapidly', PNAS 114 (15) 3879-3884, March 27, 2017., https://doi.org/10.1073/pnas.1611748114

27. Bruce A. Weinberg & David W. Galenson, 'Creative Careers: The Life Cycles of Nobel Laureates in Economics', De Economist vol.167, p221－239, 2019., https://doi.org/10.1007/s10645-019-09339-9

28. Roberta Sinatra et al, 'Quantifying the evolution of individual scientific impact', 〈Science〉 Vol 354, Issue 6312, 4 Nov 2016., doi: 10.1126/science.aaf5239

29. Ian Bremmer & Cliff Kupchan, 'Risk 6: Innovation winter', eurasia group, 2019. https://www.eurasiagroup.net/live-post/risk-6-innovation-winter

30. 윤태성, 《지식 비즈니스가 뜬다》, 매일경제신문사, 2013.

31. 'Industrial Value chain Initiative', https://iv-i.org

32. 'IVIとドイツのFIWAREおよびIDSAがMoUに調印しました', https://iv-i.org/2018/10/16/2479

33. 'China set to pass US on research and development spending by 2025', 〈South China Morning Post〉, Jul.16, 2021., https://www.scmp.com/news/china/science/article/3141263/china-set-pass-us-research-and-development-spending-2025

34. Rita Gunther McGrath, 'The Pace of Technology Adoption is Speeding Up', Nov.25, 2013. HBR., https://hbr.org/2013/11/the-pace-of-technology-adoption-is-speeding-up

35. 村上昭義 & 伊神正貫, '科学研究のベンチマーキング 2017 -論文分析でみる世界の研究活動の変化と日本の状況', 文部科学省 科学技術・学術政策研究所, 2017., http://www.nistep.go.jp/wp/wp-content/uploads/NISTEP-RM262-FullJ.pdf

36. '반도체 전문가 산업 경쟁력 진단', http://m.fki.or.kr/bbs/bbs_view.asp?cate=news&content_id=a54abafa-c788-4538-85fc-89721839e9bc

37. 'K반도체 민관 협력으로 美·中 압력 넘는다', https://m.mk.co.kr/news/economy/view/2021/09/923682

38. '글로벌 시총 100대 반도체 기업 경영지표 비교—Chip4(미국·일본·대만·한국) 중심으로', https://www.fki.or.kr/main/news/statement_detail.do?bbs_id=00034697&category=ST

39. '기술 신냉전 후폭풍… 반도체 M&A 지지부진', https://m.mk.co.kr/news/stock/view/2021/09/910240

기술전쟁

초판1쇄 인쇄 2023년 6월 5일
초판1쇄 발행 2023년 6월 14일

지은이 윤태성
펴낸이 이승현

출판2 본부장 박태근
W&G 팀장 류혜정
교정교열 장윤정
디자인 THISCOVER

펴낸곳 ㈜위즈덤하우스 **출판등록** 2000년 5월 23일 제13-1071호
주소 서울특별시 마포구 양화로 19 합정오피스빌딩 17층
전화 02) 2179-5600 **홈페이지** www.wisdomhouse.co.kr

ⓒ 윤태성, 2023

ISBN 979-11-6812-650-3 03320